浙江师范大学马克思主义理论研究文库

亚当·弗格森
伦理思想研究

林子赛○著

中国社会科学出版社

图书在版编目（CIP）数据

亚当·弗格森伦理思想研究／林子赛著 . —北京：中国社会科学出版社，2021.6

（浙江师范大学马克思主义理论研究文库）

ISBN 978-7-5203-8302-8

Ⅰ.①亚… Ⅱ.①林… Ⅲ.①亚当·弗格森—伦理思想—研究 Ⅳ.①B82

中国版本图书馆 CIP 数据核字（2021）第 068002 号

出版人	赵剑英
责任编辑	喻苗
责任校对	李沫
责任印制	王超

出　　版	中国社会科学出版社
社　　址	北京鼓楼西大街甲 158 号
邮　　编	100720
网　　址	http://www.csspw.cn
发 行 部	010-84083685
门 市 部	010-84029450
经　　销	新华书店及其他书店
印　　刷	北京君升印刷有限公司
装　　订	廊坊市广阳区广增装订厂
版　　次	2021 年 6 月第 1 版
印　　次	2021 年 6 月第 1 次印刷
开　　本	710×1000　1/16
印　　张	16.25
插　　页	2
字　　数	250 千字
定　　价	86.00 元

凡购买中国社会科学出版社图书，如有质量问题请与本社营销中心联系调换
电话：010-84083683
版权所有　侵权必究

总　　序

自《共产党宣言》发表以来，马克思主义在世界上得到了广泛传播。在人类思想史上，没有一种思想理论像马克思主义那样对人类产生了如此广泛而深刻的影响。这种影响不但是世界的，更是中国的；不但是过去的，更是未来的；不但是思想意识的，更是社会实践的。

马克思主义是科学的世界观和方法论，创造性地揭示了人类社会发展的规律，第一次创立了人民实现自身解放的思想理论体系，指引着人民认识世界和改造世界的行动，并始终具有巨大的开放性和包容性，具有无比强大的生命力。

一百年前，十月革命一声炮响，给中国送来了马克思主义。中国先进分子从马克思主义的科学真理中看到了解决中国问题的出路，找到了建设强大中国的根本方法。在近代以后中国社会的剧烈变化中，在中国人民反抗封建统治和外来侵略的激烈斗争中，在马克思主义同中国工人运动的结合过程中，一九二一年中国共产党应运而生。从此，中国人民谋求民族独立、人民解放和国家富强、人民幸福的斗争就有了主心骨，中国人民就从精神上由被动转为主动，有了照亮前行的灯塔。

无数事实证明，马克思主义的命运早已同中国共产党的命运、中国人民的命运、中华民族的命运紧紧连在一起，它的科学性和真理性在中国得到了充分检验，它的人民性和实践性在中国得到了充分贯彻，它的开放性和时代性在中国得到了充分彰显。马克思主义为中国革命、建设、改革提供了强大思想武器，使中国这个古老的东方大国创造了人类历史上前所未有的发展奇迹。"历史和人民选择马克思主义是完全正确的，中国共产党把马克思主义写在自己的旗帜上是完全正确的,坚持马克思主义基本原理同中国具体实际相结合、不断推进马克思主义中国化时代化是完全正确的"。

理论的生命力在于不断创新,推动马克思主义不断发展是中国共产党人的神圣职责。我们要坚持用马克思主义观察时代、解读时代、引领时代,用鲜活丰富的当代中国实践来推动马克思主义发展,用宽广视野吸收人类创造的一切优秀文明成果,坚持在改革中守正出新、不断超越自己,在开放中博采众长、不断完善自己,不断深化对共产党执政规律、社会主义建设规律、人类社会发展规律的认识,不断开辟当代中国马克思主义新境界,这是习近平新时代中国特色社会主义思想。习近平新时代中国特色社会主义思想,是对马克思列宁主义、毛泽东思想、邓小平理论、"三个代表"重要思想、科学发展观的继承和发展,是马克思主义中国化最新成果,是党和人民实践经验和集体智慧的结晶,是中国特色社会主义理论体系的重要组成部分,是全党全国人民为实现中华民族伟大复兴而奋斗的行动指南,我们必须长期坚持并不断发展。

研究马克思主义理论,就是要坚持马克思主义指导地位,不断推进实践基础上的理论创新。改革开放40年的实践启示我们,创新是改革开放的生命。实践发展永无止境,解放思想永无止境。我们坚持理论联系实际,及时回答时代之问、人民之问,廓清困扰和束缚实践发展的思想迷雾,不断推进马克思主义中国化时代化大众化,不断开辟马克思主义发展新境界。

研究马克思主义理论,就是要坚持与中国特色社会主义事业相结合,解决好中国问题。我们要强化问题意识、时代意识、战略意识,用深邃的历史眼光、宽广的国际视野把握事物发展的本质和内在联系,反映时代精神、回答时代课题、引领时代潮流、推动时代发展,把握好中国特色社会主义伟大实践的基本规律,把握当代中国的基本国情,把握好中国在世界格局中的地位,把握好实现民族复兴强国梦的根本目标,让马克思主义在中国放射出更加灿烂的真理光芒。

研究马克思主义理论,就是学精悟透用好马克思主义,解决好学什么、如何学的问题。学习马克思主义不是仅仅学习马克思的思想,而必须整体性地学习、历史性地学习。立足新时代中国特色社会主义实践，要更加突出地学习习近平新时代中国特色社会主义思想。同时，要坚持自觉学、深入学、持久学、刻苦学，把读马克思主义经典、悟马克思主义原理当作一种生活习惯、当作一种精神追求，用经典涵养正气、淬炼思想、升华境界、指导实践。

浙江师范大学马克思主义理论学科历史悠久，特色明显，成果突出，影响广泛。1963 年成立的马克思主义理论教研室，1977 年创办政史系，1987 年成立马克思主义理论教研部，1999 年成立社会科学教研部，2011 年在整合原有资源基础上，学校组建马克思主义学院，2017 年被确定为省重点建设高校马克思主义学院，2018 年与金华市委宣传部共建马克思主义学院。目前马克思主义理论学科为省一流 A 类学科、浙江省重点高校重点建设学科、浙江师范大学高峰学科，已形成马克思主义基本原理、马克思主义中国化研究、思想政治教育、国外马克思主义研究、中国近现代史五个研究方向，在 2012 年教育部学科评估中，马克思主义理论学科综合实力位居浙江省属高校第 1，其中科学研究水平位居全国第 5。在艾瑞森中国校友会网 2016 年中国大学学科排行榜上获评五星级学科，在全国该学科中排名为 14/332，在 2017 年全国第四轮学科评估中获 B，位列省属高校第一。

组织出版《浙江师范大学马克思主义理论研究文库》，旨在整体呈现浙江师范大学长期以来特别是党的十八大以来马克思主义理论研究的成果，分"马克思主义基本理论"、"马克思主义中国化在浙江"、"伦理学与思想政治教育"、"国外马克思主义"、"中国近代史基本问题"等研究系列，体现原创性与时代性，体现学科特色与地方特色，体现科研与教学的高度融合，以实现"引人以大道、启人以大智、育人以大才"之目标。

"夫学术者，天下之公器"。《浙江师范大学马克思主义理论研究文库》的出版，期待来自理论界的关注与关心、来自学术界的批评与讨论！

是为序！

李建华

2019 年 2 月 16 日

序　言

　　当前，人类面对的是日新月异、瞬息万变的信息社会，是异彩纷呈而又潜藏危机的全球化时代，是基于市场、资本和技术的强大力量而形成的此起彼伏的现代化浪潮。作为以经济发展为中心任务的中国正以特有的民族品格和价值追求跻身其中，在机遇与挑战并存、解构与建构同在的历史境遇中，中国开始走上社会变革和民族复兴之途。然而，中国的现代化过程并不是一帆风顺的，它也必然摆脱不了"现代性"的羁绊，中国的市场经济同样也存在许多自身难以解决的弊病。自从攻读硕士学位以来，我就一直在思考时代给我们提出的诸多课题：如何避免西方国家走过的现代化老路，破解中国现代化的两难困境？如何推进与市场经济体制改革相适应的政治、文化体制改革？如何处理公共领域与私人领域的关系？等等。这些都是十分复杂的理论和现实问题。笔者认为，当前我们很有必要反思物质文明背后的文化、精神因素。鉴于这种考虑，我的硕士学位论文（《文化资本的扩张及现时代的文化矛盾》）选择了对以上的时代课题在文化上的探索和回应，我的博士学位论文亦试图沿着这一思路进行扩展研究（本书是在博士学位论文研究基础上写成的），即尝试从伦理层面上探索时代课题，以寻求现代性的出路。本书的写作，从2011年博士学位论文开题时计算，已近十年矣！显然，这是一项极为艰难的尝试性工作，这些重大课题远不是本书所能解答的。但我希望，通过自己的努力能够起到抛砖引玉的作用，能够引发一些探索、争论；我更希望自己的研究能有所突破，能够对国内苏格兰启蒙的研究有所增益，积累一些有价值的研究资料。

现代市场经济社会本质上是一种市民社会[①]。诚然，市民社会是注重个人价值、个人利益实现的社会，是个性张扬的时代，在这里，那些曾经备受推崇的美德遭到了无情的抛弃，人们所进行的往往是为了个人私利的实现而不择手段的活动。从这个意义上讲，市民社会是注重私利、漠视公益、排除德行、不道德的社会。那么，这样的市民社会出路何在？公共精神如何形成？公益与私利、商业精神与公民道德如何协调？对于这些问题，法国、德国启蒙思想家们基本上是沿着社会契约以及人类理性设计的思路来探究并寻找出路的。在这些问题上，亚当·弗格森（Adam Ferguson）和其他苏格兰启蒙思想家走的是一条完全不同的道路，即道德情感主义的路径。在他们看来，理性自身不能创造出完全合乎理性的东西，理性本身的能力是有一定限度的，由此他们指出并强烈地批判了法国启蒙思想家对理性的高估、误解和滥用。他们普遍认为，除了理智，人更是一种情感的动物。而且，人类能够通过情感协调彼此之间的利益和行动，由此形成良好的社会秩序和公序良俗。[②] 在弗格森看来，市民社会应该是多维的：有经济的维度，有强调自由、权力有限的政治的维度，更重要的是还有文明、德行的维度。在他的道德哲学体系中，主要探究的是商业伦理能否与传统美德相协调的问题。需要注意的是，与大卫·休谟（David Hume）和亚当·斯密（Adam Smith）不同的是，作为一个公民人文主义者，弗格森从道德的角度悲叹商业社会给公民美德带来的腐蚀，担心商业文明导致美德的丧失、政治奴役的命运。弗格森所提倡的市民社会的德性具有非常浓厚的复古情结，他极力推崇古典（斯巴达、古罗马）的美德，立足于古代社会来批判现代文明社会公民美德的流失、公益精神的缺失。由此，弗格森提出市民社会必须回归传统、复兴古典公民美德才有出路。如此，看似矛盾的市民社会和德性、商业精神和公共精神在他的理论体系中得到了统一。本书力图以道德哲学（伦理学）为主要视角、以弗格森伦

[①] 市民社会（civil society）是一个相当复杂的概念，本书主要以马克思的理解为基础，把市民社会看作市场经济中人与人的物质交往关系和由这种关系所构成的社会生活领域，即现代市场经济社会。笔者将在下文简要介绍市民社会概念的渊源、演变。

[②] 这里需要明确的是，重视情感因素不等于反对理性，而是反思理性的界限。大多数苏格兰启蒙思想家亦是持这种观点的。

理思想为研究对象，追寻苏格兰启蒙的道德情感主义的足迹，探究现代市场经济发展过程中如何应对现代性的基础理论问题，目的在于通过深化对以弗格森为代表的苏格兰启蒙运动思想家们的德性观念的理解，推进对苏格兰启蒙道德哲学的理论研究；同时，由于弗格森等苏格兰启蒙思想家的理论探索的背景亦是现代市场经济社会，故本书的探索亦可为我国市场经济背景下的公民道德建设提供一种借鉴思路。

本书旨在彰显一位被遮蔽了的启蒙思想家的伟大思想，有助于人们完整地认识苏格兰启蒙运动的历史及其意义。亚当·弗格森是苏格兰启蒙思想家中非常重要的一位，相对于休谟、斯密等苏格兰主流的思想家，弗格森是非常特殊的一位。他在许多方面作出了卓越的贡献，他的思想在西方有着深远的影响，其理论涉及的领域有哲学、伦理学、历史学、政治学、社会学等。弗格森的许多思想以及他对许多问题的预见具有开创意义：他反对理性泛化、反对社会契约论，以及他对于异化和失范、政治腐化、情感社会学、社会冲突论等问题的研究成果为19世纪、20世纪的思想家所借鉴，至今仍有非常重要的借鉴意义。弗格森关于社会秩序是人的行动无意识的后果，而不是人类理性有意设计的结果的思想为哈耶克（Friedrich August Hayek）所继承，并成为哈耶克"自发秩序"理论的重要来源；他的市民社会、异化等思想为黑格尔所批判继承；他关于社会分工、异化和社会原子化等思想为马克思所借鉴等。然而，国内对于苏格兰启蒙的热情远不及法国的启蒙，而且在有限的苏格兰启蒙的研究中，学者大多把目光投向亚当·斯密、大卫·休谟、弗朗西斯·哈奇森（Francis Hutcheson）、托马斯·里德（Thomas Reid）等，给予弗格森的关注很少。因此本选题试图展示一个在群星闪耀、人才辈出的时代被遮蔽了的苏格兰启蒙思想家——弗格森，弥补理论研究的缺失，为国内研究积累一些有价值的研究资料；同时为"回到苏格兰启蒙运动"，展示其主要代表人物弗格森的伦理思想，揭示苏格兰启蒙思想的真实意蕴起到抛砖引玉的作用；此外，对弗格森伦理思想的研究也有助于我们全面把握西方伦理思想发展的历史脉络。

本书的现实意义主要有两点。一是为社会主义市场经济下的公民道德建设提供参考。当前，我国市场经济不断深入发展，社会不断进步，人们的物质生活水平也在不断提高。但单纯的经济发展存在许多其自身无法克服的矛盾和障碍，带来一系列负面影响。弗格森对现代市场经济社会中的人性、伦理与行为规范、政治腐化与奴役等问题上留下了极为集中、极为丰富的思想遗产。他所揭示的许多问题，如市场社会德性的腐化、公共精神的缺失、人性的冷漠等，同样是我国在大力推进市场经济、构建社会主义和谐社会的过程中应引起足够重视并着力解决的现实难题。因此，弗格森对时代问题的反思对于转型期的中国如何成功步入现代社会，如何利用市场经济又有效地防范其负面效应具有非常重要的借鉴意义。在我国当前的社会中，市场经济引导下的"理性经济人"对个人利益的过度关注，使得人与人之间的情感交流被忽视，人与人之间的关系也变得越来越冷漠。可以说，现代社会随着科技的日新月异、经济的不断发展，也带来了许多社会问题。在此，弗格森的道德情感主义理论为我国当前社会的道德建设提供了一种可资借鉴的思路。弗格森生活的时代正处于资本主义市场经济的初期，我国当前也处在向市场经济转型的时期，这种经济形式的历史相似性使弗格森的道德理论能够跨越时代和地域的限制为我国当代的道德建设提供借鉴。

二是弗格森"回归古典美德"的思想为当前中国传统文化复兴提供思路。当前，随着经济全球化的扩展，国家间相互依存度的进一步加深，我们深刻地感受到经济全球化所带来的冲击不仅仅局限在经济领域，还包括社会生活的其他领域，特别是文化领域。当前，文化越来越成为一种意识形态、一种话语霸权。同时，中国社会的转型期也必然会存在前所未有的文化冲突，中国社会在短时期内也无法形成一种支撑现代化进程的相对统一的主导性的文化精神。那么，在"文明的冲突"中，中华文明的出路何在？鉴于弗格森对于现代社会公民美德缺失问题有较独特的思考：弗格森所提倡的市民社会的德行具有非常浓厚的复古情结，他立足于古代社会来批判现代文明社会公民美德的流失，极力推崇复兴古典（斯巴达、古罗马）的美德等。因此，弗格森的道德哲学思想既可以被用来批判西方文化霸权这一主导性的话语形态，而且他回归古典美德的思路还可被用来作为复兴中华文明可行的方法论来借鉴。

本书在写作的过程中，曾得到多位专家、学者的指点和帮助：我最尊敬的导师刘放桐教授在选题的确定、框架的梳理、观点的提炼方面给予了无私的指点，张汝伦教授、莫伟民教授、孙向晨教授在相关概念的厘定、思路的梳理、立意的提升方面给予了建设性的建议，郑祥福教授、王珉教授多次鼓励、督促我拓展博士学位论文的研究，美国纽约州州立大学纽帕兹分校的 Eugene Heath 教授、普林斯顿苏格兰研究中心主任 Gordon Graham 教授，在我赴美访学期间给本书提出了许多宝贵的意见。正是你们始终如一的鼓励、鞭策和指点每每让我心灵振奋、大受鼓舞，激励着我对理想的坚持和守护！在此对你们致以诚挚的谢意！本书在写作的过程中得到了学校、学院相关部门的领导和同事的大力支持，本书也参考、吸收了同行及相关学人、专家的大量研究成果，在此一并表示由衷的感谢！

本书虽经过深入思考和反复修改，但囿于学识、视野、经历，一定还存在许多不成熟，甚至是幼稚、偏见、矛盾和错误的地方。恳请各位专家、同人和广大读者批评雅正！

林子赛

2020 年 10 月

目　　录

导　论 …………………………………………………………… (1)
　一　国内外研究现状 ……………………………………… (1)
　二　研究的思路及方法 …………………………………… (12)
　三　本书的创新之处 ……………………………………… (14)
　四　本书的主要内容概要 ………………………………… (16)

第一章　弗格森伦理思想的历史语境 ………………………… (19)
　第一节　启蒙的世纪及苏格兰启蒙运动的兴起 ………… (19)
　　一　启蒙的世纪及法国的理性启蒙 …………………… (20)
　　二　情感主义及苏格兰启蒙 …………………………… (21)
　　三　苏格兰启蒙的影响及美国启蒙运动 ……………… (29)
　第二节　市民社会的发展与文明国家的腐化 …………… (32)
　　一　市民社会的进步意义 ……………………………… (33)
　　二　现代社会面临的危机 ……………………………… (34)
　第三节　关于奢侈问题的大讨论及弗格森的回应 ……… (38)
　　一　18世纪关于奢侈问题大讨论的概述 ……………… (39)
　　二　弗格森对于奢侈的看法 …………………………… (43)
　本章小结 …………………………………………………… (47)

第二章　弗格森伦理思想的人性基础 ………………………… (49)
　第一节　人性与道德概论 ………………………………… (50)

一　人性、道德的含义 …………………………………………（50）
　　二　道德与人性的关系 …………………………………………（52）
　第二节　人性思想的理论脉络 ………………………………………（55）
　　一　人性研究的开始及"神性"下的"人性" …………………（55）
　　二　"自然状态"下的人性 ……………………………………（57）
　　三　情感主义人性观及社会美德 ………………………………（60）
　第三节　弗格森对人性的探索 ………………………………………（65）
　　一　对人类自然史及人类社会演进的考察 ……………………（65）
　　二　人性的法则及人性"多样性" ……………………………（69）
　　三　人之社会性 …………………………………………………（74）
　　四　行动与人性 …………………………………………………（77）
　本章小结 ………………………………………………………………（80）

第三章　自由意志与上帝 ……………………………………………（82）
　第一节　自由意志、选择和责任 ……………………………………（83）
　　一　自由意志及其思想沿革 ……………………………………（83）
　　二　自由意志与选择和责任 ……………………………………（86）
　第二节　关于上帝的知识 ……………………………………………（90）
　　一　上帝存在的信仰 ……………………………………………（90）
　　二　上帝的基本属性 ……………………………………………（93）
　　三　作为宗教原则之基础的灵魂不朽之信仰 …………………（96）
　第三节　社会进步的自发秩序、道德腐化及人的能动性 …………（99）
　　一　社会进步的自发秩序 ………………………………………（100）
　　二　社会进步与道德腐化 ………………………………………（103）
　　三　自发秩序与自由意志 ………………………………………（105）
　本章小结 ………………………………………………………………（112）

第四章　弗格森的德性论思想 ………………………………………（114）
　第一节　道德的一般基础 ……………………………………………（115）
　　一　理性与情感之争 ……………………………………………（115）

二　利己和利他之争 …………………………………………（118）
　第二节　德性及其种类 …………………………………………（123）
　　一　德性的内涵 …………………………………………………（123）
　　二　德性的种类 …………………………………………………（126）
　第三节　道德的基本法则及适用 …………………………………（133）
　　一　道德的基本法则 ……………………………………………（133）
　　二　道德基本法则的一般运用 …………………………………（136）
　　三　道德评价及其原则 …………………………………………（140）
　本章小结 ……………………………………………………………（146）

第五章　人类的幸福及完善 …………………………………………（148）
　第一节　对幸福的探寻 ……………………………………………（148）
　　一　快乐与幸福 …………………………………………………（149）
　　二　德性与幸福 …………………………………………………（153）
　　三　行动与幸福 …………………………………………………（157）
　第二节　个人与国家的幸福及其影响因素 ……………………（162）
　　一　个人（国民）的幸福与国家的幸福 ………………………（162）
　　二　影响幸福的因素 ……………………………………………（167）
　第三节　复兴美德、通往幸福之途 ………………………………（170）
　　一　改革政治体制，建立混合政体 ……………………………（171）
　　二　实施公民教育，复兴文化遗产 ……………………………（175）
　　三　发扬公民自由，积极捍卫权利 ……………………………（177）
　　四　建立民兵制度，培养军事美德 ……………………………（182）
　本章小结 ……………………………………………………………（187）

第六章　弗格森思想的历史影响 ……………………………………（189）
　第一节　弗格森思想对欧美的影响 ………………………………（190）
　　一　开启市民社会概念的重大变革 ……………………………（191）
　　二　社会发展自发秩序论的重要先驱 …………………………（195）
　　三　弗格森与美国革命、法国革命 ……………………………（199）

第二节　弗格森思想与马克思主义的理论关联 …………………（202）
　一　对市民社会/文明社会的洞见 …………………………（202）
　二　对商业社会劳动分工的批判 ……………………………（205）
　三　社会发展渐进论的曲线进步观 …………………………（211）
本章小结 …………………………………………………………（218）

结　语 ……………………………………………………………（220）

附　录
　一　弗格森的生平、著述 ……………………………………（228）
　二　苏格兰启蒙相关事件年表 ………………………………（230）

参考文献 …………………………………………………………（234）

导　　论

一　国内外研究现状

（一）国外研究概况

在国外，自20世纪60年代以来，苏格兰启蒙运动的当代复兴蔚然成势，然而在国外的研究中，相对于其他苏格兰启蒙运动的思想家，如弗朗西斯·哈奇森、大卫·休谟、亚当·斯密、托马斯·里德等，弗格森颇受冷落。尽管弗格森并没有像他的朋友休谟和斯密那样有着巨大的学术遗产，但他无疑也是苏格兰启蒙运动中的一位杰出人物，在道德哲学、政治哲学、历史学、社会学等方面做出了突出的贡献。虽然相对于国内来说，国外对于弗格森思想的研究已经取得了一系列成果，出版了一些著作，也发表了一些较有分量的学术论文。但是，在国外的研究中，对于弗格森伦理思想的关注较为薄弱，也相对分散，目前尚未发现专门研究弗格森伦理思想为主题的著作。下面，我将简单地展示国外对弗格森思想研究的概貌。

在国外关于弗格森的研究中，其生平、传记以及社会、政治、历史等思想受到较多的关注。下面摘其要者而论之。

1. 关于弗格森生平、地位的研究[①]

在可见的文献中，约翰·斯麦尔（John Small）的《亚当·弗格

[①] 主要有以下文献：John Small, *Biographical Sketch of Adam Ferguson*, etc. (1864). Jane Bush Fagg, *Adam Ferguson: Scottish Cato* (1968); Roy Sorensen, *Fame as the Forgotten Philosopher: Meditations on the Headstone of Adam Ferguson* (2002); Elaine K. Goldberg, *Adam Ferguson: His Time and His Works* (1951)。

森简传》（1864）是有关弗格森最早的传记，在这个传记中斯麦尔详细地介绍了弗格森的生平、著述。国外从20世纪60、70年代以来开始重新重视弗格森的学术地位，如简·布什·法格（Jane Bush Fagg）把弗格森誉为"苏格兰的加图"（1968），充分肯定了弗格森在苏格兰启蒙中的地位。罗伊·索伦森（Roy Sorensen）在其论文《一位被遗忘的哲学家的英名——在亚当·弗格森墓碑前的沉思》（2002）中对于弗格森被世人遗忘表示遗憾，并指出弗格森是苏格兰启蒙运动中卓越的思想家，高度赞扬了弗格森在政治哲学上所做的贡献及其对公共精神的追求。

2. 关于弗格森的社会、政治思想的研究[①]

国外在这方面的研究成果相对丰富些。实际上，20世纪以来对弗格森的关注也主要始于社会学家。一些学者充分肯定了弗格森在社会学上的地位，如约翰·布鲁尔（John D. Brewer）指出他是英美社会学的创始人之一，其地位相当于欧陆社会学史上的孔德。正因为如此，一些学者甚至指出弗格森是"前马克思主义者"，即指出了弗格森在社会思想上与马克思存在许多契合的地方。威廉·莱曼（William Lehmann）在《亚当·弗格森和现代社会学的起源》中主要从社会学的角度对弗格森思想进行探讨。此外，受弗格森的影响最大且最重视弗格森的现代思想家是哈耶克，弗格森关于社会秩序是人类无意识的行动而不是理性设计的结果的思想为后者所继承，并促成后者"自发秩序"理论的形成。大卫·

[①] 主要有以下文献：Alan George Smith, *The Political Philosophy of Adam Ferguson, Considered as a Response to Rousseau: Political Development and Progressive Benevolence* (1980); William Lehmann, *Adam Ferguson and the Beginnings of Modern Sociology* (1930); Ronald Hamowy, *The Social and Political Philosophy of Adam Ferguson: a Commentary on His Essay on the History of Civil Society* (1969); Eugene Heath and Vincenzo Merolle, ed., *Adam Ferguson: Philosophy, Politics and Society* (2009); Eugene Heath and Vincenzo Merolle, ed., *Adam Ferguson: History, Progress and Humannature* (2008); Lisa Hill, *The Passionate Society: The Social, Political and Moral Thought of Adam Ferguson* (2006); Lisa Hill, *Adam Ferguson and Spontaneous Order: the Paradox of Progress and Decline* (1994); Ronald Hamowy, *The Scottish Enlightenment and the Theory of Spontaneous Order* (1987); Ernest Gellner, *Conditions of liberty: Civil Society and Its Rivals* (1994); David Kettler, *The Social and Political thought of Adam Ferguson* (1965); John D. Brewer, *Adam Ferguson and the Theme of Exploitation* (1986); Eugene Heath, *In the Garden of God: Religion and Vigour in the Frame of Ferguson's Thought* (2015)。

凯特勒（David Kettler）的著作《弗格森的社会政治思想》（1965）对弗格森的社会思想、政治思想进行了阐发。尤金·希思（Eugene Heath）主编的两本文集《弗格森：哲学、政治和社会》（2009）、《弗格森：历史、发展和人的本性》（2008），其中收录的论文简要介绍了弗格森的生平和著作，弗格森理论与大卫·休谟、亚当·斯密的不同，弗格森的政治思想、社会理论中的"无意后果说"，及其对美国、法国革命的看法，关于人性、行动的思想等。尤金·希思（2015）还讨论了弗格森社会思想的宗教向度，指出了弗格森的宗教信仰和教会经历对其思想产生的影响。丽莎·希尔（Lisa Hill）的《充满激情的社会：弗格森的社会、政治和道德思想》（2006）是目前比较详细介绍弗格森思想的著作，在该著作中作者除了阐述弗格森的社会、政治思想之外，还关注了他的道德思想。希尔主要介绍了弗格森的道德心理学、"看不见的手"、现代社会的腐化等思想，以及弗格森保守主义的哲学立场，其研究主题与本书最为契合，但其伦理思想的研究与市民社会的结合较为松散。同时，希尔在《18世纪冲突社会学的预言：亚当·弗格森个案》一文中对弗格森在西方社会思想史中的地位进行了梳理。然而，国外的这些研究并未对其伦理思想、道德哲学给予应有的关注和重视。

3. 关于弗格森历史思想的研究[①]

弗格森的历史思想也得到了一定程度的关注，尤其是《文明社会史论》中的进步史观和《罗马共和国发展和衰亡史》中的历史思想。如高夫（J. W. Gough）在其对《文明社会史论》的书评中较早肯定了弗格森从"野蛮"到"文明"的进步史观。大卫·凯特勒充分肯定了《罗马史》的成就，他称赞弗格森是"批判历史学的先驱"。此外，让－卡洛琳·维尔克（Jean Carolyn Willke）专门著书《亚当·弗格森的历史思想》阐述弗格森的历史思想。

[①] 主要有以下文献：Jean Carolyn Willke, *The Historical Thought of Adam Ferguson* (1962); David Kettler, *Adam Ferguson, His Social and Political Thought* (2005); J. W. Gough, *Essay on the History of Civil Society by Adam Ferguson* (1967)。

4. 关于弗格森市民社会及道德思想的研究①

弗格森关于市民社会的思想对后来德国的黑格尔、马克思都产生了重大的影响。帕特丽夏·戴安娜·纳迪恩（Patricia Diane Nordeen）详细地指出了弗格森对于市民社会、商业文明的洞见及公共精神缺失的担忧。托马斯·赖纳特（Thomas Reinert）分析了弗格森公共精神的审美特征，并试图以此阐明弗格森对美德与商业之间冲突的回应及其意义。加里·L. 麦克道尔（Gary L. McDowell）肯定了弗格森、斯密、休谟、哈奇森、里德等苏格兰启蒙思想家在协调商业精神与共和主义、经济与政治之间的关系在理论上所做的努力。他还指出弗格森是较早反思现代性的思想家之一，商业和美德的关系是弗格森关注的主题，其《文明社会史论》就是试图论证如何平衡政治与经济，构建一个健康社会的尝试。他指出，在理论倾向上，弗格森与其同辈斯密、休谟之间存在很大的不同，即理论的保守、调和的倾向。克里斯托弗·贝瑞（Christopher J. Berry）在《苏格兰启蒙中商业社会的观念》（2013）中讨论了休谟、斯密、弗格森等苏格兰启蒙思想家关于商业社会的相关论述和思想交锋。鲍里斯·迪威（Boris De Wiel）考察了自古希腊到马克思以来市民社会概念的沿革，分析了弗格森的市民社会观念及其理论贡献。杰克·希尔（Jack A. Hill）的研究为本书的研究主题提供了许多有益的参考，他展示了弗格森与众不同的伦理观，重点介绍了弗格森思想的理论渊源及其对人性、道德方法、商业艺术和伦理完整性等问题的思考。同时，希尔本着弗格森本人的教育使命精神，邀请读者对其道德经历进行批判性反思。② 但是，希尔误读了马克思对于弗格森社会进步、社会分工思想的分析，错误地认为马克思选择性地引用了弗格森的论断，片面地解

---

① 主要有以下文献：Patricia Diane Nordeen, *Adam Ferguson on Civil Society: Enlightenment, Community, and the Market* (2003); Thomas Reinert, *Adam Ferguson's Aesthetic Idea of Community Spirit* (2008); Gary L. McDowell, *Commerce, Virtue, and Politics: Adam Ferguson's Constitutionalism* (1983); Boris De Wiel, *A Conceptual History of Civil Society: From Greek Beginnings to the End of Marx* (1997); Christopher J. Berry, *The Idea of Commercial Society in the Scottish Enlightenment* (2013); John Varty, *Civic or Commercial? Adam Ferguson's Concept of Civil Society* (1997)。

② Jack A. Hill, *Adam Ferguson and Ethical Integrity* (2017).

读了弗格森的思想。①

国外其他关于苏格兰启蒙的研究②中,基本上都忽略了弗格森的地位和作用。如约翰·罗伯逊(John Robertson)在他的《启蒙之例——苏格兰和那不勒斯1680—1760》(2005)一书中,主要介绍苏格兰和那不勒斯启蒙的特殊性,包括教育和知识分子在启蒙中的作用、启蒙的特殊背景、经济政治上的启蒙等,其中还专门介绍了曼德维尔(Bernard Mandeville)之后的休谟,但并未介绍弗格森。亚历山大·布迪(Alecander Broadie)主编的剑桥指南《苏格兰启蒙运动》(2003)和《苏格兰启蒙选集》(1997)两本文集,在总体上引介了苏格兰启蒙的概况,为了解苏格兰启蒙运动及思想提供了一个总体视野,其中主要介绍了宗教和理性理论、人的意识及其能力、人的本性、科学、怀疑主义、道德感及道德的基础、经济理论、政治理论、正义理论、财产理论、艺术和美学以及苏格兰启蒙对欧洲、美国的影响等,但未专门研究弗格森。另外,布迪在其著作《苏格兰哲学的历史》(2009)中,从13世纪的苏格兰经院哲学家邓斯·司各特开始介绍了其哲学发展的历史,其中有大卫·休谟、亚当·斯密、常识哲学派托马斯·里德等,一直到20世纪的实在论和理念论,但里面也没有专门介绍弗格森。

(二) 国内研究概况

国内以"苏格兰启蒙"为主题、为背景的研究主要是近20年的事情,而关于弗格森思想的研究则是更近的事情。而且,截至目前,国内尚无公开出版(或发行)的研究弗格森的专著,除了笔者的博士学位论文(2013)以外,在知网的检索中仅发现4篇硕士学位论文(翟宇,2007;张正萍,2005;姚正平,2011;刘悦,2017)分别研究其政治思想、市民社会思想和史学思想。中国台湾的林毓生先生(曾师从哈耶克;任美国威斯康星大学麦迪逊校区历史系荣誉教授)较早看到了弗格

---

① Jack A. Hill, *Marx's Reading of Adanm Ferguson and the Idea of Progress* (2013).
② 主要有以下文献: John Robertson, *The Case for the Enlightenment: Scotland and Naples 1680 – 1760* (2005); Alecander Broadie, *Cambridge Companion to The Scottish Enlightenment* (2003); Alecander Broadie, *The Scottish Enlightenment: an Anthology* (1997); Alecander Broadie, *A History of Scottish Philosophy* (2009); Peter Hanns Reil, Ellen Judy Wilson, *Encyclopedia of the Enlightenment*, Facts on File (2004).

森等苏格兰思想家的"社会无意后果说"与哈耶克"自发秩序"的关系,并在其论文《从苏格兰启蒙运动谈起》(1993)中沿用哈耶克的自由主义谱系二分的范式解读苏格兰启蒙运动的"理性观"与"秩序观"。在可见的文献中,中国大陆对于弗格森的关注始于1999年《文明社会史论》译本在辽宁教育出版社的出版。国内最早公开发表的以弗格森为题的论文是2004年第5期《历史教学问题》上刘华的《文明的批判——亚当·弗格森及其〈文明社会史论〉》。除笔者外,目前国内学术论文中直接以弗格森为题的学术论文在知网的检索中发现有16篇①,其中有6篇为同一人(翟宇)所作。其他相关文章(或书中章节)都是在苏格兰启蒙研究的整体框架下论及弗格森的。

需要指出的是,浙江大学在苏格兰启蒙运动的研究方面做了大量卓有成效的基础性工作,形成了一定的学术影响。他们推出了"启蒙运动经典译丛(苏格兰系列)"、"启蒙运动研究译丛"和"启蒙运动论丛",其中译介了哈奇森、里德等思想家的著作,再版了弗格森的《文明社会史论》。而且,浙江大学的许多博士、硕士研究生在陈村富、高力克、罗卫东等教授的指导下,毕业论文选择苏格兰启蒙为研究对象,积累了大量宝贵的资料。

国内关于弗格森的研究按照研究的重点和问题域的不同简要介绍如下。

---

① 翟宇:《苏格兰启蒙思想家弗格森:生平与著述》(《江汉论坛》2009年第11期)、《弗格森的自由观》(《社会主义研究》2012年第2期)、《个人与国家——弗格森政治思想的一个维度》(《湖南社会科学》2012年第4期)、《论弗格森的政体思想》(《江西社会科学》2012年第3期)、《社会契约论与自然法传统中的弗格森》(《江汉论坛》2012年第8期)、《哈耶克与弗格森:政治思想的传承与断裂》(《晋阳学刊》2013年第3期);张康之、张乾友:《在市民社会中阅读道德——从弗格森、亚当·斯密到黑格尔》(《学习与探索》2009年第5期);姚正平:《亚当·弗格森〈罗马共和国发展和衰亡史〉中道德评判新论》(《温州大学学报》2012年第1期)、《弗格森与〈罗马共和国兴衰史〉》(《南方论丛》2013年第3期)、《启蒙运动进步思潮框架内的异端——评弗格森曲线的历史进步观》(《西南大学学报》2014年第2期);刘华:《文明的批判——亚当·弗格森及其〈文明社会史论〉》(《历史教学问题》2004年第5期);单提平:《分工、民主与人的全面发展——论马克思对弗格森〈市民社会史〉的解读主旨》(《现代哲学》2010年第6期);项松林:《市民社会的思想先驱:弗格森的启蒙思想探究》(《湖南师范大学社会报》2013年第4期)、《卢梭、弗格森社会思想之比较研究》(《理论探索》2014年第3期);臧峰宇:《马克思与苏格兰启蒙运动中的斯密和弗格森》(《哲学动态》2015年第10期);庞金友、何家丞:《弗格森自由观念的逻辑谱系与现代意蕴》(《云南大学学报》2018年第4期);等等。

1. 弗格森原著的译介方面

目前国内尚未出现研究弗格森的著作。从国内学术界对弗格森的研究情况来看，主要完成的工作还处于译介弗格森著作的阶段，但目前仅翻译了《文明社会史论》和《道德哲学原理》，弗格森的另外两本主要著作《道德与政治科学原理》《罗马共和国发展和终结的历史》以及弗格森的其他小册子、论文（如《弗格森手稿》《弗格森哲学选编》）国内未见有中译本。

2. 关于弗格森社会、政治思想的探讨

汪丁丁先生在其为弗格森代表作《文明社会史论》中译本所作的序中，从整体上介绍了弗格森的思想，赞扬了弗格森对"现代性危机"所做的深刻思考；阐述了文明（civil）的多重意义及其演变历史；分析了弗格森的人性理论；最后指出了弗格森理论所包含的内在张力，即英国经验主义认识论和柏拉图的古典政治学在他身上的交融和矛盾的表现。单提平的《分工、民主与人的全面发展——论马克思对弗格森〈市民社会史〉的解读主旨》（2010）一文指出了弗格森的《文明社会史论》对马克思的深远影响，并在文献考证和文本关联的基础上指认出二人不容忽视的历史关联，发现马克思阅读弗格森《文明社会史论》的主旨在于偏爱地认同弗格森对社会分工的预断，却只是批判地认同他对民主的诉求。于海先生在他的《西方社会思想史》一书中，专章探讨了"18世纪苏格兰学派社会思想"，指出"苏格兰启蒙思想家乃是19世纪和20世纪许多不同的社会思潮如马克思主义、进化理论、功能主义及互动理论等的先驱者"[①]。这是国内目前对苏格兰学派社会思想所做的较为全面的研究，其中对弗格森多有介绍，但其评介多集中在弗格森的社会思想方面，如社会分工、社会演化论等。翟宇在其硕士学位论文《论苏格兰启蒙思想家弗格森的政治思想》（2007）中从政治思想史的视角全面介绍了弗格森的思想。该文是在启蒙时代的大背景、苏格兰启蒙运动的小背景下对弗格森政治思想所作的研究，其中对苏格兰启蒙运动的历史背景、弗格森的生平和著作、政治思想（混合政体学说、自由观、个人与

---

① 于海：《西方社会思想史》，复旦大学出版社1993年版。

国家）等方面论述详尽。翟宇发表的另外 6 篇论文都是以其硕士学位论文为主要基础的对弗格森政治思想的扩展研究。庞金友、何家丞在《弗格森自由观念的逻辑谱系与现代意蕴》（2018）中指出，弗格森的自由观念始自人性基础的深度探寻，终于秩序建构的审慎调解，立足人性和规则两大层面对商业社会的反思与回应。

3. 关于弗格森历史思想的研究

姚正平的硕士学位论文《论弗格森的史学》（2011）从弗格森的学术渊源、弗格森的史学理论和实践、重新认识弗格森的史学三个方面阐述了他的史学思想，并以弗格森最重要的两本史著《文明社会史论》、《罗马共和国发展和衰亡史》和论文《论历史及其合适的方法》为主，结合其政治、哲学著作来考察弗格森的史学成就。姚正平在《亚当·弗格森〈罗马共和国发展和衰亡史〉中道德评判新论》（2012）、《弗格森与〈罗马共和国兴衰史〉》（2013）中指出弗格森在《罗马共和国发展和衰亡史》中自觉抑制自己的道德评判，而且作出了深刻的历史性论断，恪守其"叙而不断"的著史风格，指出弗格森的著作对罗马共和国早期历史持怀疑与批判的态度；姚正平在《启蒙运动进步思潮框架内的异端——评弗格森曲线的历史进步观》（2014）中指出，弗格森主张的是一种曲线的历史进步，其扬古抑今的观念乃是因为他对美德的重视，而他在考察人类历史进程时，如此强调美德的作用，是同他的政治思想、他对历史的考察和苏格兰启蒙思想家对理性的审慎态度有着密切的联系。

4. 关于弗格森市民社会及道德思想的研究

刘华的《文明的批判——亚当·弗格森及其〈文明社会史论〉》（2004）和张康之、张乾友的《在市民社会中阅读道德——从弗格森、亚当·斯密到黑格尔》（2009）两篇论文皆论及弗格森对于如何把不道德的市民社会转化成一个道德化社会的问题，即弗格森的方案是恢复古代社会的所谓"公民美德"，这两篇论文的研究与本书的研究主题较为接近，是国内对弗格森伦理思想鲜有的关注。梅艳玲的《从弗格森的文明社会概念到马克思的市民社会概念——基于〈文明社会史论〉的弗格森和马克思比较研究》（2012）指出弗格森对于黑格尔和马克思市民社会概念形成的影响及彼此之间的差异，马克思正是在继承和批判的过程中逐步确立唯物史观的。

此外，国内目前给予苏格兰启蒙较多关注的有三位博士，即项松林、周保巍和王超。项松林博士是国内对于苏格兰启蒙研究成果颇丰的学者，他以苏格兰启蒙为研究主题的论文共有12篇。他的博士学位论文《苏格兰启蒙思想家的市民社会理论研究》（2009）是目前国内对苏格兰启蒙整体研究中最详细的成果，该文在总体上研究了苏格兰启蒙中的市民社会思想，探究苏格兰启蒙思想家市民社会理论中涵盖的对人、社会、国家、道德生活、经济发展的理论思考与思想启蒙，文中多次探讨弗格森的相关思想，如弗格森"人性多样性"的理论、"社会行为无意识说"和社会演进三阶段理论（野蛮—未开化—文雅）等；他的《市民社会的思想先驱：弗格森的启蒙思想探究》（2013）从人性的分析入手，讨论了弗格森对现代市民社会利弊的反思及其现实意义；他的《卢梭、弗格森社会思想之比较研究》（2014）从社会起源、社会的演进和发展、文明社会的救治之道三个方面对弗格森与卢梭的社会思想进行比较研究。另外在他的《生活史视野下的苏格兰启蒙运动》（2010）等论文[①]中只是在苏格兰启蒙的总体研究中提及弗格森。周保巍博士以苏格兰启蒙为主题的研究共搜索到8篇学术论文，由于他主要是以休谟思想为研究对象，故弗格森只是在部分论文中作为对比研究时涉及。如在《"自由主义"的自由与"共和主义"的自由——苏格兰启蒙运动中的观念冲突》（2006）中，他从苏格兰启蒙运动中观念冲突的视角阐述在"自由观"上弗格森与休谟的分歧，并且指出，由于两者在自由观方面的对立，从而产生了"德性之治"与"法律之治"、"公域"与"私域"、

---

① 项松林博士其他论文还有：《苏格兰启蒙运动的历史、思想及其现实意义探析》（《浙江社会科学》2009年第11期）、《市民社会的德性之维：以苏格兰启蒙运动为中心的考察》（《伦理学研究》2010年第5期）、《苏格兰启蒙运动的思想主题：市民社会的启蒙》（《同济大学学报》2011年第2期）、《英国古典政治经济学视域中的市民社会与商业文明》（《中南大学学报》2011年第4期）、《休谟、斯密论政治权威与政治义务》（《西南交通大学学报》2011年第6期）、《苏格兰启蒙思想家的社会哲学探究》（《西南交通大学学报》2012年第4期）、《苏格兰启蒙学者的政治思想探究》（《武汉科技大学学报》2012年第2期）、《启蒙理想与现代性——以苏格兰启蒙运动为中心的考察》（《贵州社会科学》2013年第4期）等。

"和谐"与"冲突"之间的对立与紧张。另外,周保巍博士在论文《苏格兰启蒙运动中的"道德原则"与"社会变迁"——以"勤勉"观念为个案的研究》(2008)中论述了弗格森的"行动"理论。① 王超博士以苏格兰启蒙为研究主题的论文主要有 6 篇②,大多也是以苏格兰启蒙为整体的研究,而且鉴于弗格森与苏格兰主流的不一致,他在研究中论及不多。③

尤金·希思等指出:"作为一个市民,他积极地参与 18 世纪的政治生活;作为一个哲学家,他参与了时代最伟大的思想讨论;作为一个伦理学家,他重燃逝去的古典伦理美德;作为一个学者,他创立了社会学新的研究方法。"④ 由此可见,弗格森在政治学、哲学、伦理学、社会学等领域都作出了卓越的贡献。然而,为什么弗格森还是远离于众多学者的视野呢?笔者认为,弗格森被学界忽视或许有两个原因。一个原因是 18 世纪作为启蒙的世纪是一个大家辈出、群星璀璨的时代,涌现出了一大批卓越的思想家,如法国的孟德斯鸠、卢梭、伏尔泰、狄德罗,英国的大卫·休谟、亚当·斯密,等等。在他们璀璨的光辉下,弗格森显得黯淡,甚至被遮蔽了。然而,弗格森在人们视野中的淡出更重要的原因

---

① 周保巍博士其他论文还有:《走向"文明"——休谟启蒙思想研究》(华东师范大学博士学位论文,2004 年)、《走向"文明化"过程中的民族主义——休谟民族主义思想的探析》(《浙江学刊》2004 年第 2 期)、《奢侈与文明——休谟对商业社会"合法性"的辩护》(《史林》2006 年第 2 期)、《从"自然状态"到"文明状态"——解读休谟的"财产权"理论》(《历史教学问题》2006 年第 1 期)、《走向"文明"——苏格兰启蒙运动中的"历史叙事"与"民族认同"》(《浙江学刊》2007 年第 3 期)、《社会情境·意识形态·知识话语——思想史视野中的"休谟研究"》(《华东师范大学学报》2008 年第 1 期)。

② 《苏格兰启蒙运动始于"道德感"理论的确立》(《中国社会科学报》2010 年 12 月 14 日)、《苏格兰启蒙运动与现代性关系初探》(《求是学刊》2010 年第 4 期)、《论哈奇森的道德感理论》(《山东理工大学学报》2010 年第 6 期)、《苏格兰启蒙政治思想研究——以政治正当性为中心的考察》(山东大学博士学位论文,2011 年)、《奢侈概念的现代性诠释:苏格兰启蒙时代的奢侈思想研究》(《山东理工大学学报》2012 年第 6 期)、《现代政治的人性预设——以苏格兰启蒙政治思想为中心的探讨》(《伦理与文明》2015 年第 3 辑)。

③ 这一点,王超本人在其博士学位论文《苏格兰启蒙政治思想研究——以政治正当性为中心的考察》中作了明确说明。

④ Eugene Heath and Vincenzo Merolle, ed., *Adam Ferguson: Philosophy, Politics and Siciety*, Pickering & Chatto (Publishers) Ltd., 2009. p. 1.

或许是他与苏格兰主流思想家在理论上的分歧有关。弗格森极力批判市场社会的自私机制，并且指出现代社会绝不能完全堕落为市场社会，因为市场自身蕴藏专制、腐化的种子。也就是说，以斯密为代表的苏格兰主流的启蒙思想家大多把早期的资本主义合法化；弗格森则试图颠覆之和去其合法化，极力批判其现代性弊病。可见，弗格森是苏格兰启蒙同代人中较为独特的一位，当时理性主义、个人主义、享乐主义等逐渐控制社会经济生活，与此相对的是，弗格森希望重新发现人类的公共的、有生气的品质；同时，相对于斯密、休谟等对自利、自爱的褒扬，弗格森尤为重视仁慈、利他、公共精神等古典的公民道德。[①]

从以上分析可以看出，国外学术界在弗格森思想研究方面取得了相对丰硕的成果，学者们主要探讨了弗格森思想的来源、弗格森与同时代思想家的联系和区别及其对后世的影响、弗格森的政治、社会、史学等思想。与国外的研究状况相比，国内关于弗格森的研究相对较弱，近年来虽有逐步升温的态势，但尚未有系统的研究专著问世。从国内学术界对弗格森的研究情况来看，主要完成的工作还处于译介其部分著作（已翻译《文明社会史论》《道德哲学的基础》）的阶段，涉及弗格森市民社会及其伦理、政治思想方面的研究并不多见，对于其伦理思想的研究尤其薄弱。而伦理学（道德哲学）是弗格森思想的重要组成部分，道德哲学教授亦是他最主要的身份，他的著作《道德哲学原理》《道德与政治科学原理》是直接以道德哲学为研究主题的，他的成名作《文明社会史论》中也饱含着对道德问题的思考。

总体上看来，在国内外的研究中，与法国启蒙运动相比，苏格兰启蒙颇受学界冷落，而且与同时代的苏格兰其他思想家相比，给予弗格森的关注更少。国内外关于"苏格兰启蒙"的研究，要么以某一问题（如政治思想、社会思想、自由思想等）为主题，在整体上研究苏格兰启蒙思想；要么以斯密、休谟等思想家为研究对象。而以弗格森为研究对象

---

① 苏格兰启蒙思想家，如哈奇森、沙夫茨伯里、斯密、休谟、弗格森等，大都赞扬激情、仁慈等利他情感。但他们之间还是有区别的，如斯密、休谟，他们除了考察仁慈等利他情感外，更为重视人性中自利的一面在现代社会中的作用。相反，弗格森则更为强调人性中仁慈的一面在引领人类走出现代性困境过程中的重要性，他尤其重视公民美德，但他并不完全否定人性自利（自我保存）的一面。

的成果相对缺乏。虽然，近年来国内外学界对弗格森思想逐渐重视起来，并且积累了一些有价值的资料、取得了一些基础性的成果，这些资料和成果为本书的研究打下了重要的基础。然而，在笔者看来，国内外的研究至少还存在以下两点值得关注的地方。

第一，关于弗格森伦理思想的研究尤其缺乏。虽然在苏格兰启蒙运动逐渐受到重视的背景下，弗格森也受到了越来越多的关注，特别是进入21世纪的20年。但是，相对于同为18世纪苏格兰启蒙运动的其他思想家而言，学界对于弗格森的关注程度显然过于薄弱，而且在近年对弗格森的关注中，较多的是他的社会思想、政治思想、史学思想等，关于他的伦理思想则鲜有相关成果。对弗格森的伦理学往往是在论述斯密、休谟等人的思想时作为对比而顺便提及，而更多的著作对其伦理思想根本没有涉及。

第二，相关研究所参照的文本较为单一。学者们大多是以《文明社会史论》为主要甚至是单一参考文本来挖掘、阐述弗格森的社会、政治、史学等思想，而对其《道德哲学原理》《道德与政治科学原理》《罗马共和国兴衰史》等重要著作，以及《心灵及道德哲学解析》等文本的关注显然是不够的。诚然，《文明社会史论》是弗格森最重要和最具影响力的著作，但它未必包揽弗格森的所有思想。虽然该书中饱含着弗格森对现代社会伦理问题的反思和忧虑，但是仅仅以此为参照研究其伦理思想显然是不全面的。尤其是《道德哲学原理》和《道德与政治科学原理》是弗格森非常重要的伦理学著作，而且较之《文明社会史论》来说，它们是更为系统研究伦理问题的著作。对于弗格森的这两部著作及其他文本，虽然许多学者也引用、探讨过，但很少有人对它们进行系统的研究，而把弗格森的主要文本作为一个整体进行全面系统考察的论著则非常少见。

二 研究的思路及方法

（一）研究思路

本书以弗格森的伦理思想为研究对象，指出弗格森的道德哲学是建立在近代情感主义人性观基础之上的。人性的思想也是弗格森伦理思想的主线，所以本书的研究思路亦围绕人性的问题展开，具体如下。第一，分析弗格森伦理思想的历史语境，即指出启蒙时代的大背景、苏格兰启蒙的特定背景，并以此引出现代商业社会（市民社会）存在的德性丧失、政治腐化等诸多"人性堕落"的现实问题。第二，以弗格森对人性的分析为基础，探求"现代性"问题及其伦理出路的人性依据，即人性的"多样性"，人不仅具有自我持存倾向，还具有联盟、分歧的倾向；不仅具有利己的一面，更具有仁慈、社会性的一面。第三，阐述弗格森的上帝观（宗教观）和德性观。通过人与上帝、人性与德性的探讨得出人拥有自由意志和德性，并由此得出人类伦理的可能性。换言之，对于弗格森来说，正是由于人类拥有自由意志和德性，确保了人类能够通过自身的品质和努力走出腐化，实现幸福。第四，寻找幸福与美德的复兴之路。既然人类走出现代性、实现幸福是可能的，那么实现幸福的具体途径是什么呢？弗格森指出，鉴于美德与幸福是一致的，因此，人性的回归、美德的复兴是实现个人与国家幸福的根本路径。最后，考察了弗格森的思想在欧美的影响，弗格森思想与马克思主义深刻的理论关联，总结了弗格森对于在现代商业社会中如何复兴公民道德，或者说在现代社会的土壤里如何孕育公民美德问题的深刻反思。

（二）研究方法

在本书中，总体上以"问题"为导向、以"文本"解读为切入点，探究苏格兰启蒙思想家弗格森的伦理思想。此外，鉴于研究对象与研究主题的综合性与广泛性，以及当时学科体系尚未分化的特点，本书试图以伦理学为主要视角，综合运用政治学、哲学、社会学等学科方面的知识，多层面、多维度来考察弗格森伦理思想。具体研究方法如下。

（1）逻辑与情境相一致的方法。考察弗格森的思想，仅仅对著作文本做诠释式的解读是不够的，还需要把思想放在当时启蒙运动的大背景和苏格兰启蒙运动的特定背景下加以考察，逻辑地展现其伦理思想发展的客观性，再现弗格森对现实问题卓有远见的反思和回应。因此，要正确理解弗格森的思想，我们首先必须要回到苏格兰启蒙运动的历史情景，认识到苏格兰启蒙运动是发生在政治转型已经完成之后的历史事件。这一点与法、德启蒙运动的历史背景是不一样的。

（2）批判对话法。这主要包括两个方面。一是本书在研究中把弗格森与其他思想家进行比较研究。弗格森伦理思想不是凭空想象的产物，也不能无视历史上及同代学者在相关问题上的理论探索。因此，本书把弗格森与其（尤其是同时代的苏格兰其他思想家，如斯密、休谟）进行比较研究，在比较中凸显弗格森的独特思考。二是笔者的研究与当前学术界之间的对话。诚然，继承、借鉴他人成果对于学术研究非常重要，但终究不能人云亦云，跟在他人后面亦步亦趋，对于专家、同行的理论和观点必须保持独立思考、批判吸收的态度；同时，鉴于苏格兰启蒙研究国内已有一些成果，在这些方面已有一些学者对此有一定的研究积淀，故在本研究实施过程中，有必要与国内的这些学者进行交流，以期减少研究的误区或偏差。

（3）多学科交叉法。正如上文所言，弗格森所在的时代，往往不是像现代学科分科之后，每个思想家们仅仅专注于某一个学科或问题域，他们通常都拥有广阔的视野、关注不同的学科领域，不管是在学术讨论还是形成自己思想观点时，他们都运用不同学科领域的知识。而且当时的道德哲学也不同于今天的伦理学，它是一个复杂的系统，主要包括狭义的伦理学、政治学、神学、法学、社会学等。因此，本书的研究具有很强的跨学科性特点，必须广泛借鉴多学科的相关研究方法，充分吸收多学科的既有研究成果。

三 本书的创新之处

诚然，由于受到各种客观的、主观的条件的限制，很难说本书的研究就是站在学术研究的前列，对于某一根本问题进行较大的学术推进。但是，本书的研究至少在以下三个方面做了一定的努力和推进。

第一，从研究的视角来看，目前国内关于弗格森的研究主要有从历史学的视角研究人类史、罗马史等；从社会学的视角探讨市民社会思想、社会行为无意识理论、社会发展的自发秩序等；从政治学的角度讨论弗格森的政体理论、自由观等。本书则主要从伦理思想史的视角出发，向国内全面介绍弗格森及其伦理思想，弥补国内对弗格森理论研究的缺失，为国内研究弗格森积累了一些有益的资料。同时，本书的研究以弗格森为个案和切入点，分析了苏格兰启蒙与同时代的启蒙运动，特别是法国启蒙的不同路径及其原因，这样既可以凸显被遮蔽了的苏格兰启蒙运动的独特地位，又可以还启蒙时代以完整、真实的面貌。

第二，从研究的材料来看，本书一改国内现有的研究以弗格森的成名作《文明社会史论》为主要甚至单一参照文本的现状。本书主要以《文明社会史论》《道德哲学原理》《道德与政治科学原理》《罗马共和国兴衰史》等著作为文本对象，辅以《弗格森手稿》《弗格森通信集》《弗格森的传记》以及一些小册子等全面考察弗格森的伦理思想，力求全面、真实地展现他对伦理问题所做的思考，对现实问题所做的回应。

第三，从研究的结论上看，追寻弗格森伦理思想的足迹，我们发现唯有调和公共精神与商业精神之间的矛盾，现代社会才有出路。也就是说，现代社会中公益与私利、财富与美德可以平衡发展，而不是必然冲突，这也是弗格森给我们的最大启示。

此外，有一点需要说明，除了笔者明确指出外，本书在谈及"道德"与"伦理"以及"伦理学"与"道德哲学"等相关概念时，一般不作严格区分。虽然，"道德"（moral）与"伦理"（ethics）无论在日常用法还是在其语源中，存在一定差别。但这两个概念都关乎人们行为品质的善恶正邪，乃至生活方式、生命意义和终极关切。比如，道德通常是关于善恶、对错的问题；而伦理则是关于道德的推理。在日常生活中，我们通常会说某个人"有道德"，而不说这个人"有伦理"；在使用的过程中，"ethics"多用于道德的理论，"morals"多用于道德的实践；我们一般用"伦理学"，而较少使用"道德学"来指这个学科；等等。可见，在日常的用法中，"道德"这个词更多地用于人，含有更多主观、个人的意味，即主要指个人的识见、意图等；而"伦理"更具客观、社会的意味。换言之，道德多表征为个人的内心境界，有着个人倾向；伦理则表达了既有的社会关系，有社会倾向。然而，"道德"（moral）与"伦理"（ethics）这两个概念不管是在中国还是在西方，许多时候是不做严格区分的；道德和伦理在大多数情况下还是被用作同义词的，这也是一个趋势，我们日常和理论上的使用也基本上是遵循这一原则的。故而本书遵循了通行的原则，即对"道德"与"伦理"以及"伦理学"

与"道德哲学"等相关概念不作严格区分。

四 本书的主要内容概要

本书对苏格兰启蒙思想家亚当·弗格森的伦理思想，特别是他在《文明社会史论》《道德哲学原理》《道德与政治科学原理》等著作中所创立的伦理学进行了较为全面的考察。全书共分八个部分。

导论部分：简要回顾了国内外学术界关于弗格森思想的研究现状，明确了研究内容、思路和方法。

第一章：阐述弗格森伦理思想的历史语境。一方面，弗格森生活的时期正是欧洲启蒙运动的时代，他也是苏格兰启蒙运动的重要代表；另一方面，当时正是自由资本主义的上升时期，现代市民社会正在形成、商业社会迅猛发展，现代市场经济渐渐地暴露出了一系列问题，即"现代性问题"。因此，弗格森的伦理思想归根结底不能超越时代为他划定的界限、无视同代启蒙思想家们的理论探索，同时也必然是对商业文明、现代性进行的反思和回应。

第二章：分析弗格森伦理思想的人性基础。对于人性问题的探索是弗格森伦理学的逻辑起点，也是贯彻其中的主线。关于人性，弗格森强调了两点。一是人性的"多样性"，即人不仅具有利己性，也有利他性；不仅具有理性，还有出于本能的激情；不仅具有自我持存的倾向，还具有联盟、分歧的倾向。二是社会性是人的根本属性，是人性的主要方面。他指出，虽然自利在商业发展过程中有其正面意义，但是，真正的快乐是仁慈的结果。弗格森正是以他对人性的这些认识为前提展开其伦理学体系的，故本章的内容亦是本书研究的理论基础。

第三章：考察弗格森伦理学的宗教维度。不管是法国的理性启蒙还是苏格兰的情感启蒙，宗教仍占据非常重要的地位。而且，人与上帝之间的矛盾和调适一直贯穿西方伦理学发展的过程之中，在某种程度上甚至可以说，人的自由意志与上帝的谋划之间的关系是启蒙运动关注的一个挥之不去的主题。事实上，弗格森正是以自己的方式（即社会进步的自发秩序理论）从各个方面对自由意志进行了深入的探讨。鉴于此，本章将在弗格森的理论体系内探讨自由意志与上帝的关系以及在社会进步的过程中人的能动性与自发秩序的关联。

第四章：论述弗格森的德性论思想。首先，苏格兰启蒙的德性论是以人性论为基础，通过对情感（而不是理性）的分析找到德性的根据，以及道德判断的原则。笔者发现，相对于其他同样重视情感因素的思想家，弗格森更加强调人性中的仁慈、利他在道德中的作用。其次，分析了弗格森的德性概念及种类。在弗格森那里，德性特指人的道德上的优秀品质；德性与人的行为紧密相关；德性是心灵的一种品性；德性的认知与历史环境相关。弗格森关于德性种类的分析主要有两个方面：一是四种最主要的德性，即正义、智慧、勇敢和节制；二是对于市民社会来说非常重要的几种德性，如勇敢、爱国、积极的政治参与等。最后，笔者阐述了弗格森的道德法则及其应用。因此，在弗格森看来，德性是人性上的卓越，其主要种类有正直、智慧、节制、坚韧、勇敢、爱国、政治参与等。道德的法则与仁慈、善是分不开的，道德法则可分别应用于心灵和外在行为。同时，他尤为强调以积极进取的"公民美德"为核心的古典美德，并提出要治疗"现代性"病，就必须重拾逝去的公民美德。

第五章：阐述了弗格森的幸福观。其一，弗格森认为，幸福是合乎人的卓越、仁慈等德性的实践活动。幸福以快乐为基础，但高于快乐；德性是幸福的必要条件；幸福在于不懈追求善的过程之中。其二，弗格森指出，只有存在于国家、社会之中，个人才能充分发挥本性中卓越、善的德性，实现幸福。因此，国民的幸福与国家的幸福是一致的。其三，弗格森指出，把商业的规则引入情感之中会导致美德丧失。那么，如何复兴公民道德并实现幸福呢？在弗格森看来，由于德性是受政治、教育、知识、习惯等因素影响的，因此，复兴美德、获得幸福的主要途径有：改革政治体制建立混合政体；通过公民教育培养大众爱国热忱等美德；通过发扬公民自由使民众积极捍卫自身权利；通过民兵制培育民众的军事素质等。

第六章：弗格森思想的历史地位和影响。笔者考察了弗格森的思想在欧美的影响，以及弗格森思想与马克思主义深刻的理论关联。一是弗格森的思想在欧美产生非常深远的影响，如他的自发秩序理论为哈耶克所发展、其社会学思想在欧洲大陆的先驱地位、复兴古典美德的思想为许多学者称道和借鉴、对欧洲理性启蒙做出了富有深度的独特反思等。二是弗格森的思想与马克思主义有着深刻的理论关联。弗格森的思想在很多方面与马克思极为相近，如关于社会分工、社会发展渐进论、人的社会性等，以至于有学者把弗格森称为"前马克思主义者"。需要强调的是，弗格森关于劳动分工、异化和社会原子化等思想为马克思所借鉴，马克思亦高度赞赏弗格森对早期资本主义所做的深刻批判和反思。

  结语部分：简述弗格森对现代性所作的独特思考及其启示意义。笔者指出，弗格森伦理学关注的核心问题是：在现代社会中商业精神与公共精神之间存在深刻的矛盾以及如何协调这种矛盾并使之和谐发展。追寻弗格森的理论思考，笔者发现，唯有调和这种矛盾，把技术、物质的领域与道德、心理的领域分开来，以求二者的平衡发展，现代社会才有出路。换言之，公共性和商业、财富和美德可以平衡发展，而不是必然的、无法解决的冲突。因此，在现代商业社会中如何复兴公民道德，或者说在现代社会的土壤里如何孕育公民美德的问题是本书探索的主要目的，也是弗格森给我们的最大启示。

第一章 弗格森伦理思想的历史语境

　　启蒙是 18 世纪的一个突出特点,"启蒙"在 18 世纪成了一个具有某种统一性、普遍性的概念。然而,启蒙的殊荣长久以来为法国所独享,人们常常把启蒙片面地理解为某种理智的进步。实际上,启蒙运动是整个欧洲甚至超出欧洲的历史事件。更为重要的是,启蒙应该是具有多重面向的,而不仅仅是一以贯之的、统一的、普遍的文化现象。实际上,相对于法国理性精神的启蒙,苏格兰的启蒙运动开启了情感启蒙的先河,他们所建构的理论不是以现代性的"理性"为标准,而是以仁慈、善心、公心、公民美德等道德情感为标准,换言之,他们强调德性的社会、发起的启蒙也是围绕社会美德的。苏格兰启蒙是西方文化史上的重大事件,对欧洲、美洲以及其他地区产生了非常重大的影响。

第一节　启蒙的世纪及苏格兰启蒙运动的兴起

　　18 世纪是西方历史上一个革命的时代,美洲大陆、法国先后爆发两次轰轰烈烈的资产阶级革命。然而,必须承认的是,18 世纪的大部分时间中,启蒙是其更为突出的特点。从这种意义上讲,18 世纪更是一个启蒙的世纪。其间涌现出了许多声名显赫的思想家,他们敏锐的思想、深刻的理论、孜孜不倦的探索,使许多新的思想得以传播、新的理论体系得以建立。

一　启蒙的世纪及法国的理性启蒙

提起启蒙运动，人们自然而然地会想到法国，想到伏尔泰、孟德斯鸠、卢梭、狄德罗等思想家。显然，启蒙的殊荣长久以来是为法国所独享的。诚然，法国的启蒙是欧洲历史乃至世界历史上具有最深远意义的伟大事件，但仅仅把启蒙运动归功于法国是极其片面的，甚至是错误的。实际上，启蒙运动是整个欧洲甚至超出欧洲的历史事件，启蒙运动从17世纪在英格兰[①]兴起，在接下来的时间里，波及法国、苏格兰、德意志、奥地利、意大利、北欧地区以及俄国等。在18世纪的鼎盛时期，启蒙运动逐渐形成了三条相对鲜明的路径，即以法国为代表的理性的启蒙，苏格兰为代表的以美德为中心的情感启蒙，美国为代表的自由、政治的启蒙。[②]

然而，不可否认的是，欧洲启蒙运动的最高形式仍然是法国。显然，在18世纪的启蒙运动中，尤其是在法国，理性成了最高的裁判官。在法语中，"启蒙"（Lumières）的本意是"光明"[③]，当时先进的思想家普遍认为，直到当时，人们处于黑暗之中，应该用理性之光驱散黑暗，把人们引向光明。理性是法国启蒙的最高标准，理性是判断一切文明的根本标准，即文明中任何不符合理性的东西都是不合理的，不符合理性的东西都没有存在的理由。换言之，道德、文化、社会规则等必须合乎理性才有意义。可以说，18世纪法国的主要启蒙思想家[④]，基本上是理性的坚定信奉者，他们坚信理性能够引导人们走出黑暗，走向光明。在

[①] 学界一般认为以英格兰1688年爆发的光荣革命和牛顿的《自然哲学的数学原理》的发表为欧洲启蒙运动兴起的重要标志。

[②] 美国学者格特鲁德·希梅尔法布提出了启蒙的三条路径，但他是以"英国启蒙"的概念涵盖了苏格兰的思想家斯密、休谟等人，他不赞成"苏格兰启蒙"的提法。参见格特鲁德·希梅尔法布《现代性之路：英法美启蒙运动之比较》，齐安儒译，复旦大学出版社2011版。

[③] 其实不仅在法语中，在英语中启蒙为"Enlightenment"，本意为"点亮""照亮"，是由"light"派生出来的，亦与"光""光明"有关。

[④] 如伏尔泰、孟德斯鸠、狄德罗、霍尔巴哈等人。卢梭与以上几位有所不同，他认为理性是不可靠的，强调情感的作用，下文还会论及。

18世纪的法国，理性表现出了一种激进的、革命的和断裂的精神气质。这里，理性体现为彻底的批判与否定，它否定启示宗教、圣经权威和传统的价值观念。需要指出的是，到了19世纪理性逐渐分化为"价值理性"和"工具理性"。"价值理性"注重的是行为本身所代表的价值，而不看重行为的后果，它体现了人对价值的理性思考，饱含的是对意义的追求。"工具理性"或称"技术理性""科学理性"，它把理性视为一种工具，是以"有用性"为衡量标准，以对效率的追求为核心的，利用理性之工具来组织高效的生产制度、管理体系等。正是在"工具理性"的指引下，欧洲各国社会生产力得到突飞猛进的发展。然而，"工具理性"在指引近代西方的巨大进步的同时，逐渐退化为控制人、奴役人的工具，带来了人的异化和物化，意义的失落，归属感的荒芜等严重的社会问题。因此，从某种程度上讲，"工具理性"也是"现代性"的理论基础。可以说，理性主义一直是欧洲文明的主流。然而，在人们相信可以自由地歌颂理性，将理性置于宗教之上时，殊不知理性和宗教本身一样的残暴和极权。正如卡尔·贝克尔（Carl Becker）所说，18世纪的法国理性哲学家甚至只是在另建一座中世纪奥古斯丁式的"天城"而已，"理性可以维护信仰，正如它可以摧毁信仰一样……在一种非常之真实的意义上，我们可以说18世纪乃是一个信仰的时代，正有如它是一个理性的时代"。①

二 情感主义及苏格兰启蒙②的兴起

在启蒙的理性精神照耀之下的欧洲，与理性主义相对应的浪漫主义也在默默地进行着。浪漫主义的主要特征是强调人的个性、情感、自由，主张人性的回归，侧重从人的内心出发，抒发对理想世界之追求。在18世纪的法国，浪漫派的代表是卢梭。相对于其他理性主义思

---

① 卡尔·贝克尔：《启蒙时代哲学家的天城》，何兆武译，江苏教育出版社2005年版，第7—8页。
② "苏格兰启蒙"这个说法最早是威廉·罗伯特·斯科特（William Robert Scott）在1900年出版的传记《弗朗西斯·哈奇森的生平、教学、及其在哲学史上的地位》中第一次使用的，他把哈奇森称为"苏格兰启蒙之父"。见 Alecander Broadie, *Cambridge companion to The Scottish Enlightenment*, Cambridge University Press, 2003, p. 3 或见 Francis Hutcheson, *His Life, Teaching and Position in the History of Philosophy*, Cambridge University Press, 1900, p. 265.

想家来说，卢梭似乎颇为独特甚至显得有些另类。卢梭大力宣扬人的天性、情感、意志，并给予情感更高的地位。相对于理性主义，浪漫主义更强调生命的激情与冲动，不愿屈从于理性的束缚，反抗人性的异化、物化。浪漫主义以生命的激情批判了理性主义的独裁，在欧洲思想史上占有相当重要的地位。从这个意义上讲，浪漫主义是西方理性主义肆意扩张的一个重要制约因素，是西方人文主义精神的守护者。正是浪漫主义开启了人类激情的阀门，开启了哲学"人性"的回归。因此也可以说，浪漫主义是以情感主义为主要特征的苏格兰启蒙的一个重要理论来源。苏格兰人对启蒙运动的一些核心假设提供了一个批判性的视角，大多数苏格兰思想家认为，理性自身并不具有超凡之能，理性的运用有其自身的界限，而且存在许多问题。诚然，像弗格森、斯密和休谟这样的苏格兰思想家渴望理解和提升人类的理性能力，但他们各自以自己的方式怀疑过多地相信理性。他们认为，如果我们要全面了解是什么激励了人类，我们也应该关注人类的情感和情感的领域，尤其是在风俗、文化、社会的演化过程中，很多时候理性往往是无能为力的。他们认为，道德不是理性的对象，而是激情和情感的对象，道德原则不是理性创造的，而是演化而来的。理性本身是与文明的演化共同成长的，理性没有跳出文明之外设计自己的能力。同样地，苏格兰人倾向于强调人的社会性，但苏格兰人更喜欢从自然科学的角度来看待人类社会，把社会看作一个长期的进化过程、一个自然历史的过程。他们考察政府、法律和私人财产等是如何随着时间的推移而发展的，阐明促使社会从一种形式向另一种形式转变的条件。一些人，如亚当·斯密和威廉·罗伯逊（William Robertson），倾向于从繁荣、物质条件和知识进步的角度把这一演变描述为进步；另一些人，如弗格森，则更为谨慎，担心商业社会对人类德性的腐蚀性影响。可以说，苏格兰的思想家普遍关注美德和健康的公共生活在个人、商业、自利的现代社会中如何得以保存的问题。荷兰哲学家曼德维尔在《蜜蜂的寓言》中提出的解决方案，即赤裸裸地追求私利将会创造出一个类似蜂巢和蚁穴的勤勉社会。弗格森则认为，强调整个社会利益的传统美德即使在现代社会也仍然有效，因为在与公共利益冲突的地方，私人追求幸福和行使自由必然会受到限制；而当个人从事公共事务、履行公民职责以及追求个人的才能实现时才是最幸福的。休谟、斯密等思想家认为，"同情"是确保个人私利和共同利益和谐的有效法则，借此可以确保无阻碍地追求符合社会利益的财富。

在漫长的 18 世纪，几乎没有哪种启蒙文化比苏格兰启蒙运动对现代性更感兴趣，对欧洲的理性主义更为警觉。在 18 世纪，相对于法国理性精神的启蒙，苏格兰的启蒙运动采取了迥异的方式——情感的启蒙（或曰以社会美德为核心的启蒙），正如于海先生所言："苏格兰学派是以其道德哲学而著名的学派。"[1] 在以法国为代表的理性精神所造就的现代性精神在当代大行其道之时，苏格兰的思想家们指出，现代性问题实际上就是伴随现代商业社会的市场经济所出现的各种问题，他们敏锐地看到，现代性的核心症结在于理性的肆虐、情感的凋零。他们大多强调理性与情感的分离，反对理性对情感的统治，重视情感的主导作用。可以说，苏格兰启蒙运动也是这一时期启蒙运动最杰出的代表，是西方文化史上的重大事件，在人类历史中的地位和作用绝不亚于法国启蒙运动。"爱丁堡在医学、自然科学和应用科学方面都做出了杰出的贡献，同时，直到 19 世纪 50 年代，苏格兰的思想家一直统治着英语世界的哲学。"[2] 甚至可以说，"现代社会所遵循的价值理念更多是从苏格兰视角出发，这种更开放、更包容的社会架构的建立，更多是来自于苏格兰启蒙运动的解决方式，这恰恰是法国启蒙运动所缺乏的"[3]。在苏格兰启蒙运动中科学、经济、哲学、史学以及其他领域都取得了卓越的成就，对欧洲、美洲以及其他地区产生了非常重大的影响。法国成为启蒙运动的中心有许多因素，如 18 世纪法国资本主义的发展为启蒙打下扎实的经济基础，文艺复兴以来法国文化的发展为启蒙奠定了思想基础，自然科学的发展促进了生产力的进步并为启蒙思想家提供了理论依据，等等。然而，18 世纪的苏格兰气候恶劣、土地贫瘠，在近 3 万平方英里的国土中仅有不

---

[1] 于海：《西方社会思想史》，复旦大学出版社 1993 年版，第 125 页。
[2] James Buchan, *Crowded with Genius: The Scottish Enlightenment: Edinburgh's Moment of the Mind*, Harper Collins e-books, 2003, p. 273.
[3] 潘坤：《苏格兰启蒙运动的现代性追溯》，《浙江社会科学》2017 年第 3 期。

到10%的可耕种土地;在与英格兰合并以后,苏格兰在政治上一直处于从属地位,甚至可以说是丧失了政治上的独立主权。而在诸多不利的条件下,却兴起了有别于法国的声势浩大的苏格兰启蒙运动,确实是出乎意料的。

为何苏格兰能够成为欧洲启蒙运动的一大中心一直有争议,但大多认为与苏格兰独特的历史演进、独特的教会、教育体制、国际眼界等有密切的关系。第一,许多人指出,国土、资源、交通等方面的劣势从反面激发了苏格兰人寻找其他出路的努力,换言之,正是重重困境激发了苏格兰人变革现实的动力。正如爱默生(Roger Emerson)所言:"为了使纺织业获得更好的肥料、染料,他们成了化学家;为了寻找更多的矿产资源,他们成了地理学家;同时,他们不得不思考与发展相适应的社会、政治、经济上的变革。"[1] 此外,人口对资源的压力也激发了苏格兰人寻找新资源、发展新技术、提高生产力,并且促使一部分人移民国外以谋求生计;粮食、资源的不足还促使他们开垦土地、探采新矿产、发展渔业,以及发展工业、开拓新市场等。第二,苏格兰加尔文主义的宗教传统关注人类道德的教育与养成。在这种传统的影响下,苏格兰的思想家认为"人的科学"是其他科学的基础。正是这种人性学的神学根源,推动了苏格兰世俗学科的大发展。宗教改革之后,长老会存在大力发展教育的主观愿望和客观需求。而且,苏格兰的神学教育还极大地推动了宗教风气逐渐温和、宽容,这为启蒙思想的产生提供了一个非常宽松的环境。[2] 第三,苏格兰在政治、宗教地位上的变化。苏格兰曾经是一个政治上、宗教上独立的国家,但是,在与英格兰合并之后,苏格兰虽然在法律、教育等方面仍保持有一定的自主权,但严格意义上讲已经不是一个具有独立政治主权的国家了,同时,合并后苏格兰的宗教问题也一直没有得到解决。因此,在合并之后,苏格兰人对苏格兰民族的未来何去何从的问题展开了激烈的争论,议题主要涉及合并后苏格兰的地位、皇室的权力、国家的构成和运行、苏格兰与英格兰的关系等。这些

---

[1] Emerson, Roger, "The contexts of the Scottish Enlightenment", Alecander Broadie, *Cambridge Companion to The Scottish Enlightenment*, Cambridge University Press, 2003, p. 11.

[2] 杨芳、卢少鹏:《苏格兰启蒙的教育根源探析》,《江西社会科学》2013 年第 7 期。

讨论反映了苏格兰人对过去的自豪和对现状的羞愧,而正是这种自愧、强烈的民族情感促使他们为改变现状而努力。① 而且,在客观上,光荣革命和苏格兰与英格兰的合并为苏格兰的发展提供了一个相对稳定的政治环境。第四,苏格兰在文化、教育上的独特地位是其启蒙运动发生的又一前提。较之英格兰,苏格兰更加重视教育对社会发展和变革的作用,苏格兰积极革新大学教育体制,既提倡职业教育,又关注人文精神的教育。同时,他们鼓励建立各种学术团体、协会,重视大学与商界、政界在学术问题上的自由交流和探讨。最后,自中世纪以来,苏格兰一直是欧洲学者共同体的一部分,对世界文化的兼收并蓄是苏格兰文化多元性的突出特征,苏格兰人往往有非常开放的世界主义的视野,这使得他们对革新非常感兴趣,并且能够积极学习、仿效欧洲其他国家,而不仅仅限于对英格兰的屈从和模仿。②

在苏格兰启蒙运动中,涌现出众多的杰出人物,其中比较知名的有沙夫茨伯里(Shaftesbury)、哈奇森、大卫·休谟、亚当·斯密、托马斯·里德、亚当·弗格森、亨利·霍姆(Henry Home)、斯图尔特(Stewart)、威廉·罗伯逊、休·布莱尔(Hugh Blair)、科林·迈克劳林(Colin MacLaurin)、詹姆斯·瓦特(James Watt)、约瑟夫·布莱克(Joseph Black)和詹姆斯·赫顿(James Hutton)等,他们几乎涵盖了所有的社会科学领域和自然科学领域。然而,约翰·罗伯逊认为苏格兰启蒙

---

① 有个例子从反面反映出了这个问题。当时,围绕着《欧希安》诗集的真伪性在知识界产生了激烈的争论。麦克弗森声称自己发现了被苏格兰人视为苏格兰人或盖尔人的文化象征的诗集,即《欧希安》诗集。休谟等认为该诗集是出于麦克弗森之手,是他伪造了这本诗集。以布莱尔(Hugh Blair)、弗格森为代表的学者则因为对传统文化的迷恋而极力为诗集的真实性辩护(德国的赫尔德、席勒、歌德等对该诗集亦有极大的兴趣,甚至有学者指出该诗集对于欧洲浪漫主义的产生和发展有重要的影响,因为它在一定程度上挑战了法国理性主义的霸权地位,推动了德国民间故事的兴起)。如今对于该诗集的真伪仍未有定论,然学界有一个观点无疑是正确的,即弗格森等人对诗集真实性的辩护不仅是基于"智识上"的原因,即诗集可以为研究苏格兰传统文化提供资料,更重要的是出于文化自豪感的考量,即证明苏格兰不是一个野蛮、落后的地方。

② Emerson, Roger, "The contexts of the Scottish Enlightenment", Alecander Broadie, *Cambridge Companion to The Scottish Enlightenment*, Cambridge University Press, 2003, pp. 9 – 25.

尤其突出体现在三个学科领域：道德哲学、历史学、政治经济学。[①] 这里需要指出的是，当时的思想家，往往不是像现代学科分科之后，仅仅专注于某一个学科或问题域，他们通常这样拥有广阔的视野、关注不同的学科领域，不管是在学术讨论还是形成自己思想观点时，他们都运用不同学科领域的知识。这意味着，在苏格兰启蒙中尽管区分学科或领域也是可能的，但在实践中当时没有人会孤立于某一学科之隅、孤芳自赏。

苏格兰启蒙运动是以城市和大学为中心的思想运动，这场运动中形成了爱丁堡、阿伯丁、格拉斯哥三个中心。在这些城市里许多思想家拥有同样的交际圈、拥有深厚的友谊，他们经常交换意见、探讨学术，这也是苏格兰启蒙运动不同于法国的一个重要特点。而且，在这场运动中，苏格兰的学者并不是躲在象牙塔里孤芳自赏、闭门造车，而是走出去，与政界和商界人士联系紧密。这直接促使大量社会团体、学术沙龙[②]出现，这些社团的成员主要讨论各领域流行的观念、理论。虽然在许多问题（如关于人的社会属性、历史阶段研究、理性的限度、反对契约论等）上苏格兰的思想家们形成了广泛的共识，然而，在这些不同的启蒙运动的重镇所形成的思想流派之间也常常发生争论或分歧，有时甚至是立场上的根本对立，如阿伯丁的常识派领袖人物托马斯·里德与爱丁堡学者在许多方面存在对立的观点，他尤其反对休谟的怀疑论哲学。而且这些争论还发生在相同流派的学者之间，如休谟和弗格森，他们是多年的好友，彼此的友谊深厚，但这并不妨碍他们在学术观点上的争论和存疑，休谟甚至因为不赞同弗格森《文明社会史论》中的观点而极力

---

① Alecander Broadie, *Cambridge companion to The Scottish Enlightenment*, ed., Cambridge University Press, 2003, p. 3. 原文出处 John Robertson, "The Scottish Contribution to the Enlightenment", in Paul Wood, ed., *The Scottish Enlightenment: Essays in Reinterpretation*, Rochester: Rochester University Press, 2000, pp. 37 – 62。

② 如爱丁堡哲学学会（Philosophical of Edinburgh）、政治经济俱乐部、择优学会（Select Society）、拨火棍俱乐部（Poker Club）等。苏格兰启蒙运动的其他重镇也出现了不少的政界、学界和商界名流广泛参与的社会团体，如阿伯丁的博学俱乐部（Wise Club）、格拉斯哥的文学会（Literary Society）和经济学会（Economics Society）等。1783 年，苏格兰成立了自己的皇家学会，即爱丁堡皇家学会（Royal Society of Edinburgh）。

阻止该书出版。

正因为苏格兰启蒙中的不同流派（或团体）以及相同流派（或团体）内部各种对立观点的存在导致许多学者开始怀疑"苏格兰启蒙"这一概念的有效性，即他们质疑是否存在真正意义上的"苏格兰启蒙"，苏格兰是否具有与18世纪其他国家（尤其是法国）的启蒙所不同的、独特的民族特性。有些学者进而指出，所谓的"苏格兰启蒙运动"实际上是一系列庞杂的历史性事件，它并不像法国启蒙运动一样具有普遍的气质，因而将其进行简单的概括是不合适的，他们甚至认为苏格兰启蒙从未发生过，指责"苏格兰启蒙"这种提法具有狭隘的民族性和地方性。[①] 虽然，这种观点客观地看到了苏格兰启蒙的复杂性以及内部存在的不同观点，但在笔者看来，要求一种思想运动中的所有思想家在任何问题上都持有相同的意见显然是过于苛刻了。而且，启蒙运动的观念不是固定的、单一的，更不能仅仅理解为理性的独裁，它应该是开放的、多元的，苏格兰启蒙作为18世纪启蒙运动的众多形式之一是无可置疑的。

尽管由于各自的学术背景、关注领域、理论观点不同，但笔者认为，苏格兰启蒙思想家们所表现出的"一致性"，即苏格兰启蒙所具有的自身的独特性是必须予以充分肯定的，因为"苏格兰启蒙的确是一个可辨认、实际存在的过程"。[②] 法国启蒙理性倡导的自由、平等、博爱的理想社会具有追求合理性，反对传统、与传统断裂的特点，这些都是现代性的主要特征。而苏格兰启蒙构造出的以社会道德为标志的文明社会与此有着明显的不同。具体体现在以下几个方面。第一，与法国启蒙理性至上相对的是，苏格兰的思想家们虽然没有一概拒斥理性，他们也看到了理性的正面作用，但是他们对待理性的态度显然是谨慎的，他们看到了理性的界限。因而，苏格兰的思想家更加强调情感因素的重要性，他们普遍认为，道德的基础是情感，而不是理性。第二，关于社会契约

[①] 如罗伊·波特和格特鲁德·希梅尔法布等主张并不存在严格意义上的"苏格兰启蒙"，但他们并不否认斯密、休谟等苏格兰思想家的历史地位，不过坚持应该把这些人的贡献纳入更大的框架之中，即英国的启蒙运动，而不是狭隘的民族主义。详见理查德·谢尔《启蒙与出版：苏格兰作家和18世纪英国、爱尔兰、美国的出版商》，启蒙编译所译，复旦大学出版社2012年版，第17页。

[②] 理查德·谢尔：《启蒙与出版：苏格兰作家和18世纪英国、爱尔兰、美国的出版商》，第18页。

论。法国卢梭、伏尔泰、孟德斯鸠及其他思想家几乎一致主张社会契约在国家的形成过程中以及在现代国家中的重要性。而苏格兰启蒙思想家大多主张现代社会是人类历史演进的结果,而不是社会契约的结果,即他们坚持一种社会进化的观点。[1] 第三,道德问题是苏格兰启蒙探讨的一个重点。苏格兰启蒙思想家所建构的社会理论不是以现代性的"理性"为标准,而是以仁慈、善心、公心、公民美德等道德情感为标准,换言之,他们强调德性的社会,他们发起的启蒙也是围绕社会美德的启蒙。因为,从沙夫茨伯里、哈奇森的"道德感",到休谟以"人为之德"的正义建构规则社会、斯密以"同情"为标准建构商业社会、弗格森以"公民道德"来对抗"现代性"等,无不遵循以德性来建构、规制现代社会的思路。第四,苏格兰的学者比较重视传统和习俗,在思想上相对保守。他们大多主张进行平稳、渐进的社会变革,反对激进的政治革命和暴力对抗,这明显不同于法国启蒙激进、革命的特质。换言之,苏格兰启蒙一般说来是"缺乏法国启蒙思想所具有的那种反教权主义、反现存制度的唯物主义精神"。[2] 这一点或许可以这样解释,即"苏格兰启蒙运动是一场政治转型已然完成的后革命启蒙。思想家们的主要关切,不再是政治革命而是经济与社会发展"。[3] 因此,苏格兰情感启蒙的理论不同于法国理性启蒙所造就的与传统断裂、激进的现代性精神,而是具有尊重传统和以美德为本的精神品质。第五,苏格兰的思想家,不论是斯密、休谟还是弗格森等,他们基本上信奉经济自由主义理论。他们认为,市民社会本质上是经济社会,并竭力证成市民社会的自律性和自足性。尽管他们之中许多人(尤其是弗格森)看到了现代市场经济的种种

---

[1] 如休谟论证了人类社会演进过程中经历了野蛮社会、农业社会、封建社会和商业社会四个形态;斯密进一步发展该理论,认为社会体制是一定程度的经济组织的展现,它直接来自某种物质生活条件,社会体制的最高发展阶段是最能维护人之生存的商业社会。弗格森则在《文明社会史论》中系统地描述了人类社会的自然史,追溯了人类社会从野蛮社会到未开化社会再到文雅社会(文明社会)三个发展阶段。

[2] 斯图亚特·布朗(主编):《英国哲学和启蒙时代》,高新民等译,中国人民大学出版社2009年版,第5页。

[3] 项松林:《理解弗格森:市民社会政治学的先驱者》,《中国社会科学报》2011年8月18日,第007版。

弊端，并予以激烈的批判，但总体上他们都主张保护个人财产和契约上的自由，主张限制政府在经济中的操控。他们大多赞同斯密"看不见的手"，即市场机制在调控资源中的作用。正如克里斯托弗·贝瑞指出的那样，为了改变落后局面，走上现代的独立自由之路，苏格兰采取了一系列追赶措施，"而这关键体现在知识界对于改良和商业的关注上"①。

三　苏格兰启蒙的影响及美国启蒙运动

苏格兰启蒙的一些重要著作、思想引起了世人的深入思考，尤其是对现代商业社会及存在的问题进行了卓有远见的探讨，对同时代及后世产生了非常深远的影响。苏格兰的启蒙思想在18世纪影响深远，如法国、德国等欧洲国家。另外，尤其需要指出的是，苏格兰启蒙运动对美国产生了尤为重大的影响。② 而且，苏格兰人撰写了许多教材，其使用范围不仅仅局限于英国，还在欧洲各国、俄国及美国的一些大学被广泛地使用。比如说，弗格森的《文明社会史论》就曾被俄国莫斯科大学作为教材使用。需要指出的是，结合苏格兰启蒙运动可以更好地理解杰斐逊起草的《独立宣言》。从某种意义上讲，正是卡姆斯勋爵、弗朗西斯·哈奇森、亚当·斯密、亚当·弗格森、大卫·休谟、托马斯·里德等人的思想深刻地影响、建构了杰斐逊《独立宣言》的核心思想。苏格兰道德哲学和《独立宣言》中所表达的政治理论之间有着深刻的关联。

在18世纪北美地区的重要人物中，许多是在革命前夕由苏格兰移民到美国的思想家。他们在北美建立了许多苏格兰模式的大学和学院，传播了哈奇森、里德、休谟、斯密、弗格森等人的启蒙思想，培养了众多卓越的美国早期政界领袖，如杰斐逊、麦迪逊等。在这些移民北美的思想家中不少还参与了独立革命并在美国政治中发挥着重要的作用。如原为苏格兰牧师的威瑟斯庞（John Witherspoon），移民美国后成为新泽

---

① 李宏图、克里斯托弗·贝瑞：《理解苏格兰启蒙运动——李宏图与克里斯托弗·贝瑞教授访谈录》，《学海》2014年第1期。

② 亚历山大·布罗迪认为，"苏格兰启蒙"对美国产生了非常重要的影响，它是当时苏格兰人对美国的主要"出口"，主要表现为当时哈奇森、里德的一些学生到了美国，他们在那里传播启蒙思想，同时还办学校，他们创办的学校后来大都成为知名的大学。见 Alecander Broadie, *Cambridge Companion to The Scottish Enlightenment*, Cambridge University Press, 2003, p. 6。

西学院（后为普林斯顿大学）的院长，而且他还是《独立宣言》《联邦党人文集》的签字者之一，他还培养了许多未来的美国领导人。威瑟斯庞本人曾受学于阿伯丁大学和爱丁堡大学，师从哈奇森和里德，颇得苏格兰启蒙之精髓。还有苏格兰人威尔逊（James Wilson）也参与了这两个文件的签字，他还成为美国第一届最高法院的首席法官，并第一个开设了美国法律的系列讲座。还有一位苏格兰人阿利森（Francis Alison）移民美国后成为费城学院的首任院长，并任命他的同胞史密斯（William Smith）为该学院的教务长。显然，教育是18世纪苏格兰启蒙思想在北美传播的重要途径。

从19世纪开始，在美国越来越多的哲学教学呈现出苏格兰学派的特点。在革命之前，威瑟斯庞在普林斯顿介绍苏格兰学者哈奇森、卡姆斯勋爵、斯密、弗格森等人的思想，而普林斯顿和他建立的学院则遵循苏格兰学派这一传统。1776年和1812年战争之后，北方的大学也采用了苏格兰的著作，特别是里德（Reid）、斯图尔特（Stewart）、布朗（Brown）、贝蒂（Beattie）、汉密尔顿（Hamilton）等人的著作，这些著作在美国的发行量往往超过苏格兰和英格兰。比如弗朗西斯·韦兰（Francis Wayland）从1811年到1813年在联合学院（Union College）读书的时候，学习了斯图尔特等人的著作。1827年，当他以校长的身份前往布朗，开始在道德和知识哲学、修辞学、批判主义和政治经济学方面教学时，他使用的主要是坎贝尔（Campbell）、卡姆斯勋爵、斯图尔特和佩利（Paley）的文本。1853年，哈佛大学的自然宗教、道德哲学和公民政治等课程中讲授里德的随笔、斯图尔特的《人类思维的哲学要素》和麦卡洛克（McCulloch）的《亚当·斯密的政治经济学讲义》等。[1]

美国开国的一些重要政治家、思想家如富兰克林、麦迪逊和杰斐逊等有同样的经历，即他们都从学于苏格兰重要思想家或与他们有密切联系，而且他们都非常重视苏格兰启蒙思想，并深受其影响。如富兰克林在英国期间与苏格兰思想家们多有交往并受益良多，他曾与休谟和斯密相识，甚至可能与斯密共同讨论过《国富论》的初稿。来自苏格兰阿伯

---

[1] Gladys Bryson, "The Emergence of the Social Science from Moral Philosophy", *International Journal of Ethics*, Vol. 42, No. 3, 1932, pp. 304–323.

丁的威廉·斯麦尔（William Small）是杰斐逊的重要老师之一。麦迪逊则是有着阿伯丁和爱丁堡从学经历的罗伯逊（Donald Robertson）的学生，后来他又师从威瑟斯庞，而麦迪逊对苏格兰启蒙思想的了解和研究，主要归功于后者的引介。美国《独立宣言》的另一位签字人，最早提倡在美国办教育的本杰明·拉什（Benjamin Rush），曾在爱丁堡学习医学，正是在那里，他说服了威瑟斯庞移民美国。美国首任司法长马歇尔（John Marshall）曾是苏格兰人汤普森（James Thompson）和坎贝尔（Archibald Campbell）的学生。[1] 实际上，苏格兰启蒙思想是麦迪逊宪政思想的一个非常重要的理论来源，[2] 这主要体现在麦迪逊参与撰写的《联邦党人文集》。该文集讨论了不仅与宪法有关，而且与共和政府有关的所有问题。该文集对美国的启蒙起了重要的推动作用，它"像宪法本身一样，它是一部自觉的现代文献"[3]，它的作用主要体现在联邦党人捍卫了宪法的必要原则，即政府应该保障个人和国家的权利与自由。正如苏格兰启蒙思想家一样，麦迪逊同样批判单纯的理性。

　　苏格兰对美国启蒙运动影响最显著的是所谓的苏格兰现实主义的常识哲学被用来满足新国家的道德、宗教和教育的需要。苏格兰现实主义的代表人物托马斯·里德和杜格尔德·斯图尔特的思想在美国产生了深远的影响。在美国，耶鲁大学的蒂莫西·德怀特（Timothy Dwight）、哈佛大学的大卫·塔普潘（David Tappan）以及普林斯顿大学的约翰·威瑟斯庞等著名学者都将苏格兰现实主义引入了大学课堂。苏格兰哲学在其方法上呈现出经验主义和科学性。苏格兰现实主义虽然声称完全是现代的，但修正了现代哲学中一些极端的因素。因此，它非常适合作为一个美国"官方形而上学"的主要来源。在19世纪上半叶，苏格兰现实主义不仅对美国的学院哲学产生了重大影响，而且对其他许多思想领域也产生了重大影响。美国人认为与他们的民主制度最为契合的是苏格兰

---

[1] Alecander Broadie, *Cambridge Companion to The Scottish Enlightenment*, Cambridge University Press, 2003, pp. 317 – 318.

[2] 孙于惠：《麦迪逊宪政思想与苏格兰启蒙运动》，浙江大学硕士学位论文，2011年。该文收录在罗卫东、陈正国主编的《启蒙及其限制》之中。

[3] 格特鲁德·希梅尔法布：《现代性之路：英法美启蒙运动之比较》，齐安儒译，复旦大学出版社2011年版，第115页。

启蒙运动，而不是法国的启蒙运动。换言之，苏格兰启蒙思想与美国环境具有很强的功能相关性。苏格兰启蒙哲学在被引进、传播和保障民主的过程中得到了修正。例如，美国人在转向苏格兰现实主义时，以其坚定的常识和对永恒真理的承诺，选择了道德稳定、宗教保护和公共服务，主要是因为它的温和、理智和对极端的回避——所有这些都是19世纪知识分子令人羡慕的品质。①

在英国，特别是苏格兰，美德、社会美德是思想家们首先考虑的事情，也是公共利益的一个先决条件。但在美国，首先要考虑的是自由，并且不是斯密式的经济自由，也不是社会之基础的天生自由，而是人为的自由，即政治自由。正是为了自由，很多早期来自英国的美国居民，在后来宣布脱离英国而独立。因此，这场革命的根源不在于宗教而在于政治，美国人从他们的早期就养成了谈论、商讨并判断公共事务的习惯，而且由于这些政治制度和情感的预先存在，美国的革命并没有让人们回到市民社会，更不用说自然状态，而是被带到了一个政治社会。然而，美国的开国者们并不打算依赖道德感，也不打算依赖理性来为他们的新生共和政府创立政治制度。但他们的确认为美德——不管是个人美德还是社会美德——在形成作为完善政体基础的习俗中具有决定性的作用。他们相信，"一个共和国必须假定在公民的心中存着美德，即使它的政治制度是建立在利益与派系的多样性上的"。②

第二节 市民社会的发展与文明国家的腐化

苏格兰启蒙的一个显著特点是，运用了独特的苏格兰历史解释了以商业精神为基础的市民社会的出现。苏格兰启蒙思想家认为，市民社会的存在成为西欧"文明"和"文雅"以及有效建国的必要前提。因此，商业社会面临的主要问题不是对本国人民的权利的顾忌，而是对商业社

---

① D. H. Meyer, "The Uniqueness of the American Enlightenment," *American Quarterly*, Vol. 28, No. 2, 1976, pp. 165–186.

② 格特鲁德·希梅尔法布：《现代性之路：英法美启蒙运动之比较》，齐安儒译，复旦大学出版社2011年版，第121页。

会的分工削弱公民美德，导致政治奴役的担忧。特别需要指出的是，弗格森在肯定市民社会进步性的同时，对商业文明导致的现代性危机进行了深刻的剖析，与当时以休谟、斯密为代表的苏格兰主流学者对现代文明的大力赞扬形成了鲜明的对比。"这些论述在当时的英国和欧洲大陆乃至遥远的美洲都引发了关于文明社会现代化危机的争论，在这个意义上，弗格森是近代思想家里最早从现代化危机的角度对文明加以批判的学者之一。"[1]

一 市民社会的进步意义

显然，现代市民社会的发展、商业精神的勃兴有利于促进经济的发展，社会物质财富的增长，同时也在一定程度上促进了自由和文明的进步。商业是根植于自由的，反过来商业精神也会增进和扩大自由，正如休谟指出的，"技艺的进步对自由是相当有利的"。[2] 对这一问题，苏格兰启蒙思想家做了细致的探索。休谟认为，正是商业、技术的发展和进步摧毁了传统社会的阶层结构，从而形塑了不同于前商业社会的政治环境。商业不仅能孕育出自由的基因，还能在自由精神的灌溉下结出文明的丰硕成果。这方面，孟德斯鸠进行过较早的探讨，他指出："商业能够治疗破坏性的偏见。因此哪里有善良的风俗，哪里就有商业。哪里有商业，哪里就有善良的风俗。这几乎是一条普遍的规律。"[3] 弗格森也充分肯定了现代市民社会中社会分工的意义。一方面，社会分工不但使产品越来越好，而且使生产的数量越来越多，社会分工带来了劳动生产力上的不断改进，生产技术的日新月异。他说："艺术和专业分工以后，财源大开"，经济得到发展，人民生活水平得以提高，同时国家的税收也增加了，由此"国家依靠财富获得了举足轻重的地位和力量，而野蛮人则需要付出血的代价才能获得这一切"。[4] 另一方面，弗格森指出，随

---

[1] 梅艳玲：《从弗格森的文明社会概念到马克思的市民社会概念——基于〈文明社会史论〉的弗格森和马克思比较研究》，《南京政治学院学报》2012年第5期。

[2] 大卫·休谟：《休谟经济论文选》，陈玮译，商务印书馆1984年版，第25页。

[3] 孟德斯鸠：《论法的精神》（下），张雁深译，商务印书馆1963年版，第14页。

[4] 亚当·弗格森：《文明社会史论》，林本椿、王绍祥译，浙江大学出版社2010年版，第203页。

着社会分工的发展生产力得到了提高,这大大地节约了平均劳动时间,减轻了劳动强度。正如马克思所指出的,"时间是人类发展的空间"。①有了分工,同样的劳动者就能完成比过去多得多的工作量,这主要原因是分工后的劳动者熟练程度得到了提高,能够在同样的时间内创造更多的商品,同时,随着机械大生产在工业上的运用,在一定程度上简化了劳动和节省了时间。"倾向性和有利的机遇确定了人类不同的职业。并且,实用意识又导致将这些职业无穷无尽地分为各种专业",②弗格森认为,分工是人性中某种倾向和"实用意识"的必然结果,尽管这种倾向是非常缓慢和逐渐发展起来的。分工是指人类从事各种劳动的划分及专业化,它是在人类社会发展到一定阶段时产生的,真正意义上的社会分工是原始社会晚期在氏族部落中出现的。随着生产力的进一步发展和人口的增长,人类社会出现了三次大分工:农业和畜牧业的分离、手工业和农业的分离、商业的出现。随着工业革命的进行,社会生产力的迅猛发展,科学技术的突飞猛进,社会分工取得了广泛的发展,而且分工越来越细,专业化程度越来越高。社会分工在人类历史发展过程中具有非常重要的意义,在某种程度上讲,分工就是效益,分工就是生产力,分工就是提高技术水平的有力手段。

二 现代社会面临的危机

历史上第一个对市民社会进行系统反思的苏格兰人是亚当·弗格森。他在《文明社会史论》中详细讨论了国家衰落、腐败和政治奴役的问题。诚然,现代市民社会的发展促进了经济的腾飞,取得了卓越的成绩,给人类带来了福音。然而,"人类走向堕落、走向灭亡时正如他们取得进步、获得真正的优势时一样,其步伐总是缓慢而又不易察觉的。如果说,在充满生机或活力的时代,人类创造的国家之伟大程度已达到人类的智慧所无法从远处预见的高度,那么,在松懈、衰弱的年代,他们事实上招致了许多他们的忧患意识无法预示的弊病"③。对私人财富的

---

① 《马克思恩格斯选集》(第2卷),人民出版社1995年版,第90页。
② 亚当·弗格森:《文明社会史论》,林本椿、王绍祥译,浙江大学出版社2010年版,第202页。
③ 同上书,第304页。

渴求与日俱增，使得人们远离公共事务，这是对公民美德的一种严重威胁。弗格森进一步指出，所谓的现代文明在某种程度上只是一种"吹嘘"的文明，其国家呈现出来的辉煌亦是一种"假象"。在很多时候，人们已将追求完美的品格转成追求车马随从的完美。并且，在人们看来，所谓杰出不过是耗费许多劳力装点起来的十足的浮华盛景而已。①弗格森忧虑地指出，"文明年代大肆渲染的文明成就也并非真的能够安然无恙。它们打开了一扇通向灭顶之灾的大门，这扇门正如它们关闭的任何一扇门一样，宽阔而又畅通无阻"。②

在弗格森等苏格兰启蒙思想家看来，现代性的危机是商业社会发展的必然产物，是现代文明进步的伴生物。他们已经敏锐地预见现代性的种种问题，并提出许多真知灼见。如斯密认为，自由的商业社会有利于带来国民财富的增加，最终促进整个社会财富的积累、促成自由和文明社会的形成。但是，在这样的社会里，人们更多的是关注个人自身财富的增加和个人利益的实现。自利的膨胀必将导致人类道德的沦丧、社会责任的缺失。针对这一必然出现的后果，斯密认为应该加强教育和政府职能来确保人类社会的文明和幸福。休谟同样反对以理性指导现代性，主张推动人们行动的道德力量应该是情感或激情而不是理性。休谟通过对人性的研究，指出理性指引下的人是自私的，人一旦有机会总是会为了自己的利益而损害他人的利益。因此我们需要有关心公众利益和别人幸福的"同情心"，但是仅仅依靠同情心的道德力量来解决这一问题显然是不够的，我们还必须引出正义的法律来进行规范。与休谟和斯密不同的是，弗格森的理论则更多是从古典主义的立场出发，强调古典的公民美德的重要性，而不是规则和法律，在他看来，规则和法律仅仅是一些外在的机制，而真正有效的应该是那些触动我们心灵的东西。弗格森指出，美德才是这种触动心灵的东西，由此他得出，如果现代文明不再以美德作为基础或者以牺牲美德为代价的话，那么这个社会是注定要衰落或崩溃的，这个社会的人也是没有希望的。作为一名道德哲学家，弗格森深受国民腐化和国家衰落问题的困扰，虽然他一再强调商业的发展

---

① 亚当·弗格森：《文明社会史论》，林本椿、王绍祥译，浙江大学出版社2010年版，第282页。
② 同上书，第258页。

并不必然带来腐化堕落，但他仍担心商业精神将会使社会有机体疏离乃至解体；他尤其担忧的是，现代社会缺乏抵御商业精神负面影响的最强有力的防御武器——公共精神。这里需要注意的是，弗格森那里的腐化堕落和今天的意义有所不同：弗格森不是在"斯多亚主义"的意义上理解腐化的，他认为腐化堕落最核心的表现是公民美德的丧失和民族风尚的败坏，现代社会最大的道德危险不是来自财富的增加，而是来自政治上的怠惰。因此，弗格森所讲的美德与我们今天讲的美德也是有很大区别的：弗格森通常是在古典共和主义的意义上来理解美德的，即美德通常意味着与国家的紧密联系、积极的政治参与、公共精神，以及勇敢、爱国等。而且，很多时候美德还意味着"男子气概"，而社会和谐的向心力在于国民的"男子气概"之中，因为这是保持国家活力的必要条件。

弗格森指出，随着现代商业社会的发展不断造成的专业化，将不可避免地导致人性的冷漠、公民美德的丧失，从而最终造成国家的腐化和衰亡。在他看来，现代商业社会所采用的多种艺术虽然有利于发挥人们的聪明才智，并且为人们提供各种知识，但是它往往又会使人们的思想走向堕落，它往往只是为人们提供得以出人头地和满足虚荣心的东西，却使人们为新增的个人牵挂所拖累。① 因此，弗格森认为："商业艺术和谋利艺术可能继续繁荣下去，但是这种繁荣是以牺牲人类的其他追求为代价的。对利润的欲望窒息了对完美的热爱。私利冷却了想象力，并使人心变得麻木。"② 在弗格森看来，现代商业精神的勃兴、市民社会的形成主要产生了以下的负面影响。

首先，商业精神必然带来享乐主义的蔓延。人们物质生活日益富有的过程中，也改变了其固有的生活方式，使人们变成了商品的奴隶。追求享乐的人们，"将经常出入于社交场所，纯粹追求娱乐"，并且"藐视一切荣誉观"。③ 在享乐主义的天堂里，人人沉醉在个人的物质上、肉体

---

① 亚当·弗格森：《文明社会史论》，林本椿、王绍祥译，浙江大学出版社2010年版，第230页。
② Adam Ferguson, *An Essay on the History of Civil Society*, ed., by Fania Oz-Salzberger, Cambridge University Press, 1995, p. 206. 译文参考了中译本第243页，但略有改动。
③ 亚当·弗格森：《文明社会史论》，林本椿、王绍祥译，浙江大学出版社2010年版，第213页。

上的快乐，关注私人领域，而对外部世界特别是对公益事业表现出莫大的冷漠，没有荣誉感、羞耻感。弗格森认为，商业物资的积累是永无止境的，同样，人的欲望也是无止境的，用以加工这些材料的艺术也是不断完善的。财富的大小或技术的高低都不会减少假想的人类生活需求，因为完善和富足又会造就新的欲望。他说："一个目标的实现只是一种新的追求的开端。一门艺术的发现只不过是引导我们进一步探索的那条绳索的延伸。我们希望逃离迷宫，殊不知又被引入了迷途。"① 而且，随着商业艺术的发展，贫富分化也会越来越大，社会矛盾将日益激化。

其次，商业精神歪曲了自由精神的本意。弗格森指出，在商业社会下，文明国家时常标榜的维护自由的建制却导致自由走向了末路。换言之，现代国家在国家体制上、制度上比较重视维护公民自由，然而他们所鼓励的往往是一种被动的"消极自由"，而不是公民积极参与的主动的"积极自由"。正如弗格森所言："如果国家制度的建立旨在保存自由，而不是号召公民作为自己的代理人，捍卫自身的权利，那么这种制度无须公民的关注或努力就能给予公民以安全感。然而，这种看似完美的政府可能会削弱社会纽带，并且本着独立的信条分裂、疏远它意欲调和的不同阶层。"②

最后，商业精神窒息了公共精神。这是因为，商业精神下的享乐安逸和便利的生活条件很容易使人沾染上"阴柔气"，陷入意志消沉、缺乏进取精神的状态之中。弗格森指出，人类有责任从事上帝为我们安排的高尚的事业，而不是退隐在自我的狭小空间里，孤芳自赏。由此我们可以看出，弗格森对于古典美德在近代欧洲商业社会中的腐化表示出的担忧是不无道理的，在古希腊或罗马，人们"为了祖国的事业而蔑视苦难，视死如归"，而且"他们活跃的思想、洞察力、指挥能力和精神力量都使得他们跻身第一流的民族"，③ 现在这一切都在商业社会的狂风暴雨下渐渐烟消云散了。很显然，道德的腐化是国家衰落的主要征兆，然而这一点往往在商业社会发展的进程中普遍为人们所忽视。

---

① 亚当·弗格森：《文明社会史论》，林本椿、王绍祥译，浙江大学出版社 2010 年版，第 242 页。
② 同上书，第 213 页。
③ 同上书，第 222 页。

第三节 关于奢侈问题的大讨论及弗格森的回应

追求奢侈品长期以来被视为精英消费的一个重要部分，将他们与下层社会群体区分开来以凸显其身份和地位。甚至可以说，炫耀性消费是巩固和显示社会地位的一种手段，因为这种消费是财富的确证，拥有的人就变得高贵、高尚；反之，没有适当数量和质量的消费就成了自卑和缺点的标志。正如英国华威大学历史教授马克辛·伯格（Maxine Berg）指出的那样，在18世纪全球奢侈品、欧洲消费主义和工业化之间存在着密切关联。全球贸易，特别是以时尚和奢侈品消费为基础的贸易对培育新的消费文化产生了影响，而这种基于全球贸易的消费文化又对欧洲，特别是英国的消费市场和生产技术的发展产生了影响。在当时，亚洲的进口刺激了欧洲人消费品的生产，他们从其进口的亚洲奢侈品中学习、模仿，并在国内外建立自己的消费市场。[1]

在18世纪，曼德维尔的著作《蜜蜂的寓言：私恶即公德》的面世引发了广泛的争议，随之在英国乃至整个欧洲理论界展开了关于奢侈问题的大讨论。当然，这场争论绝非空穴来风，而是对当时正在形成的现代市场社会的一种反思，"是社会转型期的一场文化论战和文化冲突"[2]。因为，当时欧洲随着封建社会解体和资本主义社会兴起，逐渐进入了现代市场社会或者说消费社会，即传统的生产型社会开始过渡到消费型社会。这种新的社会形态形成的一个主要表现是中产阶层的日常生活日益精致化，即出现了所谓的奢侈之风。因此，到了18世纪中晚期，有关必需品与奢侈品的二分，以及奢侈品消费的经济内涵和道德意蕴等问题的讨论此起彼伏。值得注意的是，在当时越来越多的学者开始主张中性地看待奢侈消费，他们指出奢侈可能带来社会腐化的同时，对于促进经济增长、增加国家财富则给予了很大程度的承认和肯定。他们认为，奢侈虽然可能带来腐化，但是对于精致的追求也有利于克服民众的懒散之

---

[1] Maxine Berg, "In pursuit of Luxury: Global History and British Consumer Goods in the Eighteenth Century," *Past and Present*, 182 (Feb., 2004), pp. 85–142.

[2] 周保巍：《奢侈与文明——休谟对商业社会"合法性的辩护"》，《史林》2006年第2期。

风,从而培养勤勉的习惯。

一 18世纪关于奢侈问题大讨论的概述

现代市场社会的兴起带来了经济繁荣与道德法则的矛盾,即建立在自利这种"一般的恶"基础之上的商业社会获得的是"尴尬的财富",而对于财富的肆意挥霍是与加尔文主义所提倡的节俭主义格格不入的。因此,在当时存在一股较为强烈的道德和宗教意义上的焦虑,他们认为奢侈之风将导致传统价值、社会秩序和社会道德的瓦解,强烈批判对于奢侈品无限度的渴望和追求,甚至开始质疑现实商业社会的合法性。他们反对过度消费的一个主要理论基础就是国家收支理论。该理论主张扩大出口、抑制进口,认为从国外进口奢侈品会扰乱国家的收支平衡,最终将威胁到国家的经济发展和社会稳定。他们更是担忧奢侈带来整个社会的腐化,因为奢侈所导致的不仅仅是肉体上的健康损害,更深刻的是国民在精神上懦弱、阴柔和萎靡不振。

然而,18世纪更多的学者主张要客观、中性地看待奢侈品和奢侈品消费问题。可以说,对于奢侈的认识在当时出现了转折,即经历了奢侈的"去道德化"过程,认为对于奢侈品的追求和奢侈消费是一个无关道德的问题,更是一个经济的问题,因为在很多情况下奢侈是有益于经济发展的。因此,当时的很多学者既是经济进步的支持者,同时也是奢侈的大力倡导者,只是他们唯一顾虑的是对于奢侈品的过度消费会损害资本积累。当时流行着这样一种观点,即奢侈虽是"邪恶"的、腐化堕落的,但是奢侈及对奢侈品的追求以其对工业的刺激而造福于国家、造福于社会。对他们来说挥霍、浪费是一种有损于人却无害于贸易的恶习。可以说,奢侈消费在中产阶级发展的背景下,发挥了重要的经济和社会作用。在18世纪下半叶,奢侈品的观念已经从以前精英炫耀的消费品转变为中产阶级的日常消费品,以前只能在贵族家中或沙龙中见到的,如陶器、眼镜、雕刻品,如今进入了中产阶级的家庭,即所谓的"消费民主化"促进了平等观念的发展,打破了原有等级制度和社会习俗。正是"消费民主化"与"有益的奢侈"的观念一起推翻了贸易平衡理论的思想。

曼德维尔把奢侈问题的讨论推向了高潮,在《蜜蜂的寓言》中强烈地批评了当时荷兰政府的紧缩政策,并指出对于财富的道德悲观是极度虚伪的。他认为,在一个商业社会提倡节俭是没有实用性的;反之,奢侈消费能够很大程度地刺激和活跃贸易,从而起到了鼓励勤劳、提供就业的作用,最终将有助于繁荣经济和增加国家财富。曼德维尔更是由此主张,在市场社会下人性中"恶"(主要指自利或自私)存在的合理性,他说:"之所以从恶行出发得到这样善的结果,是因为在这种以分工为基础的社会中,每个人都通过自己的劳动和活动来满足自己私利的需要。"① 孟德斯鸠也指出,"奢侈是很有必要的,要是有钱人不挥霍的话,穷人便会饿死"。② 在他看来,一个国家中,财富分配越不均,富人的消费应该越大,因为只有这样才能把富人剥夺的生活必需品通过消费归还给穷人。③ 弗格森同样也认为,"富人花的钱正是穷人劳动的报酬。不同的行业都依赖于给富人提供衣服、桌子以及其他用品获得的利润生存。很显然,如果富人不购买穷人的劳动成果,许多勤劳的穷人会挨饿。富人为了享乐花的钱最终以劳动报酬的形式到了穷人的手里"。④ 可见,在这些思想家看来,奢侈在激发民众勤勉的内在动机,推动经济发展,促进社会财富再分配,增加穷人的收入,增进社会的实际公平等方面具有重要的意义,而一个成熟的国家和政府应该努力将人性中的嫉妒、贪婪和虚荣变成促进共同利益的东西。如此一来,"基于自利而创造出来的财富为善行提供了更大的可能性,弱势群体因之而受到关照,而不是让其自生自灭"⑤。

在西方历史上,随着经济的发展、财富的增长,封建等级制度的瓦解,最终促进了资本主义的生成。诚然,对奢侈品的追求刺激了劳动分工和新市场的建立,因为消费的需求是工业起源中最重要的经济因素,

---

① 伯纳德·曼德维尔:《蜜蜂的寓言——私人的恶德,公众的利益》,肖聿译,中国社会科学出版社2002版,第8页。

② 孟德斯鸠:《论法的精神》(上册),张雁深译,商务印书馆1959版,第118页。

③ 同上。

④ Adam Ferguson, *The Morality of Stage-plays, Seriously Considered*, Edinburgh: Printed in 1767, p. 25.

⑤ 李宏图、克里斯托弗·贝瑞:《理解苏格兰启蒙运动——李宏图与克里斯托弗·贝瑞教授访谈录》,《学海》2014年第1期。

正是奢侈刺激了当时将要形成的经济形式，即现代市场经济的发展。正是人们消费的欲望、精致的追求和对于奢侈品的渴望，最终促进了资本主义的产生。① 桑巴特（Werner Sombart）曾明确指出："千方百计去满足富人对奢侈品的渴求的强烈愿望，使得商人们脱离手工业者特有的闲散，而走上通往资本主义生长的道路。"② 在这里，桑巴特是通过需求和销售的关系来论证奢侈对于资本主义生产方式产生的重要作用，他认为正是人们对于奢侈品需求的不断增长刺激了经营奢侈品的商店数量在短时间内大量增加。这一变化为现代商业精神渗入零售业创造了条件，最终促进了中世纪的零售业转变成资本主义性质的企业。③ 桑巴特认为，资本主义主要在奢侈品消费增长的背景下的零售业中逐步成长起来，原因主要有两个。一是作为奢侈品的商品具有最高的价值，并以极大的数量率先走向市场。这就要求有资本主义的组织形式与之相适应。二是作为奢侈品的消费者刺激了资本主义的发展。他们要求最精致的商品、最完善的服务。④ 同时，奢侈品的消费带动了资本主义早期城市的发展，这是因为"在经济上具有重要地位的那部分国民收入被花费在集镇尤其是大城市"。⑤ 可以说，西方中世纪以来推动城市建设的重要因素是消费，资本主义早期的大城市基本上是消费型城市，如柏林、威尼斯、罗马、巴黎、伦敦等，因此城市的扩展基本上应归因于消费向某个国家的城市中心集中。

18世纪在苏格兰的休谟、斯密等人那里，奢侈消费与经济增长的关

---

① 当然，也有学者提出了质疑，他们认为对于为何重商主义之后在西方产生资本主义很难给出一个无所不包的解释，并且，到底是奢侈催生了资本主义还是资本主义刺激了奢侈之风？仍然还没有一个确定的答案。参见 Cody Franchetti,"A Reconsideration of Werner Sombart's Luxury and Capitalism," International Review of Social Sciences and Humanities, Vol. 5, No. 2, 2013, pp. 135–139。

② 维尔纳·桑巴特：《奢侈与资本主义》，王燕平、侯小河译，上海人民出版社2000年版，第169页。诚然，当时奢侈品消费在很大程度上是一个男性的领域，但是，女性也会购买、消费奢侈品，并常常发挥着积极的作用。桑巴特甚至指出，正是女性对奢侈品的痴迷支撑了消费，并在某种程度上最终导致了资本主义的出现。

③ 维尔纳·桑巴特：《奢侈与资本主义》，王燕平、侯小河译，上海人民出版社2000年版，第171—172页。

④ 同上书，第175—176页。

⑤ 同上书，第45页。

系以及以此为基础探讨现代商业社会的合理性是一个核心问题。与曼德维尔一样,他们也主张奢侈品以及对于奢侈品的消费可以有效地激发人性中的利己本能,并能激励人们勤勉工作,创造更多的社会财富,从而达到"公益"的结果。换言之,他们认为应该充分利用人类作为一种消费的动物对于奢侈品的强烈欲望,促进贸易繁荣、经济增长和国家富强,而一个好的政策就在于它能够有效地协调私利与公益的关系,而主要把公益建立在私利的基础之上,公益的实现才有可能。休谟认为,人的行为在根本上是受"激情"(Passion)驱使的,企图为了公益的目的而压抑人的欲望必然是徒劳的。从经济发展和国家富强的角度讲,对于国家更为有利的,不是节俭的生活方式,而是精致的生活方式。学者指出,休谟不只是停留在对奢侈的"去道德化"辩护,他对"奢侈大争论"的贡献不仅仅是关于美德与享受奢侈品相容性的主张,还包括他强调道德与奢侈品有益互动的观点。在休谟看来,一方面引进奢侈品的历史进程是培育商业时代特有的新道德的过程,商业社会可以发生有利的道德变革;另一方面,引进、享受奢侈品则被视为有利于维护道德的条件。休谟还对"无害的"和"罪恶的"奢侈做出了区分。休谟在捍卫现代商业文明的前提下,试图找到一个维持工业、智识和人性等之间平衡的温和的解决方案。[1] 斯密强烈地批判了重商主义,指出消费是生产的唯一目的。斯密《国富论》中的一个重要观点就是主张通过劳动分工来提高生产力,提高实际工资,使劳动者买得起"便利"和奢侈品。而所有阶层的购买力的释放也会刺激货币和商品的快速流通,带来经济的繁荣和国家的富强。可见,休谟和斯密都把国家文明进步与商业和城市社会的崛起相结合,并充分肯定了奢侈消费在文明社会中发挥的重要作用。曼德维尔将道德与经济问题分离出来的呼吁,在18世纪末的启蒙运动思想家这里实现了。斯密和休谟相信,即使在一个市场社会,对不幸的怜悯和同情依然存在,换言之,市场社会与道德是可以相容的。

---

[1] 参见 Ryu Susato, "Hume's Nuanced Defense of Luxury," *Hume Studies*, Vol. 32, No. 1, 2006, pp. 167–186。

二 弗格森对于奢侈的看法

对于现代市场社会下奢侈的含义、作用及其与道德失范、社会腐化的关系，弗格森留下了丰富的思想遗产。尤其是弗格森颇有远见地指出了现代社会中商业精神与公共精神之间存在的深刻矛盾，并且提出唯有把技术、物质的领域与道德、心理的领域区分开来，才能实现二者的平衡发展。

（一）奢侈的含义

弗格森指出，对于奢侈这个术语的用法，我们还远远没有达成共识。有时，它指的是对于文明甚至对幸福都不可或缺的一种生活方式。正是奢侈孕育了艺术，支持了商业，造就了国家的强大和富饶。有时，人们认为它是腐化堕落的根源，是国家走向衰亡的征兆。因此，当人们把对某些东西的享受冠以"奢侈"的名称并列为堕落行为时，要么是指与巨大财富相伴而生的好色、淫荡、挥霍、虚荣和傲慢等恶习，要么认为人类生活必需品有一定的限度，超过这个限度的所有享受都是多余而有害的。相反，当奢侈被看作国家的辉煌和幸福的一个方面时，人们认为它只不过是财富分配不均的无害结果，而且不过是一种使不同等级的人互相依存、互助互益的方法。穷人劳作，富人给钱，那些似乎是浪费公众原有财富的东西使公众成了受益者。[①] 诚然，在18世纪的语境下，"奢侈"（luxury）并不具有一个绝对的意义，一般认为，"奢侈就是任何超出必要开支的花费"，显然，这是一个相对的概念。具体地说，它指人们对生活"必需品"以外的"便利品"追求，既指对生活必需品以外"多余的东西"的追求，又指超出了自身所能承受的条件试图拥有或炫耀在生活中实际地位以外的东西。奢侈包括量的方面和质的方面，数量方面的奢侈与挥霍同义；质量方面的奢侈就是使用优质物品。从质量上理解，我们可以看出，"奢侈品"这一概念是以"精致品"为典型的，"精致"就是对产品进行普通用途的加工之外的任何再加工。所谓的奢侈，用弗格森的话说就是，"我们在用该术语指人类为了过上舒适、便

[①] 亚当·弗格森：《文明社会史论》，林本椿、王绍祥译，浙江大学出版社2010年版，第272—273页。

利的生活而设计的复杂器具方面大体上是一致的"①,"奢侈是指财富积累和享有财富的方式的改进。它是勤劳的目的或手工艺术和商业艺术发展的结果"。②

弗格森认为,奢侈的标准带有较大的主观性和变动性,我们不能仅仅以外部环境条件来给道德品格下定义。人们对于奢侈的看法也会因时代的不同而不同,他说:"如果在一个年代,一种环境中,他会谴责马车的用途,那么到了另一个年代、另一种环境,他一样也会谴责人家穿鞋子。要是鞋子在他以前的年代里并不多见,那么厉声斥责马车的那个人大概就不会绕过穿鞋子的。"③ 因为,"就这一问题而言,令我们觉得尴尬的只不过是我们在试图以外部环境条件给品格下个定义时普遍感受到的困惑的一部分而已"。④ 因此,我们判断一个人的品格的标准应该是思想素质,而不是食物种类或衣着样式等外在的东西。那么奢侈或者说不利的奢侈的标准何在呢?弗格森强调,当人们把追求特定的衣食住行等便利设施作为生活的主要目标时,那么这些奢侈对人就是有害的,因为"不仅在人们习惯于高档次的吃住条件或习惯于某种特殊食品的地方,而且总的来说,在人们将这些物品摆在品格、国家、人类之上的任何地方,这样的物品永远都在诱使人们犯错误"。⑤ 需要强调的是,弗格森经常公开表明向往传统美德,以及他对享乐主义在道德上的谴责。然而,他并没有将奢侈直接等同于腐化,真正让他担忧的是政治奴役以及公共意识的缺失。

(二) 奢侈的正面作用

在18世纪的欧洲,尤其是英国流行这样一种观点,即奢侈虽是"邪恶"的,但它因对工业发展的刺激而造福于集体和社会,奢侈既活跃了贸易,又养活了穷人。弗格森同样看到奢侈的正面作用,即奢侈在激发人们努力创造财富、促进收入再分配等方面具有重要的作用。弗格

---

① 亚当·弗格森:《文明社会史论》,林本椿、王绍祥译,浙江大学出版社2010年版,第272页。
② 同上书,第277页。
③ 同上书,第273页。
④ 同上书,第274页。
⑤ 同上书,第275—276页。

森指出，为了使人们能够努力创造财富、增加国家税收收入，我们应当允许他们去享受自己所创造的财富。而且，我们应该容忍富人的奢侈消费，穷人才能得以生存。[1] 因此，弗格森说："为了使人们能努力致富，应该任由他们去享受财富。依据惯常人类事务的发展，财产分配是不均的。所以我们得容忍富有者挥霍，贫穷者才能得以生存。所以我们也得容忍某些阶层的人们不劳而获。这样一来，就使他们所处的地位成了整天忙碌的人追求的雄心勃勃的目标，和渴望企及的等级。"[2] 在《论戏剧的德性》一文中，弗格森更是以一场戏剧活动为例说明戏剧等娱乐活动的积极作用。他指出，每个表演者的衣食住行都需要得以维持，而他们所挣得的收入最终又落到了老妇人、织布者、制衣者和其他依靠提供日常必需品的商人手里。在我们允许穷人安于其现状的同时，我们同样应当允许富人依其自身的习惯过与其自身地位相一致的生活。如果我们关闭了所有的娱乐场所，废除了所有娱乐，那么他们将厌烦居住于此，那些少数还住在这里的人将会试图移居到其他地方，那么最终他们所消费的钱财将流落他邦，而不是本国的穷人手里。[3]

（三）奢侈与道德腐化

一方面，面对当时的伦理学家们对于奢侈带来道德风尚腐化的指责，弗格森指出，"就这一问题而言，令我们觉得尴尬的只不过是我们在试图以外部环境条件给品格下个定义时普遍感受到的困惑的一部分而已"。[4] 换言之，在弗格森看来，奢侈主要是物质层面的，而道德品格是内在的因素，我们不能仅仅以外部条件来给道德品格下定义。"如果奢侈被认为仅仅是对某个年代所具备的衣食住行和便利条件的利用，那么是否奢侈则取决于已取得的制造业上的进步和人类财富分配不均的程度，而并不取决于某种人作恶或行善的倾向。"[5] 仅仅奢侈品和奢侈消费并不必然意味着腐化，腐化只与人们的品性、观念和风范有关。因为在

---

[1] 亚当·弗格森：《文明社会史论》，林本椿、王绍祥译，浙江大学出版社2010年版，第264页。
[2] 同上。
[3] Adam Ferguson, *The Morality of Stage-plays, Seriously Considered*, Edinburgh: Printed in 1767, pp. 25–26.
[4] 亚当·弗格森：《文明社会史论》，林本椿、王绍祥译，浙江大学出版社2010年版，第274页。
[5] 同上书，第276页。

很多情况下，奢侈是一个无关道德的问题，而是物质上对"精致"的追求。更何况，奢侈品的认定标准是模糊的、变动的，它受时代、政体的影响，一个时代或政体下普通大众甚至是生活简朴的人所拥有的日常用品，在另一个时代或政体下可能就是贵族或纨绔子弟的奢侈品。而且，即使某个时代存在对时尚和奢侈品的渴望和追求，只要无损于他人和社会，也是无可厚非的。因为"我们判断人类品格的标准应该是思想素质，而不是食物种类或衣着样式"，美德与邪恶的区别不在于你"拥有的任何一种车马随从或仅仅因为穿了皮大衣"①，"昂贵的物品并不是构成荒淫的必要条件，而且，茅屋里的放荡行为未必就会比高楼华厦中的放荡行为少见"。②

另一方面，弗格森也敏锐地看到了奢侈之风会带来私心的膨胀、公益心的陨落，从而加剧社会的腐化，"由于我们羡慕与财富相伴而生的派头，我们可能会忽视人类灵魂的高贵"。③ 在弗格森看来，当人们把物质享受置于品格、国家和集体之上的时候，把获得这些"便利"作为生活的主要目标的时候，公心失落了、人性腐化了。弗格森认为，当那些只有富人才买得起的物品受到人们的普遍羡慕时，当身份、地位和等级都取决于财富时，国家最容易腐化堕落下去。因为在这种情况下，处境各不相同的人们都迫切地希望敛财摆阔，真正的雄心壮志已经荡然无存了。他们既没有贵族的高贵又没有臣民的忠诚。他们已将规范个人勇气的荣誉感变成了毫无男子气概的虚荣心。④ 而且，在商业艺术发展的过程中，人们往往为了获得更多的利润而费尽心机，为了改善享受方式越来越精益求精。如果个人只顾追求私利，他们将变得脂粉气、唯利是图并且沉迷于感官享受，而对公共事务漠不关心。"所以，虽然单纯利用奢侈的物质有别于真正的恶习，但是，商业艺术，高度发达的国家很容易就会走向腐化堕落，因为它们把财富看成是显赫地位的基础，而这种

---

① 亚当·弗格森:《文明社会史论》，林本椿、王绍祥译，浙江大学出版社 2010 年版，第 274—275 页。
② 同上书，第 278 页。
③ 同上书，第 283 页。
④ 同上书，第 280 页。

财富又不是靠个人的高尚和美德来维持的，还因为它们所关注的焦点是私利，认为私利是通向让人瞩目的地位和荣誉的道路。"[1]

弗格森说："我们所说的奢侈是指财富积累和享有财富的方式的改进。它是勤劳的目的或手工艺术和商业艺术发展的结果。而我们所说的腐化堕落是指存在于艺术发展的任何阶段，存在于任何一种外部条件或外部环境中的真正弊病或人类品格的沦丧。"[2] 总的来说，弗格森并不认为奢侈与腐化有必然联系，就如同他不认为腐化堕落与财富有必然联系一样。人类的腐化堕落也不是与财富成正比的，人类的恶习既不是建立在一定的财富之上，也不是建立在某种享乐之上。热衷于私利和享受本身是人类正常天性的一部分。[3] 而且，对于奢侈品的追求一定程度上促进了物质的丰富和社会的进步和发展。但是，奢侈在长远、深层次看来是危害民族风尚的。如果人们以牺牲公共精神的适当关注为代价，奢侈就会加剧腐化，消除"男子气概"和爱国精神。因此，弗格森一方面认为财富的增长与腐化堕落并不呈正比，另一方面他又认为把财富作为显赫地位的基础会导致腐化堕落。金钱标准往往导致拥有众多财富的阶层越来越与社会失去联系，人人只注重自己的私利，公益精神也就日益丧失。

本章小结

现代商业社会（市场社会）在本质意义上是一种市民社会。显然，现代市民社会的发展、商业精神的勃兴有利于促进自由、文明的发展。然而，在弗格森等苏格兰启蒙思想家看来，现代性的危机是商业社会发展的必然产物，是现代文明进步的伴随物。但是，与休谟和斯密对现代商业社会持基本赞同的态度不同的是，弗格森更多的是从古典主义的立场出发批判现代文明，同时指出复兴古典美德的重要性。在弗格森看来，现代性最严重后果是导致公民道德的腐化，公共精神的陨落。

---

[1] 亚当·弗格森：《文明社会史论》，林本椿、王绍祥译，浙江大学出版社2010年版，第284页。
[2] 同上书，第277页。
[3] 同上书，第277—278页。

弗格森生活在苏格兰启蒙的特殊历史时期，他的思想必然是受其所处时代的经济、政治、文化等因素共同作用的结果。本章主要探讨了弗格森伦理思想的两大历史语境。一方面，弗格森生活的时期正是欧洲启蒙运动的时代。因此，弗格森的伦理思想归根结底不能超越时代为他划定的界限、无视同时代启蒙思想家们的理论探索。另一方面，当时正是自由资本主义的上升时期，现代市民社会正在形成、商业社会迅猛发展，现代市场经济渐渐地暴露出了一系列问题，即"现代性问题"。而且，所谓的现代"文明国家"也面临着腐化的危险。因此，弗格森与苏格兰其他启蒙思想家一样，其理论也必然要对商业文明、现代性进行反思和回应。可以说，弗格森对现代性既着迷又担忧。他的同胞威廉·罗伯逊、亚当·斯密、大卫·休谟等思想家认为，现代欧洲的发展超越了倒退的风险，他们强调对个人及其财产的法律保护对国家的重要性，指出贸易对道德和礼仪的控制和教化作用等。而弗格森则指出了现代社会中美德和商业之间的紧张关系以及现代社会面临着腐败、专制和倒退的危险。因为，在很大程度上，商业往往是鼓励奢侈、促进贪婪和传播罪恶的，它威胁到公民的独立精神、颠覆了美德、削弱了军事精神，进而破坏了国家政体的稳定和社会的和谐。弗格森强调，一个国家不能仅仅用人口或商业或工业来衡量其繁荣程度，还需要一种叫作美德的东西确保国家富足及其公民不受奴役。弗格森和苏格兰的其他思想家一样，总是把现代性和欧洲联系在一起，但他更多的是看到了现代商业社会的弊病。弗格森也不认同休谟对欧洲持续、不可阻挡的繁荣的信念；相反，他声称，他那个时代的欧洲沉浸在徒劳无功的理性主义之中。

第二章　弗格森伦理思想的人性基础

长期以来，不管是在西方还是在中国，伦理学的探究往往是以对人性的分析为起点的，因此人性的问题就成了伦理学研究的基础。从根本上讲，人类的德性正是源于我们自身的人性。人性的问题亦是贯穿西方伦理学中的一个重要问题。中世纪宗教主导下的人性是"神性"下的人性，而近代哲学思想是以"人"的觉醒和启蒙为主要内容的，对人性的探索也是启蒙时代思想家建立政治学和伦理学的基础，不管是英国的霍布斯还是法国的《百科全书》所体现的理性启蒙精神，或是浪漫派代表卢梭，或是以美德为特征的苏格兰启蒙运动，都是以人性问题的研究为基础的。显然，对于人性问题的探索也是弗格森思想的关键，是贯彻其中的一条主线。在弗格森看来，"要认识人类，我们必须致力于研究人本身，研究人类生命的历程，以及人类行为的一般趋向"。[1] 人的问题也是弗格森的扛鼎之作《文明社会史论》所探索的三大主题（分别是对人性的探索、对维持民族进步的美德的伦理阐述、对人类从古代以来发展的历史学或人类学的叙述）中的一个核心主题。[2]

---

[1] 亚当·弗格森：《文明社会史论》，林本椿、王绍祥译，浙江大学出版社2010年版，第6页。
[2] Jeng-Guo S. Chen, "The Religious Dimension in Ferguson's Discussion of Civil Society", in Eugene Heath and Vincenzo Merolle, ed., *Adam Ferguson: History, Progress and Human Nature*, Pickering & Chatto (Publishers) Ltd., 2008, p.185.

第一节 人性与道德概论

一 人性、道德的含义

(一) 何为人性

人性是什么，是一个颇具争议的问题。通常认为，人性主要指人的属性，即人所具有的一般特征、共性，它包括人的自然属性和社会属性。人的自然属性是指人作为一种动物的肉体性存在和特性，这是人与其他动物的共性；人的社会属性是人区别于其他动物的人之为人的各种属性。笔者认为，我们通常所讲的"人性"理应同时包括这两个方面，但更应该重视人的社会属性。因为，很多时候人性主要指人区别于动物的、人所特有的社会属性。只有这样理解人性，我们才能正确分析道德与人性之间的关系。人性的善恶判断问题是与社会分不开的，因为只有存在于一定的社会关系之中，一个人才能意识到自己行为的后果和责任，换句话说，在特定的历史条件下，人们总是以社会生活中的一定准则为标准来衡量人们的行为并区分善恶。而且，事实上，人也总是生存在一定的社会之中，离开社会和他人的个人是不存在的。

同时，为了进一步界定人性的概念，我们还有必要了解人性与"人的本质"的区别与联系。通常说来，人的本质是指存在于人类各种活动、心理等现象背后的，不同于其他动物的本质属性、根本特征。在马克思看来，人的本质是"一切社会关系的总和"，换言之，人类区别于其他动物的本质是人的社会性。而我们所谈的人性是指人的各种属性，不仅包括人与其他动物的共同属性，也包括人类与其他动物不同的特有属性；不仅具有生物性，还具有社会性。因此，人性和人的本质是两个既密切相关又相互区别的概念。一方面，两者都在一定程度上揭示了人的特性，但它们的深度是不一样的。人的本质从根本的意思上反映了人和其他动物的区别，是人性中的根本属性。而且，人的本质具有单一性、固定性；人性则是丰富的、易变的。另一方面，人性又离不开人的本质，它主要是受人的本质所决定的。

(二) 何为道德

正如弗格森所言："对道德这一术语模糊不清的使用，使任何与精神相关的问题都被道德哲学代替。片刻的沉思代替了对人应是什么以及为自己和国家应祈盼什么的系统研究。"① 因此我们有必要理清道德与相关概念的联系与区别，唯有如此才能深化对"人应是什么"问题的认识和研究。下面我们主要来看看道德与伦理、道德与理性、道德与情感之间的区别与联系。

"道德"（moral）与"伦理"（ethics）这两个概念不管是在中国还是在西方，一般都不做严格区分。然而，虽然这两个概念大致相同，而且经常可以互换使用，但是无论在日常用法还是在其语源和历史用法中，还是有一些细微差别的。通常道德是关于什么是善恶、对错的问题；而伦理则是关于道德的推理，伦理学就是进行系统的探讨，或给出系统的理由，或提供基本的原则。在日常生活中，我们通常会说某个人"有道德"，而不说这个人"有伦理"；在使用的过程中，ethics 多用于道德的理论，moral 多用于道德的实践；我们一般用"伦理学"，而较少使用"道德学"来指这个学科。换言之，在日常的用法中，"道德"这个词更多地用于人，更含主观、个人的意味，即主要指个人的识见、意图等；而"伦理"更具客观、社会的意味。换言之，道德多表征为个人的内心境界，有着个人倾向；伦理则表达了既有的社会关系，有着社会倾向。不过，一般说来，道德和伦理在大多数情况下还是被用作同义词的，这也是一个趋势，我们日常和理论上的使用也基本上是遵循这一原则的。②

下面来谈谈道德与理性和情感的关系。自古希腊以来，理性（这里主要指的是科学理性或理论理性）一般是以知识为对象的，而且判断知识、真理都是以是否符合客观为标准的。因此，知识、真理就具有了客观性和普遍性的特征，而以知识、真理为对象的理性就具有客观性和普遍性的特征。因而，以此为传统，在认知世界的过程中，西方哲学强调理性对事物本质的把握，把情感视为理性的对立物，视为不稳定的因素，有意无意地排除了情感的作用，试图以此来确保知识的客观有效

---

① 亚当·弗格森：《道德哲学原理》，孙飞宇、田耕译，上海世纪出版集团 2005 年版，第 38 页。
② 参见何怀宏《伦理学是什么》，北京大学出版社 2002 年版，第 9—10 页；高国希：《道德哲学》，复旦大学出版社 2005 年版，第 44—47 页。

性。在道德领域亦是如此，即强调理性对情感的统摄，极力排斥情感的因素。但是，在道德生活中，很多时候人们考虑更多的，往往不是固守原则或规条，而是更倾向于可信的品性，仁慈的情感和依据真实的感情行事。比如说当父母充满爱意地与子女嬉戏时，当人间的真爱表现出同情、耐心和负责时，这些情形更多的是源自人的情感和关爱，而不能简单地理解成理性地遵从规则。① 这些都体现了道德饱含着情感的因素。

二　道德与人性的关系

（一）人性是道德的基础

人性中的自然属性是道德的物质前提。正如恩格斯所说："人们首先必须吃、喝、住、穿，然后才能从事政治、科学、艺术、宗教等。"② 人首先是作为一种自然存在物，为了维持这种自然存在，必然会反映出种种动物般的自然需求，这些就是人的自然属性，它是人生存、发展的物质前提。

从历史的眼光来看，道德最初就源于对人类的自然性需求的规范和调节。在人类社会诞生以来的漫长时间里，人类的需要主要是停留在满足人类自身的生物性需求为特征的生活需求和生产需求。显然，我们可以这样认为，人类的生物性需求是道德产生的最初动因。道德是一种调整人与人之间关系的重要的行为规范，换言之，道德是以社会关系为其调整对象的。马克思告诉我们，人与人之间最重要、最基础的社会关系就是生产关系。诚然，如果人类没有衣、食、住、行等最基本的自然性需求的话，那么物质生产也就没有必要了；同样，如果人类纯粹是一种理性的存在物并且人人都能遵循理性而行事的话，那么用以规范人类行动的道德显然就没有存在的必要了③。可以说，人的自然性不仅是道德存在的物质前提，而且正因为它的存在道德才有必要。所以，我们不能武断地否定人的自然属性在人类道德的起源与发展中的地位。但是，人的自然性行为，如吃穿住行、繁衍后代等，只有在纳入社会关系网中以

---

① 高国希：《道德哲学》，复旦大学出版社 2005 年版，第 25 页。
② 《马克思恩格斯全集》（第 3 卷），人民出版社 1976 年版，第 574 页。
③ 参见吴秀莲《人性与道德》，《伦理学研究》2011 年第 3 期。

后，才能与纯粹的动物本能区别开来。换句话说就是，对于人类来说，没有纯粹的自然性，人的自然性是经社会关系过滤过的，即社会化了的自然性。人作为自然界的一部分，作为一种自然的存在物，必然带有自然属性。但是，人的自然性不同于动物的自然性，它既有来源于人的动物本性的本能、欲望、生理需要，更重要的是经过社会关系过滤、人类社会生活熏染后的各种需求，如人的食欲不仅仅是为了充饥，也为了美食，还可能包含文化的因素；人的情欲不只是为了单纯的交配、繁衍后代，还可以是为了美好的爱情。

人的需要体现为人们追求各种自身的生存和发展条件的倾向，人的需要既有生存性的需求，也有发展性的需求；既有物质性的需求，也有精神性的需求。其中，生存性、物质性的欲求是最基础、最根本的，正是这种利益与追求构成了人类道德实践的最初始的推动力。这是因为，一方面自然欲望推动着人们不断地去索取，竭尽全力甚至不择手段地满足自身的各种需求。这种情况下，如果人的自然性不能得到有效约束和引导，反而受到其动物性本能的驱使的话，那么，人的利己的一面就会驱使其做出危害他人和社会的行为，最终从自利走向彻彻底底的"恶"。因此，为了约束、引导人的自然属性，便需要道德来规范和调整。另一方面，人的自然属性亦具有双重性，即它包含了利己和利他的两种倾向。其中同情、仁慈等利他的情感，使道德的存在成为可能。也就是说，利己和利他是人性中固有的双重属性，利他的方面需要有待于道德去进一步提升，利己的一面则需要道德去约束和引导。

然而，人不仅仅是一种单纯的自然存在物，更为重要的是，人是一种社会存在物。社会性是人类脱离动物界，人之为人的根本属性。正如马克思所言："人的本质不是单个人所固有的抽象物。在其现实性上，它是一切社会关系的总和。"[①] 可见，社会性是人的本质属性，是人区别于其他动物的根本特征。社会性在人类生存发展的历史进程中具有非常重要的意义，尤其是它深刻地影响着人类的道德生活，使道德成为必要。正因为人是社会关系中的人，而在社会关系中人与人之间必然存在

[①] 马克思：《资本论》（第1卷），人民出版社1963年版，第669页。

着各种矛盾、各种利益纠纷，因此调节这些关系的规则应运而生，如习惯、宗教教规、法律、道德等，而道德规范是其中非常重要的一种。人是社会性的动物，人的生存和发展离不开社会，而且每个人的实践必然受到社会规律、社会关系的制约，这正是道德产生的社会基础。作为现实的、社会的个人，其所有的道德观念都来源于特定的社会生活和实践，其道德行为则受制于这个社会的道德准则和规范，同样其言行亦是由社会所认可的道德标准来评价的。[①] 由此可见，人的社会性深深影响、制约着道德生活，为道德的产生和发展提供了主观条件和可能性。虽然人的自然属性是道德产生的前提和基础，但是人的自然性、生物性需求本身并不能直接生出道德来。可以说，只有在人性中具备了某种肯定性、善的种子，道德才能产生和发展，否则道德就不是人性本身生发出来的良善的自律，而只可能是违背人性的虚伪的他律。然而，人性中这些肯定性的因子（如孟子讲的"四端"、亚里士多德的"潜能"、斯密和休谟等讲的"同情"等）仅仅是人性向善，即人类道德产生的可能性前提，而不是人性的现实状态，否则就没有必要抑恶扬善了。道德的作用就在于通过教育、训练以及习惯培养，把这种善良的种子扩而充之，将这种潜能转化为现实[②]。

综上所述，作为道德基础的人性是自然属性与社会属性的统一体，二者密不可分、缺一不可，共同构筑了道德的基础。

（二）道德是人性的升华

很长一段时间以来，社会上流行着这样一股思潮，许多人认为道德与人性是相悖的，甚至是背道而驰的，道德在根本上是违背人性、压抑人性的。他们指出，道德规范的约束使得人的天性中许多正常的合理需求、欲望受到了压制，使得许多人常常生活在一种压抑的环境中，而这种压抑的、违背天性的环境导致了很多人人性扭曲、人格分裂，严重地影响了他们的身心健康。他们极力主张人们应当从道德的种种束缚之中解放出来，进而打倒一切违背人性、压抑人性的东西。显然，这种思潮是极端错误的，它只看到人的自然属性，忽视了人之为人的社会属性。

[①] 参见包岚《浅析道德的人性基础》，《贵州工业大学学报》2007年第3期。
[②] 参见吴秀莲《人性何以成为道德的基础》，"伦理学与实践"学术研讨会，2011年。

在道德生活中，人的社会性要求最直接的体现是道德的"应当"。在这种"应然"的要求之中，道德始终在指引着人们克服自身的动物性，逐渐摆脱人性之中所包含的"兽性"，进而促使"人"成为真正意义上的"人"。如此看来，道德不是在压抑人性，而是始终在帮助人们不断地提升和完善人性。人性的高贵与否取决于人们对其自然属性的摆脱和克服的程度，可以说，道德的提升体现为"人性"中所包含的"兽性"成分越来越少，从而使得人之为人的人格境界越来越高[①]。

在道德与人性的关系上，我们需要强调的是，道德的规约和限制并不是要消除人们各种正常的需求和欲望，而是主张人们应当选择合理的方式实现自身的欲求。也就是说，道德要正视人的自然本性，而不是要消灭它。人源于自然，自然的需求是人存在和发展的前提，消灭人的自然属性也就等于消灭了人类自身。作为人的社会属性体现的道德要求，主要是为了引导人们以正确的、合理的方式满足人的各种欲求，从而体现出人与其他动物的区别。

第二节　人性思想的理论脉络

一　人性研究的开始及"神性"下的"人性"

对人性的探究是近代西方哲学、伦理学的基础，正如休谟在《人性论》中所指出的，"任何科学都或多或少与人性有些关系，无论学科看似与人性相隔多远，它们最终都会以某种途径再次回归到人性中"。[②] 可以说，在古希腊就已经有人性论，"斯芬克斯之谜"的谜底是"人"，它提出的是"人"的问题，它留给人们的启示是：如果不知道"人是什么"，人就会灭亡；只有正确回答这个问题，人才能存在。正如苏格拉底提出的"认识你自己"表达的就是对探究人自身的一种强烈愿望。然而那时是以本体论哲学的探索为主题的，当时哲学的主要研究对象是万物的始基、实体、元素等。总的来说，当时"人"并未得到应有的关注，人性论的研究并不具有重要地位。

[①] 参见邹顺康《道德：是在压抑人性，还是在提升人性》，《道德古文明》2005 年第 6 期。
[②] 休谟：《人性论》（上），贾广来译，陕西师范大学出版社 2009 年版，第 4 页。

到了宗教占主导地位的中世纪，基督教宣扬的主要思想是超越死亡、灵魂得救。而关于人类的"原罪"和上帝的"恩典"的信念是基督教与古代人性观的最大区别。基督教的"原罪""因信称义"的戒律、"意志自由"（free will）教义，还有从人与上帝关系的角度思考人的地位和命运等蕴含着丰富的人性论思想。如基督教宣称，人类始祖在伊甸园所犯的罪，成为其所有后来的人类与生俱来的罪，为此，人类需要上帝的"恩典"才能得到救赎。而在信仰上帝的前提下，全知全能的上帝会赋予每个人最终选择或拒绝一件事情的能力和自由，换言之，每个人都有选择的自由，都拥有"自由意志"。然而，很显然，中世纪所谓的人性充其量只是神性奴役之下的人性，那时的人性远远没有摆脱神性的束缚，在根本上是从属于、派生于神性的。另外，基督教的原罪说是一种典型的性恶论，从奥古斯丁到马基雅维利等，都主张人天生邪恶的观点。他们认为，人天生是恶的，人性是不完美的，人性中具有自利、贪婪、虚伪、妒忌、懒惰、暴力等倾向。他们指出，人类是不能自我救赎的，只有通过外在的强制性手段，以扼杀罪恶的苗头，进行心灵的净化，才能养成善良的品性，过上幸福的生活。

宗教改革和文艺复兴是中世纪向现代社会过渡的阶段，该阶段的人性论，既有中世纪宗教神学的影响，也有新时代的特点，即"人"的地位得到了很大程度的提高。16世纪宗教改革运动的领袖马丁·路德（Martin Luther）认为，人的本性是恶的，拯救人的关键是救赎其灵魂，但由于人的原罪，人的灵魂已经堕落，只有在人的灵魂得救之后，人才能拥有一个高贵的心灵，也就是说，路德认为信徒唯有凭借恩典才能获救。新教的另一位领袖加尔文（John Calvin）同样认为，人的本性中有一切的恶，人是生而败坏的，而且人唯有通过上帝的恩典才能得救，人不能自救。同时，加尔文还提出他的远大理想和抱负，即建立新的世界、创造新的人类。加尔文的这种人性观把人与生俱来的"原罪"转变为改造世界和人自身的一种精神力量，对现代自然科学和商业社会的发展起到积极的推动作用。[①] 作为文艺复兴的思想实质的人文主义就是以

---

① 马克斯·韦伯在《新教伦理与资本主义精神》一书中甚至认为这种思想是促进早期资本主义精神形成的一个关键因素，而正是资本主义精神导致了人们追求经济的理性动机。

"人性论"为理论基础的。总体上，文艺复兴中有两种人性观。一种是以莎士比亚、彼特拉克、但丁、薄伽丘等为代表的思想家对人性的论述是非常乐观的，他们重视人的价值、肯定俗世的幸福、高扬个人自由，这是对中世纪西方宗教人性观的一种反动。文艺复兴中还有一种人性论是以马基雅维利为代表的，认为人的本质是恶的。马基雅维利人性恶的理论继承了基督教的原罪思想，即人的本性是满足自己贪得无厌的欲望，人们追求的是保留现有的和得到更多的东西。人对权力和财富的欲望是无止境的，但权力和财富实际上总是受自然条件的限制，因此，人总是处于竞争和争夺之中。但是，马基雅维利也肯定了恶的合理性，他关于政治策略的一切讨论，几乎都基于这样的前提，即人的本性本质上是自私的，所有的政治家必须依靠的有效动机是利己主义。

二 "自然状态"下的人性

跨越神权专制的中世纪，随着民族国家的兴起，人性的呼唤成为时代的主题，对人性问题的探究也成为理论的热点。显然，文艺复兴动摇了统治欧洲近千年的神权，新时代徜徉着人道主义的精神，沉睡千年的人性开始复苏。"人"逐渐摆脱了上帝的束缚，砸碎了沉重的精神枷锁。16世纪末至18世纪是西欧国家人性理论的一个重要发展阶段，霍布斯、洛克、卢梭等以"自然状态"为预设，建立起关于人性的理论。

（一）人与人之间的关系像狼与狼一样

16世纪和17世纪欧洲的政治动荡、宗教战争和暴力统治，再加上文艺复兴的洗礼，使霍布斯认为，从宗教出发来对人进行道德驯化，使其成为社会性的生物，只能是一种无益的幻想，由此他与中世纪的人性论彻底决裂。霍布斯秉承文艺复兴以来的人文主义精神，把人作为伦理学研究的基础，力求从人本身、人的本性出发，而不是从神出发来理解人类社会、说明道德。霍布斯指出，一方面人有着自然的激情，其中最为强烈、压倒一切的是自我保存的激情；另一方面，人有理性，理性使人不只顾及眼前的自我保存，而且顾及未来的自我保存，人较之其他生物更为贪婪。在霍布斯的论断里，人性包含着情欲与理性，而情感是高于理性的。激情是意愿行动的开端，理性只是激情的工具。具体地说，霍布斯认为，人与人之间的关系有两种：一种是取决于人的本性，形成于自然状态的敌对关系；另一种是形成于市民社会之中的契约关系。

霍布斯先从建立在人类贪婪的预设前提下的"自然欲望公理"推出"每一个人对每一个人的战争"[①]的自然状态。他指出人的本性是自私的、利己的，人的一生就是一个永无止境地追逐肉体享乐、名望、利益、权力等个人欲望满足的过程。他把欲望作为人性其他情感的心理基础，因为一个人欲求的东西可以令他愉悦。霍布斯由此指出，充满人的整个情感的是一颗利己之心，在不断膨胀、永不满足的欲望的支配下，人们互相猜忌、不择手段地追逐各自的利益。他认为，在国家产生之前，人类完全处于一种按自己本性而生活的"自然状态"，"没有一个共同权力让大家慑服"，[②]人们为了追求各自的利益，就必然爪牙相见，争夺不已。自然状态下的人们为求利益而互相竞争、为求安全而互相猜忌、为求名誉而互相侵犯。换言之，每个人为了实现自己的目的，总是不择手段地排挤、伤害、甚至毁灭他人，人与人之间像狼与狼一样处于激烈的冲突和斗争之中。与霍布斯同时代的洛克同样认为，自我保存对人来说是最重要的，人的生存是一切生活的基础。在洛克那里，上帝植根于人类心中和镂刻在人类的天性上的最根本和最强烈的需求，就是自我保存的需求。

接着，霍布斯由人的"自然理性公理"归结出的自我保存原则推出人们为了摆脱这一自然状态而诉诸理性。虽然理性可能导致人们之间的分歧、斗争，同时理性也可能促使人们为了保存自我，避免在相互争斗中两败俱伤而进行谈判，订立契约，后者直接导致了国家这个伟大的"利维坦"的出现。霍布斯认为，正因为人的本性是恶的，在原始自然状态下像狼一样生存，人们总是处在一种充满争斗和恐惧不安的状态，这促使人们在理性的指引下追求和平的、稳定的、有组织的生活，由此，人们通过谈判彼此之间订立社会契约，宁愿放弃自己原有的权利，把它转让给主权者（即利维坦），从此建立国家。也就是说，为了避免人们在彼此的争斗中两败俱伤、走向毁灭，"自我保存"的个人权利必

---

① 霍布斯：《利维坦》，黎思复、黎廷弼译，商务印书馆1985年版，第94页。
② 同上。

须社会化，且要集中到国家的强权之下。通过集暴力、权力于一体的利维坦式的强权国家，凭借独裁者的法律建立起市民社会，在国家意志的高压之下，塑造出人的社会性，使得人们不再相互侵害。

（二）自然人性的回归

卢梭的主要著作都是以人性的探索为重要线索的。在《论科学与艺术》（1749）和《论人类不平等的起源与基础》（1755）中，卢梭指出自然状态下的人是善良的、有道德的，然而，随着人类进入文明社会以后，却出现各种各样的社会不平等现象，人类的道德也在逐渐走向堕落、沦丧，这是一个人性迷失的过程。对于如何走出这一困境，卢梭在《新爱洛绮丝》（1761）中指出人性的自然回归；在《社会契约论》（1762）中论证如何实行政治体制改革，签订社会契约；在《爱弥儿》（1962）中指出发展教育（特别是儿童教育）的重要性；而在《忏悔录》（1778）中卢梭不惜以自己为原型对人性的堕落进行了深刻的反思。

卢梭力图找到人类社会中种种不平等和一切丑恶现象的根源并谋求解决之道。他认为，自然状态下人们是淳朴的、善良的，人们之间是相互平等、和平相处的。因此他批判霍布斯把贪婪、欲望、虚荣等归结为人的本性。基于对一种完全未经文明所"污染"的"自然状态"的预设和考察，卢梭否定了霍布斯人性为恶的主张，指出自然状态并不是人与人像狼一样的斗争状态，而是每个人既关心自我保存同时又不损害他人自我保存的一种和平状态。由此，卢梭得出了自然状态下人性善的结论。那么，如何解释现实社会中各种恶的现象呢？卢梭指出，人类邪恶的天性是在文明社会出现后才有的，现实中的恶应从社会制度本身去寻找根源，而不能归咎于人的天性。在这一点上，卢梭对人性持较为乐观的态度，指出人除了有保存自己的欲望之外，更存在着一种关心同伴的怜悯之心。卢梭严厉地批评了基督教人类"原罪"的思想，在他那里，负有原罪的正是社会，而不是个人。换言之，真正的恶存在于社会之中，源于文明和私有制本身。在他看来，文明的出现和进步与人性的发展是背道而驰的，人性本应随着文明的进步而更趋向于善，然而文明却像恶魔一样扭曲了人性。卢梭设想，人类曾处于这样的一种境地：仅仅依靠个人的力量，个体的存在已不再可能，如果不改变这种状况，人将会被消灭。在这种情况下,原始的纯真和平等的自然状态不得不被无奈地打破,由此人们开始"结合"起来,共同面对单个人无法解决的现实问题。按照卢梭的逻辑,自然状态下的人是自由、平等的个体,那么是什么促成他们"结合"在一起呢?他认为是社会契约,唯有社会契约才能使自我保存的个体为各自的目的而放弃各自为政的状态,缔结契约,把自身的权利转让给集体。另外,卢梭在《新爱洛绮丝》中呼吁情感的解放、砸碎传统的枷锁、打破等级观念,倡扬个性的解放、自然情感的回归。正因为进入文明社会后出现的人与人之间的不平等、奴役等现象,人失却了原有的善良本性,为了改变这种不合理的现状,在《爱弥儿》中卢梭强调一种顺乎自然、回归本性的教育,以培养理性王国的新人。同时,卢梭认为,由于儿童受文明的"污染"程度最轻,所以从儿童开始教育更有希望。而在《忏悔录》里,卢梭用自己的故事,真诚坦率地讲述了一个天性高尚而善良的少年怎样在污浊的社会环境中逐渐堕落的经历,这也恰恰印证了他自己的理论,即人并没有基督教所声称的与生俱来的"原罪";人性是在后天的发展中受到不良的影响而逐渐扭曲的,人从自然那里获得的东西原本是好的,由于社会的原因人才逐渐变坏。因此,卢梭公开宣称"回归自然"的口号。

三 情感主义人性观及社会美德

18世纪的启蒙运动具有多面向度,如以法国为代表的理性启蒙,英国(主要是苏格兰)为代表的情感启蒙,美国为代表的自由、政治启蒙,德国为代表的浪漫主义、民族主义为特征的启蒙等,[①] 其中影响最大且差异最明显的无疑是法国启蒙运动和苏格兰启蒙运动,它们分别代表了启蒙的理性面向和情感面向。显然,理性是法国启蒙运动的第一原则,那里理性成了一切判断的准则。与法国唯理性的启蒙精神相对的是,苏格兰启蒙运动更加重视情感。沙夫茨伯里、哈奇森等的"道德感"复归了古典的情感主义人性观,其确立的情感高于理性的原则和人性具有"仁慈"情感的观念成了苏格兰启蒙思想的理论前提,休谟、斯

---

① 格特鲁德·希梅尔法布:《现代性之路:英法美启蒙运动之比较》,齐安儒译,复旦大学出版社2011年版。

密的"同情",弗格森的"公民道德"等都是在此基础上的发展与演绎。相对于之前的霍布斯、洛克、曼德维尔等人的思想,苏格兰启蒙思想家对很多问题有不同的看法。如霍布斯、洛克等认为,因为人是一种自爱、自利的动物,所以要避免人与人之间的战争状态,唯有通过理性的约定,运用政治和法律手段,才能使人从自然状态进入有秩序的市民社会。卢梭也高度赞扬了社会契约在市民社会中的作用。但是,18世纪的苏格兰学者大多反对自然状态与市民社会的二元划分,反对以自然状态作为政治的逻辑起点,认为自然状态是虚构、臆想出来的,乃是非历史的、荒谬的,人们应该从人类真实的历史情境中寻找它的历史;政治社会也不是建立在古怪的社会契约之上的,而是一个历史演进的过程,是由原来的部落、公社演化而来的。而且,苏格兰启蒙运动思想家几乎一致主张,人不仅仅是自利、自爱的,而且人还具有利他的本能,具有一种内在的道德能力。

(一)沙夫茨伯里、哈奇森的道德感

道德情感主义的创始人沙夫茨伯里最早提出了道德感概念,他指出,道德源于情感而不是理性,而且在他看来,人并不是像霍布斯所描述的那样完全是自私的,社会道德也是人性的一个重要方面,即人性中还有利他的一面、德性的一面。换言之,"在人身上有与他自己的利益和幸福相关的情感;但是也有指向他所属的人类的利益的社会情感"。[1]但是,对于道德感,沙夫茨伯里并没有展开具体的论证。哈奇森继承了沙夫茨伯里道德感思想并展开了具体的论证,同时"以较有系统的形式再现"[2]后者的观念,丰富了道德感的理论内涵、扩大了它的理论影响。哈奇森秉承17世纪以来英国学者培根、霍布斯、洛克等开创的经验主义传统,认为人的一切观念都是来自感觉和经验。哈奇森是这样论证道德感的:首先,道德感是一种类似于生理机能的东西,即道德感是一种感觉器官;其次,他指出道德感这种感觉器官不同于我们通常所说的感官,道德感是一种内在感官,是与通常感官即外在感官(如触觉、嗅觉、味觉、听觉、视觉等)完全不同的;最后,他提出道德感是人类与

---

[1] 索利:《英国哲学史》,段德智译,山东人民出版社2007年版,第161页。
[2] 同上书,第162页。

生俱来的感知道德行为之善恶的器官。换言之,道德感就像视、听、味、嗅、触等外在感觉感知外在的经验对象一样,它能够感知主体行为的内在仁慈动机,并以此为基础进行道德判断,作出相应的道德评价。由此,哈奇森在人性的生理机能上为道德感找到了合法性根据。因此,道德善恶的判断是一种与自爱、理性无关的情感活动、感知活动,而且,道德判断的标准是先于利益之外的仁慈,而不是什么"自利"情感。可以看出,"哈奇森在自利倾向上增加了利他的倾向,并以此作为道德观念的实质"①,道德感理论是一种以"仁慈"为道德善恶标准、以公共善为目的的利他主义的情感主义伦理学,这从根本上为以公共利益为特征的道德找到了人性的基础。

哈奇森的道德感理论在苏格兰启蒙运动内部引起了广泛的关注和争议,争议的焦点在于是否存在这样一种被称为道德感的感官。在哈奇森那里,道德感是一种感知、判断人的行为的生理机能、感觉器官。但休谟不赞成把道德感视为一种"内在感官"的观点,他提出,道德感只是一种"道德情感",或道德感知、道德判断的心理过程,不是什么类似于感觉器官的东西;同时,对于道德感知的生理机能是"同情",而不是道德感。然而,哈奇森的道德感理论却是休谟和斯密"同情"理论的基础。而且,休谟和斯密同样认为,道德的区别不是源于理性,而是通过感觉到"仁慈"情感而产生出的一种道德善恶的判断。可以说,无论是沙夫茨伯里、哈奇森还是休谟、斯密、弗格森,都认为人性不是纯粹自利的,人在本性上还有仁慈、利他的一面。

(二)休谟、斯密的"同情"

在休谟的理论中,理性是从属于情感的,情感才是关键因素,用他的话说就是"理性是情感的奴隶"。他认为,在情感与人的行为关系中,情感是人的行为的原初基础,人们的行为动机以及各种行为方式最终都能够在关于情感及其根源的探究中得到阐释。在休谟总结的用以说明人性的原则中,同情原则占有极其重要的地位。休谟同样指出,"理性要

---

① 蒋政:《苏格兰启蒙初期自然法体系的演变:从普芬道夫到卡迈克尔再到哈奇森》,《哲学研究》2018 年第 5 期。

引出道德推论是决不可能的"①，强调道德判断中起决定作用的是感觉，而不是理性，进而，他指出道德感是同情的产物。在他那里，美德之所以对他人或自己有用，令他人或自己快乐，那是因为我们自己身上的同情原则。同情是一种人们的心理倾向，同情是人与生俱来的，它是一种与人的理性无关的情感。休谟非常重视运用心理分析的方法，强调想象在同情中的重要作用。由此，他指出同情是一种感同身受，它不仅可以传递情感，而且还可以分享苦乐，因为同情可以通过想象来再现甚至经历他人的情感。另外，同情还是一种道德区别和评判的心理机制，休谟指出，道德的区别、评判在于我们的情感，但我们的情感是建立在同情的基础之上的。也就是说，当旁观者同情于承受者的快乐情感时，他往往会对行为者作出肯定的评价；当旁观者同情于承受者的痛苦情感时，他通常会对行为者作出否定的评价。

斯密继承和发展了休谟的同情理论，他同样认为道德感是道德产生的根源，而同情是道德感得以产生的重要条件。然而，斯密最独特的一点是借用"同情"的理论机制为"自利"的合法性提供论证和辩护。斯密为自己提出的理论任务正是发展"同情"观念，进而为人类有效地实现幸福创造条件。《道德情操论》开篇第一句就表明了斯密的理论意图："不管人是被视为怎样的自私，但在其天赋中显然还存在某些本性，使他能够关心他人之命运，把他人之幸福视为自己的事情，尽管除了看到他人幸福时感到快乐外，一无所得。"② 所以，个人为了自身的幸福，必然渴望得到他人的同情。而为了获得同情，就必然试图从他人的角度来看待自己的境遇，并努力调节自身的情感以使之与他人的同情体验相一致。由此，同情就对人的情感以及由情感引发的行为起到一种约束作用。同情"是一种最适合于在文明社会中生活的人的品质"③，文明社会中的人们，"他们往往吵吵嚷嚷、极尽渲染，但很少去造成过分的伤害，他们似乎常常只是为了满足于使旁观者相信他们如此激动是有道理的，

---

① 大卫·休谟：《道德原则研究》，曾晓平译，商务印书馆2001年版，第23页。
② Adam Smith, *The Theory of Moral Sentiments*, Metalibri, 2006, p.4.
③ 亚当·斯密：《道德情操论》，余涌译，中国社会科学出版社2003年版，第223页。

并赢得他的同情和赞同"。[①] 也就是说，自利指引下的人们追求物质财富的拥有和享受仅仅是为了达到一个更高的目标，即获得他人的同情或肯定。人们在物质上、经济上以及政治上的追求都是为了获得一种心理上的满足，都是为了"引人注目、被人关心、得到同情、自满自得和博得赞许"[②]。由此可见，休谟、斯密虽然用"同情"取代了"道德感"，但他们对人性的理解上同样倾向情感主义，并主张以情感为道德产生、判断的基础。

综上所述，人性的问题一直是贯穿西方哲学、伦理学中的一个基本问题。中世纪至18世纪是西方人性思想的一个重要发展时期，是一个"人"被"发现"、自我觉醒，并逐渐走上自由发展的时期。这段时期的人性观在总体上经历了这样的发展历程。一是从性恶论的人性观到以性善论为基础全面认识人性，即人不仅具有利己之私心，还具有利他之公心；不仅有自然的属性，还有社会的属性。二是从中世纪"神性"下的人性到"人"的复苏，即以法国启蒙为代表的"理性"指引下的人性观和以苏格兰启蒙为代表的"德性"照耀下的人性观。

到了18世纪，以法国为代表的启蒙运动倡扬理性的精神。那时，理性冲破了宗教神学的迷雾、照亮了一切无知黑暗之物，成为对抗宗教统治的强大武器，成为人们观察世界、判断是非的最基本的原则。但潜伏在理性之下情感的奔流从来没有停止过，即使是以理性为特征的法国启蒙运动也不乏重视人的情感、个性解放的思想家，如浪漫主义的代表卢梭。而在总体上代表着与法国理性主义人性观相对立的是苏格兰启蒙的情感主义人性观，其代表人物主要有沙夫茨伯里、哈奇森、休谟、斯密、弗格森等。与法国启蒙思想家夸大人的理性、把理性绝对化不同的是，苏格兰思想家更加强调人性中的情感因素，强调人性之中仁慈、同情等德性的重要性；同时他们提出了人的理性有限性的观点，指出理性并不能跳出人类文明和社会发展的进程，理性只是和情感共同构成了完整的人性，而且在二者的关系上理性是从属于情感的。

性善或性恶是人们对人的本性问题截然不同的两种回答。总的说

[①] 亚当·斯密:《道德情操论》，余涌译，中国社会科学出版社2003年版，第232页。
[②] 亚当·斯密:《道德情操论》，蒋自强等译，商务印书馆1997年版，译者序言第61页。

来，不管是中世纪、文艺复兴还是启蒙运动前期，思想家们在分析人性时，首先更多的是看到人性恶的一面。如基督教的原罪、恩典等，就是以性恶论为基础的，认为人有天生的恶（原罪），人不能自救，而必须通过信仰、得到上帝的恩典才能获得救赎；文艺复兴中的马基雅维利以及启蒙运动早期的霍布斯等无不主张性恶论，认为人的本质是利己的，人与人之间总是不断的竞争、冲突。到了18世纪启蒙运动的伏尔泰、卢梭，他们则主张性善论，如卢梭指出，自然状态下的人是好的，只是人类文明的出现、人走向社会后人性才逐渐堕落的。此外，在18世纪的苏格兰启蒙思想家中大多拥有更多人性善的立场，他们强调人的仁慈、公心等道德天性，几乎一致主张人不仅仅是利己的，而且具有利他的本能，具有一种内在的道德能力。而且，苏格兰的思想家大多主张人不仅具有自然性，更具有不同于动物的社会性、政治性，因为人的发展已经摆脱了动物界，人更是一种社会的存在。换言之，人虽然首先是作为自然物而存在，但把人的本性仅仅理解为自然欲望则无异于把人降低为动物，那不是人性的回归，而是人性的堕落、丧失。

第三节 弗格森对人性的探索

一 对人类自然史及人类社会演进的考察

（一）对自然状态说和个人主义的批判

在《文明社会史论》的开篇，弗格森就声明对自然状态（the state of nature）的反对看法。弗格森批判说，"在人类拥有的众多品质之中，我们（主要指霍布斯、卢梭等启蒙时代的思想家——笔者注）选择了一种或几种品质为基础建立理论，来为自己所认为的人类在某种想象的自然状态下的情境自圆其说，我们忽视了人类在我们所能观察得到的范围内以及史实记载中通常呈现的真实面目"。[①] "自然状态说"是17世纪流行的现代自然法理论，代表人物主要有霍布斯、洛克等。他们倡导把原子式的个人构成的"自然状态"作为政治社会的出发点，并没有注意到

---

① 参见 Adam Ferguson, *An Essay on the History of Civil Society*, ed., by Fania Oz-Salzberger, Cambridge University Press, 1995, p.8. 或中文版第2页。

政治社会是人类历史长期演进的结果。他们认为，国家的起源就是对自然状态的放弃，自然状态则是人类历史进入政治社会的前提。然而，他们对于自然状态的描述各有不同，霍布斯的自然状态是由彼此争斗的"自利"的个人组成的，国家的起源在于个人将原有的自然权利让渡给一个超越个人的威权（即"利维坦"）。卢梭则认为自然状态的人是淳朴的、道德上是善的，只是随着人类社会的发展进入文明社会后，才变成恶的了。虽然，弗格森和卢梭作为各自启蒙阵营中的"另类"在很多问题上不谋而合，如他们都歌颂传统社会中"高尚的野蛮"，强调公民的政治参与和积极自由，推崇斯巴达式的美德之治，强调人的社会性情感，是近代社会文明及其隐患的早期批判者等。① 但是，在卢梭看来，"自然状态"是一种理论上的预设，是对人类"原初状态"的一种"隐喻"（metaphor）表达，它不具有历史意义上的可追溯性。相反，弗格森指出，历史是事实及其效应，我们既不能夸大也不能贬低它，隐喻的运用是值得质疑的，甚至是误导性的。②

弗格森认为，尽管物种的历史是道德和政治判断的基础，但人性的科学，在最严格的意义上讲是建立在个人史之上的。首先，弗格森激烈地批判了自然状态的非历史性，强调人类社会的进步应该采用观察和经验的方法历史地对待。人们应该从真正的历史情境中去寻求人类的历史，而不是从他们在强迫或罕见情况下的表象中去寻求。在《文明社会史论》中，弗格森全面地呈现了人类社会的自然历史，追溯其从野蛮状态到游牧阶段、农业阶段和商业阶段的发展。他进而指出，"自然状态"这样一个非历史的起点和假设，远非"自然"，这个状态和"人类在以后的任何时期所表现出来的状态毫无相似之处"③，在他看来，"自然状态说"割断了人类历史的延续性，没有看到人类原初状态和人类以后的历史发展之间的联系。其次，弗格森特别强调人的社会性。他毫不留情地批判了自然状态说的原子式个人主义，并指出，即使是在个性张扬的

---

① 项松林：《卢梭、弗格森社会思想之比较研究》，《理论探索》2014 年第 3 期。
② Adam Ferguson, *The Manuscripts of Adam Ferguson*, ed., by Vincenzo Merolle, Pickering & Chatto, 2006, p. 27.
③ 亚当·弗格森：《文明社会史论》，林本椿、王绍祥译，浙江大学出版社 2010 年版，第 1 页。

现代市场社会下，人类也不是孤立的、原子式的存在，人本质上是一种社会性的动物。在他的著作中，弗格森尤其强调人天生所具有的社会性，指出人是社会中的人，人生来就是社会的一分子。他激烈地批判霍布斯、卢梭、洛克把由原子式的个人所组成的"自然状态"作为政治社会起点的主张。弗格森认为，"自然状态"是不切实际的、无用的，"自然状态"的预设把人类原有的品质割裂了，并区分为工艺和自然，且这种划分是基于想象，而不是理性或科学，充其量只是一个推导的过程。弗格森本人则在狭义的培根式的"自然历史"意义上认识这一问题，认为必须通过事实的收集来分析人的属性。通过这些事实的收集，他得出了人类总是以团体的形式聚集在一起，即社会性是人的根本属性。弗格森总结说，"我们应从群体中去看人类，因为他们总是生活在群体中"。[1]

（二）社会演进论及古典公民美德的发现

弗格森从艺术、文学、风俗习惯、政治和法律建制、商业等方面的变迁来分析人类社会进步的历史。但他并不是严格按照编年史的体例来演进人类社会，这主要是因为 18 世纪的"历史"概念远没有现在的"历史"概念这么严格、规范。弗格森把历史定义为对收集来的事实的描述或叙述，[2] 以社会为分析基础，关注社会事实之间的关系，进而指出历史不能用单一的事件来解释，而是要认真研究其背后的深层原因和法则。弗格森猛烈地抨击理性主义者将契约作为解释历史的主要规则的做法。弗格森的进步观诉诸内生的、无意识的进化完美主义，认为历史是一个自然的过程，是一个由人类内生的品质所推进、由人类的意志所调整的过程。同时，他坚信，人类的进步比其他动物更高级，人类是一个整体从野蛮到文明的进步。与斯密社会发展的四阶段理论（游猎社会、放牧社会、农业社会、商业社会四个阶段）[3] 不同的是，弗格森主

---

[1] 亚当·弗格森：《文明社会史论》，林本椿、王绍祥译，浙江大学出版社 2010 年版，第 4 页。

[2] Adam Ferguson, *The Manuscripts of Adam Ferguson*, ed., by Vincenzo Merolle, Pickering & Chatto, 2006, pp. 19–21.

[3] 亚当·斯密：《国民财富的性质和原因的研究》（下卷），郭大力、王亚南译，商务印书馆 1974 年版，第 254—271 页。

张历史演进的三阶段理论，即人类历史从野蛮（savage）社会，经过未开化（barbarous）社会，再发展到文雅（polished）社会。在他那里，所谓野蛮的民族，主要是依靠渔猎、采集野果为生，其成员一般比较分散，难以聚集。对于财产，他们几乎无动于衷，同时他们也没有政府建制和等级制度。用弗格森的话来说，这时"人与人之间平等相待，没有私有财产和政府"。[①] 未开化的民族主要靠畜牧为生，他们知贫富之分、等级之别，相对于野蛮民族，他们往往能够以部落组织的形式团结在一起，有自己的首领。这时财产权虽未以法律的形式确定下来，但已经成为人们关注和渴望之物。所谓文雅社会或文明社会是商业发达的现代市场社会。在这个阶段，"人们在教育、职业、生活方式等方面都存在差别。他们服从世袭的或选择出来的官员的管理，遵从法律和政治机构的指引"。[②] 在弗格森那里，三阶段的发展过程是由人类的天性所决定的，各个阶段中，"人类的社会制度和每一种动物的社会制度一样，都受到大自然的启发，是本性的产物"。[③] 然而，对于文明社会，弗格森并不是全盘肯定的。相对于休谟、斯密等对文明社会的高度赞扬，弗格森更敏锐地看到了市场社会、商业文明的消极方面，并表露出深深的忧虑，同时指出野蛮社会和未开化社会的积极方面，特别是它们有许多文明社会所缺失的美德。需要指出的是，弗格森并没有像休谟、斯密那样，试图从同情中获得道德判断，而是重申传统美德的理想。在弗格森看来，人们的社交能力既不是天生的仁慈，也不是正义的人为效用所能解释的，而是源自人们争斗的倾向。因此，在人类社会演进方面，弗格森再次显示出他和苏格兰甚至整个欧洲启蒙运动的距离。总体而言，弗格森对于时代的发展趋势以及历史进步都持一种相对谨慎的态度，他对于商业社会的批评远远超过了对它的赞美。可以说，弗格森是现代西方思想史上最早从现代性危机的高度反思现代文明并加以批判的思想家之一。

弗格森反复强调，野蛮社会中的人具有现代人所缺失的许多美德。

---

① Adam Ferguson, *Analysis of Pneumatics and Moral Philosophy*, Edinburgh, 1766, p. 11.
② Ibid..
③ 亚当·弗格森：《文明社会史论》，林本椿、王绍祥译，浙江大学出版社2010年版，第204页。

弗格森发现，人类"进入文明社会后，他们就忙碌于各种各样的事务。他们生存在更为广阔的天地里，同时，人与人之间的距离也更遥远了"。[①] 实际上，弗格森伦理学的主要任务就是以人性的分析为基础，探究在事商的现代市场经济社会里如何去克服崇拜服饰、装饰、财富、身份以及名声的恶习，如何去激发勇敢、爱国、勤劳、守时、人道、正直、审慎、节制、坚毅、积极参与政治等德性，从而为市民社会中的"市民"提供德性规范。在以上德性中，其中"正直、审慎、节制、坚韧"四种德性是弗格森在《道德哲学原理》中"论外在行为的德性倾向"一章中探索的德性的四个分类，[②] "勇敢、爱国、积极的政治参与"等德性则几乎贯穿于《文明社会史论》全书之中。弗格森对现代商业文明时刻保持着深沉的忧虑，如分工的异化、德性的堕落、公共精神的丧失与政治奴役等。在他看来，要治疗现代性的病，摒弃那种在享受安逸和便利的生活条件中所沾染的"阴柔气"，改变那种将人异化为机器上的零部件的命运，必须回到古典传统中去，重拾上文提到的这些有助于培养与发挥能力的德性（关于德性种类将在本书第四章第二节详细探讨）。

二 人性的法则及人性"多样性"

显然，弗格森关于人性的研究不能脱离当时启蒙时代的大背景，同时也与苏格兰启蒙思想家对于"社会道德"的探索分不开。弗格森对于人性问题的研究也是围绕"社会道德"问题展开的，只不过在他那里更加强调"公民道德"，更加看重古代社会的美德。弗格森同样强调人天性中固有的仁慈倾向，他说："关于人性中仁慈的倾向取决于我们人自身，但这不是基于对个人精打细算的结果，而是通常基于对整个人类裨益之考虑。个人被创造出来是注定要获得满足的，但其满足主要源于仁慈或对人类幸福的追求之中。在本性上人是一种活动的生物，他永不停息努力，永不懈怠；人是一种仁慈的生物，对他来说，仁慈是一种快

---

① 亚当·弗格森：《文明社会史论》，林本椿、王绍祥译，浙江大学出版社2010年版，第210页。
② 亚当·弗格森：《道德哲学原理》，孙飞宇、田耕译，上海世纪出版集团2005年版，第121—126页。

乐，邪恶是一种痛苦。"① 由此可见，相对于同时代的其他思想家，弗格森对于人性的问题有其独特的视角和观点。他非常强调人的群体性、社会性②，尤其强调人类积极进取的、冲突的内驱力。同时，弗格森反对休谟和斯密所"推断"的同情心作为道德判断基础的观点，③ 反对同情心是幸福的主要来源的观点；他也不赞成曼德维尔、斯密、休谟等在人性问题上体现出的享乐主义和个人主义，指责他们片面地强调人性利己的一面而忽视了仁慈的一面；同时他反对法国唯物主义"人是机器"的观点，认为把人视为机器一类的东西忽视了人的判断、能力、道德情感等因素，忽视了人是一个能动的复合整体。

在弗格森的理论体系中，道德知识不是一种先验的知识，它必须通过环境与人性的交互作用才能获得。因此弗格森指出，休谟的"同情心"、斯密的"公正旁观者"都是一种假定、推断，他强烈地反对休谟、斯密依靠同情心来建立道德公正的标准，他指出同情心不是一个终极标准，充其量只是人心中道德的一个表现。而且，任何对于人性的探究，必须把它们还原到特定的历史情境中，才能正确、清晰地分析人性。

为此，弗格森在《道德哲学原理》中论证了人性的三大法则④，即自我持存法则（the law of self-preservation）、社会法则（the law of society）、评断法则或发展法则（the law of estimation or progression）。首先，"人自然会对一切有用于自身之物产生欲望"，⑤ 这就是自我持存法则。弗格森指出，自我持存法则是人类社会进步的基础法则，正是这一法则促使人类从野蛮社会最终到文明社会的进步。同时，弗格森正是用自我

---

① Adam Ferguson, *Adam Ferguson: Selected Philosophical Writings*, ed., by Eugene Heath, Imprint Academic, 2007, p. 128.

② 需要注意的是，弗格森对"社会性"的理解与我们通常从"合作"的意义上理解有较大不同，在他看来，人的"社会性"既包括"合作"的一面，也包括"冲突"的一面，是两个方面的统一体。而且，更多的时候他更为强调人的冲突本能。

③ 弗格森指出，仁慈的本性（同情心、美德等）不是推理的结果，而是感觉或直觉的判断。他说："道德品质的优点是感觉和直觉判断的主题，而不是讨论或推理的结果，是建基于感情或情感的基础上，而不是在通过调查或研究得出的信息的基础上的。"详见：Adam Ferguson, *Adam Ferguson: Selected Philosophical Writings*, ed., by Eugene Heath, Imprint Academic, 2007, p. 132.

④ 亚当·弗格森：《道德哲学原理》，孙飞宇、田耕译，上海世纪出版集团2005年版，第41—42页。

⑤ 同上书，第41页。

持存法则来解释现实生活中私利存在的普遍性,他指出,自我持存是人类的习惯使然,习惯使得人类更加愿意接受能给他们带来快乐的东西,排斥可能给他们带来痛苦的东西。而且,弗格森强烈地批判了现代社会私利的盛行、公心的堕落。在他那里,过于私利的人们往往只是关注那些对于维持动物性需求的东西,体现为生命本能的欲望、对财产的过分关注、追求享乐的人生、对匮乏的恐惧等。其次,"人自然会追求其同伴的福利",① 这就是社会法则。社会法则包括了人与群体之间的依附关系,对他人的模仿的倾向,通过榜样和互相交流的学习,互相之间的鼓励和赞扬等。弗格森指出,我们的激情受他人激情的影响,受范例的引导,换言之,我们往往基于自己被激励的自由或正义的法则来相应调整自身的行为。在弗格森看来,正是人的社会法则使得个人能够成为社会整体中合格的一员,促使他为人类共同体的事业、一般的善作出贡献;也正因为如此,他才有资格享用一般的善。② 再次,"人们自然会追求卓越的东西,而避免有缺陷的东西",③ 这就是发展法则或评断法则。可见,除了自我持存,人类还有发展和追求卓越的倾向,弗格森指出"卓越,无论是绝对的还是相对的,都是人类欲望的最高目标"。④ 而且,弗格森认为自我保存的法则是以发展法则为指引和最终目标的,他说:"财富、权力甚至是快乐只有被认为可以使人与众不同或不同凡响的时候,才值得不惜一切地去争取。"⑤ 很多时候,弗格森把发展法则视为人类的一种雄心(ambition),指出雄心是人类胸中的一种最强有力的欲望,它是一种追求卓越的自然倾向。⑥ 弗格森认为,虽然雄心(ambition)与私利心(interest)有时是重叠的,但它们之间还是有很大不同

---

① 亚当·弗格森:《道德哲学原理》,孙飞宇、田耕译,上海世纪出版集团2005年版,第41页。
② 参见 Adam Ferguson, *Institutes of Moral Philosophy*, Edinburgh: 1773, p. 91, 或中文版第41页。
③ 亚当·弗格森:《道德哲学原理》,孙飞宇、田耕译,上海世纪出版集团2005年版,第42页。
④ 同上。
⑤ 同上书,第43页。
⑥ 在弗格森的著作中频繁出现"ambition"(雄心)这个词。实际上,弗格森对于"ambition"的理解与我们通常认为的"对于权力的渴望"有很大的不同,他认为"ambition"是指对于比现状更高、更好的事物的一种渴望,即追求卓越。详见 Adam Ferguson, *The Manuscripts of Adam Ferguson*, ed., by Vincenzo Merolle, Pickering & Chatto, 2006, p. 52。

的，一是雄心的目的更加宽泛，而且在本质上更具有利他性和道德性，即私利心主要限于关注自身肉体，而雄心的直接目标是发展。二是雄心是一种天真的冲动，同时包括道德的、理性的能力。①

然而，为了解人性，我们应该借助的不仅是对个体精神的意识和反思，而且还有更为重要的人类历史中呈现出来的人性的"多样性"。② 可以说，"在人性问题上，弗格森没有在人性是自私自利还是友爱仁慈、人性是善还是恶的两极之间做出任何非此即彼的简单判断，而是深刻地洞察出人性之复杂、人性之多样"③。弗格森提出人性中区别于其他动物的一个重要方面就是人性的"多样性"，他认为，不存在亘古不变的、普遍的人性，人性总是因种族、时代的不同而不同，甚至同一种族、同一时代的人之间也存在不同。不同种族的人在外貌、体型、肤色、性情、能力等方面存在不同，有时因环境和气候的不同也会不同。同一种族的人在不同时代的不同主要体现在对商业、文化和政治艺术的占用的不同。④ 在他看来，"如果说人性中有某些品质将它与动物天性的其他任何方面区分开的话，那就是人性本身在不同的气候下，不同的年代里会有很大的不同"⑤。弗格森进而指出，人类在天性上主要有三种倾向，即自我保存（或自我持存）、联盟（或相互交往）和争斗分歧。用他的话说就是，"他（人类——笔者注）的性情中有一种保存肉体、使种族繁衍的倾向，他还有一种交朋结友的倾向，自愿加入一个部落或群体的一边，使自己不断地与其他人发生冲突、进行战争"⑥。首先，在弗格森看来，无论是对人类还是对其他动物而言，自我保存都是一种与生俱来的本能倾向。如前所述，自我持存是弗格森在《道德哲学原理》中提出的人性三法则之一，这一法则是人性的基础性法则，是个体的人和人类存

---

① Lisa Hill, *The Passionate Society: The Social, Political and Moral Thought of Adam Ferguson*, Springer, 2006, p. 97.
② Adam Ferguson, *Principles of Moral and Political Science*, New York: AMS Press, 1792, p. 49.
③ 项松林：《市民社会的思想先驱：弗格森的启蒙思想探究》，《湖南师范大学社会科学学报》2013 年第 4 期。
④ Adam Ferguson, *Analysis of Pneumatics and Moral Philosophy*, Edinburgh, 1766, p. 10.
⑤ 亚当·弗格森：《文明社会史论》，林本椿、王绍祥译，浙江大学出版社 2010 年版，第 12 页。
⑥ 同上。

在的前提条件。顾名思义，自我持存法则的出发点往往是于己的"有用性"，即"人自然会对一切有用于自身之物产生欲望"。①弗格森并不是完全反对自我持存法则的自利倾向，他承认人追求欲望满足、私利实现的激情是正当的。或许我们可以这样理解，一个自然情感（自我持存）太弱的人，一个对自己的利益和安全漠不关心的人，很难想象他会主动、热情地撒播善心并为他人提供帮助，因为他的麻木窒息了他的仁慈和激情。但是，弗格森反对仅仅以"欲望""私利"为核心的自利倾向，同时也反对把自利庸俗化为单单是谋取物质性或生理方面的东西。因此，弗格森深刻地总结到，自利的人经常被指责为自私的原因并不在于他们对自己关心的太多，而主要在于他们弄错了要关切的东西。换言之，弗格森并不反对人们对自我的关注，甚至不论程度如何，他在意的是人们到底关注的是什么，仅仅是物质，还是美德、荣誉、学识、智慧等。其次，在弗格森看来，人具有联盟的天性。也就是说，在联盟内部，人们总是表现出喜欢结交朋友的倾向。显然，人的这种天性可以解释原始部落居民对于本部落的忠诚，以及近现代的民族主义和爱国主义等集体主义情绪。这种本性，也就是我们常说的社会性、合群性，这种天性对应于《道德哲学原理》中的"社会法则"，即"人自然会追求其同伴的福利"。② 基于人的社会性，弗格森展开了对人性自私论的批判。弗格森认为，我们不能孤立地看待个人，而是应该把个人放在人类的群体中去理解，因为每个人都是离不开他人、社会的，他总是生活在一定的社会关系、一定的群体之中。个人的历史相对于整个人类来说只是细枝末节而已。③ 他指出："人天生是社会的一员，从这一点考虑，个人似乎不是为自己而生。当他的幸福和自由与社会的整体利益相矛盾时，他必须放弃个人幸福和自由，他只是整体的一部分。"④ 再次，人类还有争斗和分歧的天性。弗格森强调指出，"人类不仅想和睦相处，而且也很

---

① 亚当·弗格森：《道德哲学原理》，孙飞宇、田耕译，上海世纪出版集团2005年版，第41页。
② 同上。
③ 参见 Adam Ferguson, *An Essay on the History of Civil Society*, ed., by Fania Oz-Salzberger, Cambridge University Press, 1995, p. 10, 或中文版第4页。
④ 亚当·弗格森：《文明社会史论》，林本椿、王绍祥译，浙江大学出版社2010年版，第64—65页。

喜欢对抗"。① 弗格森实际上运用了评断法则论述人的分歧性或斗争性的倾向，指出这是在依恋社会的基础上的一种对抗他人和凸显自我（distinguish ourselves）的倾向。对争斗和分歧的天性的强调又使弗格森转向了对勇敢、勇气及其重要体现的尚武、斗争精神等公民美德之推崇。在这里，弗格森独到地分析了现代意义上的民族主义，他特别指出，国家和民族之间的冲突很多时候是源于人类天性中对异己群体的敌意，而不是源于物质利益方面的争夺。但是，对于人类的对抗、争斗等天性，弗格森并不持否定态度，他指出人类的这种天性不仅有利于个人的发展也有助于国家和社会进步。从个人层面看，正是在运用这种天性的过程中，人的一些优秀品质（如自强不息、自我牺牲的精神等）得以展现，并为人类最大限度地发挥自身能力提供动力；从国家和社会层面来看，如果"没有国家间的竞争，没有战争，文明社会本身就很难找到一个目标"。② 换言之，现代文明社会本身就源于各种群体之间的冲突和战争。

三　人之社会性

弗格森认为理解人性的唯一途径是研究身处社会之中的人。事实上，对于他来说，正是社会性定义了人的本质。弗格森指出，在品性方面，人与其他动物有相同的地方，也有不同的地方。一方面，与其他动物一样，人也遵循出生、成长的自然规律，也有生命的周期。③ 另一方面，人与其他动物相比有许多不同之处。一是人是一种理智性动物。他指出，虽然人在本能方面的天赋远远比不上许多动物，但人的聪明才智使得其在不同的环境和气候都能生存和发展。二是人具有社会性和政治性，这点使得人类优越于任何其他物种。三是人有各种确定的或任意的信号交谈、传递意义的能力。④ 其中人与动物的根本区别在于人的理智和社会性。

---

① 亚当·弗格森：《文明社会史论》，林本椿、王绍祥译，浙江大学出版社2010年版，第23页。
② 同上书，第26—27页。
③ Adam Ferguson, *Analysis of Pneumatics and Moral Philosophy*, Edinburgh, 1766, p. 8.
④ Ibid..

弗格森进而从人类史的角度来考察人性，论述人性的理智本性和动物本性，以及人性的冲突（对立）与合作（联合）两个方面，并指出不管是冲突或是合作，我们的行为都具有社会性，他甚至说即便是暴力行为也可以理解为社会性的行为。反之，由于人性是社会性的，因此所有的动机（drives）都具有社会性，故在他那里动物性能力和理智性能力的划分是无意义的。需要指出的是，对于社会性的理解，弗格森与我们通常的看法是不同的，我们通常是从"合作"的角度理解社会性，弗格森则是从"合作"和"冲突"两个方面全面理解人的社会性，而且有时候他甚至更加重视冲突、分歧因素。"弗格森对于社会冲突的论述常常被誉为迈向19世纪和20世纪社会学的第一步之一。"在这里，"弗格森的主要成就在于他在宗教和古代世界与世俗和现代社会学之间架起了一座桥梁"。[①] 虽然斯密也不否认人的社会性的一面，但他的思想倾向更为接近霍布斯式的原子个人主义，可以说，斯密基本上延续了霍布斯和洛克等人的个人主义传统，而与把社会作为整体来分析得更加"现代"的观点颇为不同。弗格森毫不留情地批评了霍布斯把社会作为"满足个人私欲的工具"的主张，同时抛弃了斯密式的个人主义，非常强调人的社会性的重要作用，其思想更接近现代社会理论的观点。弗格森赞成沙夫茨伯里、哈奇森、卢梭等人关于"人有动物性和社会性双重属性"的观点，即人有动物的自我保存、种族繁衍的倾向和组成团体、走向社会的倾向。弗格森也承认私利的重要性，但是反对斯密、休谟等的功利主义，反对斯密把私利作为人类存亡的主要原因的观点。休谟认为，人类的行为主要受快乐驱动、以"有用性"为原则，不管是令自己愉快还是令他人愉快，对自己有用还是对他人有用。虽然，对于道德动机的问题，在《道德原则研究》中，休谟用"仁爱论"取代了《人性论》中的"自爱论"，但是他的"仁爱"还是以快乐、有用为依归的。对此，弗格森指出，人类的机制远比许多思想家所想的复杂，不能仅仅以追求私利和享乐来概括人性。他认为人类不仅追求快乐，还喜好挑战、冲突和冒险。同时他指出，对于人类来说，除了自利、自我保存以及对己、

---

① Lisa Hill, "Eighteenth-century Anticipations of the Sociology of Conflict: the Case of Adam Ferguson", *Journal of the History of Ideas*, Vol. 62, No. 2, 2001, pp. 281–299.

对他的"有用性",仁慈同样非常重要,爱和怜悯不仅仅是"装饰",而是人们胸中非常强有力的法则,而且真正的快乐应该是仁慈的结果,快乐在于对他人的积极的服务之中。[①] 尽管斯密也认为从善对美德有益,但否认它对商业社会的价值,而认为唯有自利的机制才是促进现代社会进步的根本方面。弗格森并不否认自私欲望的存在,但他指出,自私只是人类欲望中的一种,而且在层次上讲,比起其他社会性的动机来说,处于次要的地位。由此可见,休谟和斯密并不否认人的社会性,只是在社会性的动力是什么的问题上与弗格森意见不一致。换言之,对于"哪种道德更适应商业社会"的问题,弗格森试图调解古典公共精神与现代社会的关系,最终构想一个政治社会,在那里,私利、竞争、仁慈、古典人道主义有机融合、和谐发展;斯密、休谟则循着自由主义的传统(主要是经济自由主义),某种程度上抛弃了仁慈等观念,认为私利是推动人类现代商业社会进步及和谐的主要因素。

弗格森指出,人性天生具有社会性,社会性是人区别于动物的根本特征,是人的本性的根基。弗格森举用现实中的例子来证明这一点,他说,"孤独时,幼婴号啕大哭,成人无精打采;在伙伴回来时,幼婴欢呼雀跃,成人兴高采烈"。[②] 弗格森进而指出,人既是社会性的也是政治性的:对立的团体建立在竞争和对立的利益之上;商业团体建立在共同的或互惠的利益的原则之上;朋友的团体建立在共同的或不可分的善的基础之上。因此,人在本性上既包括友好关系,又包括斗争状态,斗争性和友好性都是人的社会性的组成部分,社会性既体现为依恋和信任,又体现为疏远和不信任。需要指出的是,在弗格森的社会秩序和社会变革的理论中,他把情感(如激情、欲望、厌恶等)视为非常重要的因素,而不仅仅是起附带作用的东西。但他并没有对各种动机(drives)、欲望(appetites)、情绪(emotions)、激情(passions)、情感(sentiment)、感情(affection)等作出非常精确的区分和界定,这主要是因为他在整体的意义上关注与理性相对的人类情感经验。同时,他的理论框

---

① Lisa Hill, *The Passionate Society: The Social, Political and Moral Thought of Adam Ferguson*, Springer, 2006, p. 89.

② 亚当·弗格森:《文明社会史论》,林本椿、王绍祥译,浙江大学出版社2010年版,第19页。

架是非常复杂的,在他那里,这些人类与生俱来的冲动往往披着一层"社会"的外衣。比如说,对于群居性或社会性的本能的理解,人类与动物是完全不同的。在其他动物中,社会性通常限制在群居的倾向中;而在人类中,它往往是多样化的:两性之间的相互关系、亲子之间的爱、朋友之间的友谊,以及爱国、同情心、利他心、人道心等品性,还有对美德的崇敬、对公正的热爱等。但弗格森并没有完全否定人类理性能力的作用,他认为理性能力也是值得培育的。毕竟,在他那里,理性是用来保卫激情、评估自然界万物以及维护我们在造物主谋划中的地位的。他指出,在自然冲动的实践中,人类有选择的自由(自由意志),"人与动物的区别还在于理智(或精神)和自我意识"。[①]

总体说来,弗格森是这样论证人的社会性的:人性天生具有理智性和动物性本能,在这两种能力中,往往是人的动物性引起理智本能。尤为重要的是,所有的推动力或冲动,不管是理智的还是动物性的,都体现为两种形式,即冲突(对立)或合作(联合)。也就是说,一方面,在联盟内部,人们表现出结交好友的天性;另一方面,人类还具有争斗、分歧的天性。而不管我们与同类之间是冲突或合作的关系,我们的行为都具有社会性,即便是暴力也可以理解为社会性的行为。反过来说,人性是社会性的,因此所有的动机都具有社会性。

四 行动与人性

在弗格森看来,认识人性的关键还在于理解人区别于其他动物的积极进取的动力,对完美的渴望等。他说,"如果我们期望人类停止劳动或者期望看到他们歇息的一幕,那我们就误解了人类的本性"。[②] 弗格森指出,人类的命运掌握在自己手里,幸福是自己的双手创造的。实际上,对"行动"的强调是当时苏格兰启蒙的一项重要内容,甚至可以说苏格兰启蒙本身就是一种以"行动"为核心的激情的启蒙。正如曼德维尔所言"美德在于行动,无论何人,只要热爱社会,只要对其人类同胞怀有善良的热忱,只要能依靠其出身或地位获得管理公众的任何职位,

---

[①] Adam Ferguson, *Principles of Moral and Political Science*, New York: AMS Press, 1792, p. 48.
[②] 亚当·弗格森:《文明社会史论》,林本椿、王绍祥译,浙江大学出版社2010年版,第8页。

在他能为公众服务时,都不应当安坐不动,无所作为,而应当竭尽全力,为其百姓的利益而奋斗"。① 休谟指出,"人不仅是一个理性的动物,还是一个社会动物",又是一个"活动的动物"②。斯密也非常重视行动在人实现自己的幸福与国家的幸福过程中的作用。弗格森更是坚持,比起财富、人口,人的品质更能促进国家的幸福,他进而指出,平静、非对抗不是国家幸福的重要因素,而对抗、烦乱、分歧、争论对国家幸福来说是尤为必要的。

对于弗格森来说,充满激情、活力的行动(action)具有非常重要的意义。人类是一种永不安宁的生物,他们试图努力改进环境、改变或修正一些景观,或者参与各种冒险活动和竞赛活动等。人类只有在活动和努力中才能充分实现自我,人的努力是社会发展和文明进步的基础,是人类幸福的基础。弗格森对人性及人的历史分析的主要结论是"人被创造出来不是无所事事的",③ 行动与过程比结果和目的更为重要。弗格森对人性的理解正是从其积极的本性以及社会中人的交往本性来展开的,他认为人类积极、奋斗的一面往往是为了生存斗争而存在的,但是,最能展示人类能力的不是在应对物质挑战、追求财产的过程中,而是在应对社会挑战不懈努力的过程之中。从弗格森的个人经历看,在他的一生承担的角色有学者、牧师、战士、外交家等,无不体现出他行动家的特色。比如说,在政治上,弗格森更愿意把人视为积极的参与者而不是旁观者,因为政治自由、政治美德是积极活动的产物。弗格森说:"上帝为人类安排了更为高尚的事业,正是在诸如此类的事业中,人类才最有可能获得并保存美德。一个朝气蓬勃的人的习惯是在与困难作斗争的过程中形成的,而不是在享乐安逸中形成的。洞察力和智慧是阅历的结果,而不是在退隐和休闲中吸取的教训。热情和慷慨是一个因自己着迷的事业而亢奋,而受到激励的人的素质,而不是思考和知识的

---

① 曼德维尔:《蜜蜂的寓言——私人的恶德,公众的利益》,肖聿译,中国社会科学出版社 2002 年版,第 206 页。
② 大卫·休谟:《人类理解研究》,关文运译,商务印书馆 1987 年版,第 12 页。
③ Adam Ferguson, *An Essay on the History of Civil Society*, ed., by Fania Oz-Salzberger, Cambridge University Press, 1995, p. 199.

赐予。"①

因此，在弗格森看来，行动的倾向、对分歧的爱是人类的普遍倾向，在野蛮社会中人们是猎人、赌徒和战士；在古典政体中人们是战士和政治家②；在现代国家中，人们拥有全能的公民品格、政治技能和军事勇气。人类的心理、天生的男子气概、原始部落的规则、古代和现代社会的历史，所有这些都促使弗格森坚信：人类是好动的。弗格森甚至认为，"罗马的灰飞烟灭不是因为缺乏伟大的人物，而是因为其人民腐化堕落了"。③ 换言之，罗马的覆灭是由于公民道德的腐化，即国民们的"阴柔气"，表现为丧失积极参与政治、公共事务的热情等。在《文明社会史论》中，弗格森把幸福描述为一个依靠积极的、勤奋的心灵的行动原则，即为了获得幸福，人们必须有所作为，而不是无所事事。由于人们的积极行动，一个民族就向前发展、富有进取心、创造力，反过来，由于人们的懒散、无所事事，一个民族将走向衰落以致灭亡。行动的需求和欲望对于人类和动物来说是共同的，但是对于人类来说，这种需要和欲望具有其独特性，即具有社会性的特征。人类的努力是政治和社会的基础，然而人类的野心、贪婪等动机将会摧垮政治结构和削减自由。尤其需要引起我们注意的是，在现代社会，对于安全和健康的需要和过分关注将导致身体上的懒散和政治上的怠惰，导致国民的腐化和国家的衰败。

弗格森激烈地批判商业社会带来的懒散之风：商业社会将会消解人们的行动，威胁积极的政治美德，商业社会的精神将与"积极的追求"背离，不是因为它刺激人们积累财富和迷恋奢华，而是它产生身体上及政治上的懒散。与休谟和斯密不同的是，弗格森的政治理念是建立在对"阴柔气"、经济上的自利和政治上的冷漠的批判之上的。弗格森说："当我们想到歇息或无所事事在很多程度上是普通人的目标时，当我们

---

① 亚当·弗格森：《文明社会史论》，林本椿、王绍祥译，浙江大学出版社2010年版，第285页。
② 弗格森在《论政治家和战士》"Of Statesmen and Warriors"一文中详细地论述了古代政体中政治家和战士身份的合体及其重要意义。详见："Of Statesmen and Warriors", in Adam Ferguson, *The Manuscripts of Adam Ferguson*, ed., by Vincenzo Merolle, Pickering & Chatto, 2006, pp. 33–42.
③ Craig Smith, "Ferguson and the Active Genius of Mankind", in Eugene Heath and Vincenzo Merolle, ed., *Adam Ferguson: History, Progress and Humannature*, Pickering & Chatto (Publishers) Ltd., 2008, p. 166.

想到他们经常构建政府模式不仅仅是为了避免不公正，避免犯错误；而且是为了防止人们蠢蠢欲动、过于好事时，当我们想到为了阻止人们作恶而设立的障碍将使人们无所事事时，我们有理由为普通人的政治改良感到担忧。"① 对于弗格森来说，政治美德是一种有意识的积极参与，他坚持，在一个生机勃勃的国家里的人们应积极参与国家的事务，而不是仅仅关注私人领域，对公共事务漠不关心。弗格森指出，休谟、斯密等以追求国家的政治宁静为目标的意图是危险的。弗格森则特别强调人类社会的活力，认为不管是人们之间的日常争执还是战争，都是国家活力尚存的体现。他还指出，好争执、有活力是现代社会好公民的重要标志。同时，要使自己具有美德，人们必须使自己有资格、有意愿成为积极的角色。

对于弗格森来说，人类天生就是好动的，行动是人的组成部分和重要特征。然而，仅仅是好动，还不是人与动物的主要区别，在某种意义上，所有的生物都具有这种倾向。弗格森指出，人类较其他生物更具好动性，而且人类还有追求卓越的倾向（发展法则），这是人在本能上区别于其他动物的重要方面。因此了解人性的关键是要理解人区别于其他动物的积极进取的活力、对完美的渴望，这促使人们去发明、设计和对事物作判断。人类拥有动物的本能，但是人类同样拥有思维的特征、想象的能力以及为了追求发展和道德完善的目的和欲望。通过观察和事件获得知识的途径是积极的努力运用的结果，就像身体的力量一样，精神的力量也是实践的结果。积极的参与公共事务改善了人类的精神能力，赋予人们追求目标的永恒动力。用弗格森的话说，"人类永远处在完成目标的路上"。②

本章小结

对于人性问题的探索是弗格森伦理学的逻辑起点，也是贯彻其中的

---

① 亚当·弗格森：《文明社会史论》，林本椿、王绍祥译，浙江大学出版社 2010 年版，第 246—247 页。

② Adam Ferguson, *Principles of Moral and Political Science*, New York: AMS Press, 1792, p. 244.

主线。关于人性，弗格森强调两点。一是人性的"多样性"，即人不仅具有利己性，也有利他性；不仅具有理性，还有出于本能的激情；不仅有自我持存的倾向，还具有联盟、分歧的倾向。二是社会性是人的根本属性，是人性的主要方面。他指出，虽然自利在商业发展、现代市场社会形成的过程中有其正面意义，但是，社会性是人性的主要方面，真正的快乐是仁慈、利他的结果。弗格森正是以他对人性的这些认识为前提展开其伦理学体系的，故本章的内容亦是本书研究的理论基础。

弗格森关于人性、情感的"富有想象力的重建"，在苏格兰社会历史上具有转折点的意义，不仅被视为苏格兰独立地位丧失在情感上的补偿，而且还被认为是市场经济发展过程中的矫正方法，有助于纠正市场中情感的荒芜、功利主义、理性主义和个人主义等损害"社会性"进而损害公共的、公民的、民族的生活的负面因素，[①] 但并不意味着弗格森完全否定自私情感的作用。弗格森不赞同休谟、斯密用同情心来分析社会行为，反对对人类社会自然史的"猜测"。弗格森强调，道德的完善是一个过程而不是终极目的。弗格森遵循斯多亚学派的道德完善的路径，即道德完善包括两个层面：一是现实的或公民美德的层面，即我们日常的道德实践；二是体现在我们谋求与造物主的观念相一致的永恒追求之中。这两个层面分别是本书第四章和第三章探讨的主题。

---

① Lisa Hill, *The Passionate Society: The Social, Political and Moral Thought of Adam Ferguson*, Springer, 2006, p. 13.

第三章　自由意志与上帝

在伦理学上，自由意志（free willing）是一个古老且极具争议性的问题之一。人是否拥有自由意志？自由意志对人意味着什么？上帝与自由意志的关系如何？可以说，对自由意志的探求，不仅是人全面"认识自己"的根本性问题，也是对人之伦理进行研究的重要基础。弗格森指出："人，不管是从积极本性的角度、还是从社会性倾向的结果考虑，尽管彼此之间在沟通和交往上具有优势，然而他也仅仅是生命系统中的一个种类而已。"[①] 人与生命系统中的其他植物、动物在外在的现象上是共同的。人与其他动物的区别主要在于智力或精神、自我意识等，[②] 而且"人意识到自己在众多对象之中作出选择的能力，同时也意识到在任何特定情况下做出的选择的考虑"。[③] 换言之，意志、选择是人与动物的根本区别，是"人性"区别于"动物性"的一个根本体现。然而，如果上帝无所不知，那么上帝一定能预知未来将发生的一切，包括每个人的行为、意志。如果是这样，那么人类决定自己未来行为的想法（即人有自由意志）就必定是一种幻觉。然而，如果人没有任何自由意志，只是上帝手中的一个被动的工具，那么上帝创造这个世界、创造人类的意义何在呢？正如约翰·斯麦尔所言："与哈奇森把意志和欲望混淆不同的

---

① Adam Ferguson, *Principles of Moral and Political Science*, New York: AMS Press, 1792, p.48.
② Ibid..
③ Ibid., p.152.

是，弗格森首先把自由意志作为道德科学的主题和基础。"[1] 事实上，弗格森正是以自己的方式（即社会进步的自发秩序理论）从各个方面对自由意志进行了深入的探讨。在弗格森那里，社会进步不仅仅是人类从野蛮时代到现代、再到将来的发展过程，社会进步更是一种理性不能设计和预见的过程，社会进步很多时候取决于人的自然倾向等情感因素。鉴于此，本章将在弗格森的理论体系内探讨自由意志与上帝的关系以及在社会进步的过程中人的能动性与自发秩序的关系。

第一节 自由意志、选择和责任

一 自由意志及其思想沿革

弗格森说："道德哲学是关于应然的知识，或者说是运用那些理应决定自由意志下的行动者之选择的规则。"[2] 换言之，人作为道德主体，总是依据一定的规则自主地作出"应该"或"不应该"的判断，并据此权衡作出相应的道德选择。弗格森认为，人作为一种理智的存在物，其意志应当是自由的，人类在自由意志的指引下能够正确的运用自身的机能[3]（function）。作为有智生物，人类有其清晰的自我意识，还有反思自身的行动和情感，并在许多倾向和情感中作出选择的能力。人是一种活动的动物，但与其他活动的动物不同的是，人有智力或者说辨别的能力，评价善恶的能力，还有选择的自由。[4] 可以说，正是这一点是任何无反思能力的动物望尘莫及的，因为所有其他动物所能做的往往只是依欲望而行动罢了。

显然，自由意志的提出对于伦理学具有非常重要的意义，它意味着作为伦理主体的人类真正开始了自己有尊严的生活，开始意识到自身拥

---

[1] John Small, M. A., *Biographical Sketch of Adam Ferguson*, Edinburgh: Neill and Company, 1864, p. 51.

[2] 亚当·弗格森：《道德哲学原理》，孙飞宇、田耕译，上海世纪出版集团2005年版，第4页。

[3] Adam Ferguson, *The Manuscripts of Adam Ferguson*, ed., by Vincenzo Merolle, Pickering & Chatto, 2006, pp. 49–50.

[4] Adam Ferguson, *Adam Ferguson: Selected Philosophical Writings*, ed., by Eugene Heath, Imprint Academic, 2007, p. 132.

有的权利和承担的责任，开始领会到生命的真正意义所在。更为重要的是，自由意志的确立使得伦理关系获得了本体论意义上的基础，从而使道德评价、道德责任有了内在的依据。可以说，人的自由是伦理推理的前提，人是地球上唯一不是盲目地和本能地遵循自然规律的动物，而是依自己的意愿自由地选择遵循规律的动物。而要理解自由意志，就要先弄清自由是什么。古今中外对于自由的理解非常庞杂，但归纳起来大致可以分为两类。第一，自由是对必然的认识和把握。在西方，古希腊的赫拉克利特首先把自由与必然联系起来，认为只有符合"逻各斯"的行为才是自由的，这里的"逻各斯"主要是指必然规律。以后的许多哲学家，如斯宾诺莎也坚持了这一解释路径，他提出并论证了"自由就是对必然的认识"的著名命题。在他看来，自由和必然并不矛盾，认识并自觉顺应必然就是自由。不管人愿不愿意，人都被自然必然性所决定。当人自觉地顺应自然时，便是自由的，否则就是不自由的。马克思主义认为，自由是指人认识了事物发展规律并自觉地运用到实践中，即自由指对自然的认识和对客观世界的改造。第二，自由是不受客观所决定的人的存在，换句话说就是，自由是一种"由己"的状态。例如柳宗元《酬曹侍御过象县见寄》中的诗句"春风无限潇湘意，欲采蘋花不自由"中的"自由"就是指由自己做主，不受约束、拘束的意思。综上所述，自由就是能够按照自己的意志思考，以及按照自己的意志做出符合必然规律的行为选择的状态。

　　因此，自由意志主要是指人类所特有的，能够从各种对象中作出自主选择的能力。人有自由意志就意味着拥有了这样一种权能，即他们可以把意愿什么和不意愿什么完全置于自身的意志之下，并且根据自己的意志而不是任何他人的意志，自主地作出行动和选择。从根本上讲，自由意志还是人类天生的能力和冲动，是人类区别于其他动物的一个类本质。因此，在自由意志概念本身内，当一个人必须做出选择时，他面临两个或更多的可能，而且每种可能对他都是开放的，他可以选择任何一种。所以，在做出道德选择的情况下，一个行动者可以自由地选择做正确的事，或自由地选择做错误的事。

　　自由意志观念的发展经历了漫长的历史：自由意志问题一直是哲学

和神学所争论的一个中心议题。古希腊就已经有自由意志思想的萌芽，如柏拉图认为人的灵魂由三部分构成，即理性、意志与欲望，其中理性控制着思想活动，意志控制着合乎理性的情感，欲望支配着肉体趋乐避苦的倾向。柏拉图指出，在灵魂的三部分之中，意志主要表现为激情、愤怒等。一个人的意志如果合乎理性，并有效地控制欲望，那么他就是正义的；反之，如果一个人的意志不听从理性，而服从了欲望，那么他就是不正义的。可见，柏拉图关于灵魂三部分的分析中实际上就隐含了意志的服从与不服从的问题，即自由意志问题。伊壁鸠鲁则认为，构成人类灵魂的原子在运行方式上除了垂直运动外，还具有脱离直线做偏斜运动的可能性和偶然性。正是这种"偶然性"表明人的行为有可能摆脱命运的必然，获得意志和选择的自由。在伊壁鸠鲁看来，单纯的必然性必将取消人的道德责任。他认为，人应当是自由的，唯有如此才能对其行为进行道德评价，他也才有相应的道德责任。晚期希腊的斯多亚学派承认宇宙是由必然所支配的，所以在宇宙面前，人根本没有任何自由可言，只能服从自然规律。但是，他们同时认为，遵循自然规律，并不意味着必然要服从社会现实，尤其是一个不合理、不公正的社会。可见在他们那里，在社会领域中人类并不是完全受制于必然的支配，毫无自由意志的，而是有一定程度的选择自由，正是这点自由使得他们能够不屈服于不公的社会现实，维护了人类的人格和尊严。

　　在中世纪，自由意志与基督教神学结合在一起。实际上，基督教在一定程度上是相信人有自由意志的，并将人类的一切不良行为归因于自由意志。在基督教的历史上，最早明确提出并论证自由意志思想的是经院哲学家奥古斯丁。奥古斯丁的自由意志是与其"原罪"观念紧密相连的，他指出，人类因为滥用了自由意志、背离了上帝而犯下原罪。因此，人类犯错被上帝责罚，不是上帝的错，而是人类自身的错。因为，上帝在造人的同时赋予人自由意志，上帝已经把从善或作恶，即是否服从上帝的权利交给了人类。但是，人类的始祖却滥用了上帝赋予的自由意志而犯下了原罪，因此，人类应该为自己的所作所为负责。显然，在奥古斯丁看来，如果人没有自由意志，那么就无所谓罪孽与善行，而上帝出于正义创造了世界和人类，并赋予人类自由意志。这样，人类就获得了意志的自由，他既可以选择从善，也可以选择作恶，人类必须为其选择负责。可见，奥古斯丁从基督教教义出发，明确提出人类滥用自由意志是罪恶的原因，并在罪与责之间找到了伦理的根据。奥古斯丁同时指出，人类虽然由于原罪之故而不得不生活在尘世之中，但人类仍可以通过自身的善行和上帝的恩典获得救赎和幸福。

与中世纪不同的是，文艺复兴时期随着自我意识的觉醒，人们越来越关注现实的幸福生活，而不是虚无缥缈的来生。此时，自由意志的问题再次成为人文主义者和宗教改革者讨论的主题。其中，人文主义者猛烈抨击教会所宣扬的禁欲主义，主张人应该从对神的依附中解放出来，成为独立的、自由的、有尊严的主体。人文主义者大多否定人天生就有"原罪"的观念，而对人性持较为乐观的态度，他们肯定了人的自由意志，鼓励人们勇于追求自己的理想和幸福的现世生活。相反，宗教改革者如马丁·路德，对人性抱极度悲观的看法，因此否认自由意志，并认为人类不能通过行善而获得救赎。在他那里，人的本性是邪恶的，而且邪恶的人是不能通过自我的努力获得救赎的。可见，路德完全否认自由意志，他认为，人的意志是不自由的，完全被罪孽所捆绑，是一个纯粹的被动状态。由此路德得出：没有自由意志的人，他们所作的一切努力都是徒劳无功的挣扎，带来的都只能是不断的失败和无穷的绝望。所以，无力自救的人唯有通过接受上帝的恩典，才能获得拯救、走向新生。如何才能接受上帝的恩典呢？这就是他所主张的因信称义。路德认为，人类唯有通过信仰，接受上帝和基督的恩典，才能摆脱罪孽，涤荡心中的恶念，这样，人的整个生命体就发生了彻底的改变，人才能得到真正的自由和幸福。

二 自由意志与选择和责任

从某种意义说，道德之根本问题就是人的自由意志的问题：道德要求来源于道德主体内心的意志，道德行为的践行依赖于道德主体的意志，道德责任的承担以道德主体的意志自由为前提。自由意志意味着道德主体自主地作出道德选择和按照这种选择采取相应的道德行为的能力。自由意志就在于按照最高的道德要求行动，是实现道德至善不可缺少的前提因素，而实现道德至善又是人类自由意志追求的终极目标。

弗格森认为，意志是基于自由决定之意愿的行动。而且，无论是否出于自愿，决定都可以是自由的。我们得以作出选择的动机，并不有损于我们的自由；因为由动机而来的行动并非对我们的强迫，而是自愿的、志愿的和自由的，在任何行动中，它们都是同义词。[1] 换言之，从根本意义上讲，人有意志上的自由和选择的自由。弗格森说："人类对自己选择目标的能力有清醒的意识，同时在任何特定情况下，人类对其所作的决定有充分的考虑"，[2] 而且人类习惯于坚持其所不愿放弃的。可见，人是有自我意识的动物，自我意识是人与其他动物的重要区别之一，从根本上说，人在做出所有的选择时对自己即将做出的选择都具有清晰的意识，而不是由完全盲目的本能所驱使的。弗格森进而指出，甚至在某些特定的看似完全没有选择自由的情形下，实际上人类还是自由的，也就是说，人类自身或许局限于某一特定的情形，受特定的情况所限制，使其不得不选择所不愿之事，但是很显然他是能够意识到是否出于自己意愿的，而且选择其所不愿亦是基于自主的选择。可以说，在任何情况下，所有的选择都是基于自身的意志。同时弗格森指出，"那种认为无限的力量决定意志的运行，从而意志运行是不自由的观点是一种企图推翻人是有意识的这个事实的猜测论证"。[3] 可见，弗格森是反对决定论（宿命论）的，对他来说，在上帝面前人是有自由的，其自由意志的运行具有一定的独立性，而不是完全为上帝所控制的。可见，在弗格森那里，人有能力进行一种有意识的行为，而且有能力在各种可能性中进行筛选并作出自主选择。

道德责任的承担通常是以自由意志为前提的。自由意志与道德是紧密相连的，前者是后者得以可能的必要条件，又是道德责任承担的基础。我们通常认为，只有自由的、为自己所控制的行为才是我们为之负有责任的行为，超出我们自身能力、我们无法预见、控制的行为是不需要为之负责的行为。但是，根据一种决定论观点，人类的一切行为都是

---

[1] 亚当·弗格森：《道德哲学原理》，孙飞宇、田耕译，上海世纪出版集团2005年版，第34页。
[2] Adam Ferguson, *Principles of Moral and Political Science*, New York: AMS Press, 1792, p.152.
[3] Ibid., p.154.

不自由的，我们所作的一切都是注定的、必然如此的，我们不能做出与我们实际所做的不同的事情。在决定论者看来，所有事情都受一种必然性所指引，它们的发生、发展或消亡都具有绝对的不可避免性。他们指出，通常人们作出一个决定，实施一个行为是由其自身的需求、好恶、认识、判断以及一定环境所共同影响下促成的。换言之，一个人做出任何一个选择都是以一定的现实条件为前提的，而这些条件中所有的主观条件和外部环境，使得这个人在特定的场合中的特定行为成为一种必然。可见，在决定论者看来，人的任何选择、行为都具有必然性、不可避免性。他们往往赋予某个超自然存在物全知全能的属性，按照他们的说法，由于这种存在物创造了世界万物和人，而且它通晓过去、现在和未来的一切，因此世界上的一切事物都可以被认为是注定如此的、可以预知的。人的一切都是被决定的，人对于自己或他人的所作所为完全没有决定权，因为全能的造物主已经预先规划了、预定了的。人没有任何自由意志可言，即使人有选择的可能，他的选择也是被决定的，是造物主预定秩序的一部分。弗格森说："任何人都知道，如果他受阻或受制于强力，他就没得选择，也就不用为后果负责。"[1] 因此，在宿命论者那里，既然人没有选择的自由，那么他就不必为其恶行承担责任。对于宿命论者以人的选择、行为之必然为由推出"人不应为其恶行负责"的观点，弗格森持严厉的批评态度。他说："有一句格言：任何结果都有一个原因。但对于自由意志和选择自由这个问题，此格言并没有带来新的阐发。这句格言本身还没有以下事实更为人所知晓，即意志是自由的，真理就是一个东西与另一个东西的一致。对自由的意识曾被认为是幻觉，但任何结果都有一个原因的格言又何尝不是一种幻觉呢？如果我们说这一格言是必然的真理，如果我们充分认知它，事实或许是对的。结果是与原因相关的，他们是紧密相连的，但是或许存在没有任何永恒存在的原因的结果，正如没有任何原因但意识是自由的。"[2] 这里弗格森指出人拥有自由意志是不证自明的，因此人必须为自己的选择和行为负责。然而，人的选择存在正确选择和选择不当两种情况，而选择不当有

---

[1] Adam Ferguson, *Principles of Moral and Political Science*, New York: AMS Press, 1792, p. 156.
[2] Ibid., p. 153.

时会带来许多负面效应。对此,弗格森指出全知全能的上帝能够控制、弥补自由选择所带来的可能的恶。"在上帝的治理下,绝对恶的东西不会降临这个世界,因为不管自由带来哪些可能的结果,都是可以补救的,而有智的生命拥有自由是永恒的善。"① 显然,弗格森不是持决定论的立场,或者说至少不是严格的决定论,至多只能说是弱神学决定论。也就是说,在弗格森那里上帝是全知全能和至善的创世者,世界上的任何事件都是由上帝决定的,但是上帝不是直接干预人间的,世界是设计的结果,人类事务中的秩序是这种设计的直接结果,造物主是通过设计秩序来管理人间的。在这种情况下,上帝只是为人类确定一种秩序,人类在上帝的谋划下拥有一定的自由意志、有作出自主选择的能力和自由。

弗格森说:"如果人类一定会犯错误,那么他们的错误以及美德都是有选择的。"② 我们可以看到,弗格森认为人人都可以认识到自己是自由的,可以阻断外部环境的干扰而承担自身行为所产生的道德责任。那么既然他认为道德责任的主体具有绝对的自由意志,那么是行善还是作恶就完全取决于个人自由意志的决定,换句话说人必然应该为自己的行为承担道德责任,因为人具有自由意志。也就是说,"他所承担的角色是出于他自身的意愿,他为自己所做的选择负责"。③

自由意志决定了人有选择的自由,而行为选择的自由,决定了人应当承担相应的道德责任。因而弗格森认为,人应该对其行为负有责任,人能对自身行为的成功与失败自行承担责任,能对其个人的、社会的乃至政治的生存自行承担起责任。进一步讲,人是行动与放弃的主体,他也会被他人牵入责任之中,因而社会责任是以行为者的自我责任及主体特征为前提的。就行为者自行负责的一种行为,行为者确实得承担起所做行为的责任,确实得为此作出解释,即得说明行为的一些理由,或因行为而受到责备。这些理由不仅指的是行为者在行为前就已经或多或少明白的,或在行为过程中才明白的,且指的是那些导致行为成功与失败

---

① Adam Ferguson, *Principles of Moral and Political Science*, New York: AMS Press, 1792, p.155.
② 亚当·弗格森:《文明社会史论》,林本椿、王绍祥译,浙江大学出版社2010年版,第288页。
③ Adam Ferguson, *Principles of Moral and Political Science*, New York: AMS Press, 1792, p.152.

的原因。人的行为是可认证的，是作为一种有意识及意愿而实施的，无论是做或放弃都是有其相应的道德责任的。确实，自由不是放任自流，自由即责任，行为自由与责任同在，有责任才有行为自由。

总之，行为主体的行为选择，自由意志与道德责任存在着非常紧密的内在联系。一般来说，一个人是否需要承担自己行为的道德责任和其行为选择有关，而这个人的意志是否自由又是他作出行为选择的前提和条件。所以自由意志既是行为选择的条件，又是行为主体承担道德责任的前提。因为，任何人作出的道德选择都是基于自身自由意志的结果，而且任何人作出道德选择既是理性反思的结果，又反映了行为主体内在的情感、意志等精神活动。

第二节 关于上帝的知识

可以说，自由意志的问题实际上是实践理性的问题。如果说理论理性关注的主要是人的认知能力，指出理性的界限，那么，实践理性探讨的则是意志问题。知识讲的主要是认知主体如何把握外部客观世界的问题，意志则主要讲的是如何引导理性以诉诸自主自觉的活动问题。知识探究"是什么"的问题，意志解决"应该是什么"的问题。而且，在很多时候，知识并不能很好地确保美德和善行，而意志则能确定善的意向、仁慈的行动。所以，为了道德起见，弗格森预设了上帝存在和灵魂不朽，并且以此为前提展开其社会进步自发秩序的理论体系。

一 上帝存在的信仰

在弗格森看来，"上帝存在的信念是普遍的"[①]，人人心中都有一个"上帝"（表现为上帝、神、天等）的观念，也就是说，在人的信念之中最根本、最普遍的莫过于对上帝的信念，所有的民族、人民都有自己心中的上帝，上帝把其观念撒播在每个人的心里，世界上没有无上帝观念的种族和人民。可以说，在一定程度上宗教的本能存在于每个人的心

---

① 亚当·弗格森：《道德哲学原理》，孙飞宇、田耕译，上海世纪出版集团2005年版，第57页。

中。无论如何看待上帝，人心中对上帝的需要却是一致的，我们甚至可以说宗教（信仰）的本能是人类区别于其他动物的一个重要特征，正如伏尔泰所言"即使没有上帝，也要创造一个上帝"。既然承认了人的宗教本能，就不应怀疑上帝的存在，为此，弗格森对怀疑论者进行了激烈的批判，他说："怀疑论者的吹毛求疵并没有贬低这一信念的普遍性。"①

与理性主义哲学家不同的是，弗格森把他的信仰建立在对经验世界的推演之上。弗格森继承了培根开创，经霍布斯、洛克、贝克莱、休谟等发展的英国经验主义的传统，其思想具有浓厚的经验主义色彩，他同样主张人类的知识来源于感性经验而不是理性的反思，并以经验的方式来探求上帝的问题。应该说，相对于法国启蒙家，苏格兰启蒙思想家对宗教较为宽容，他们将理性知识和神学信仰划定界限，指出二者互不干涉、相互独立。弗格森进而指出上帝是不证自明的，"论证既不能用来证明，也不能用来反驳，我们应该始终相信自然已经决定的一切"②，正因为上帝存在的信仰是普遍的，存在于各种不同的文明之中，因此这样一种信仰对人类来说是自然的、与生俱来的。用弗格森的话来说，"上帝普遍存在之信仰，不依赖于任何时代或民族特有的情形，而必为人的自然之结果，或为每时每地人的生存境况之启示"，"我们的信念只能在我们的自然倾向上找到解释，而不能归因于任何其他理由"。③ 弗格森进而从自然中终极因的存在直观地得出上帝存在的结论，他说："人的自然，可从果的表现来感知因，可从手段到目的所发生的一切中感知谋划"，"在我们的知识所及之处，自然乃为终极因的体现"，"终极因可被认作是上帝的存在借以展现给人的语言"。④ 由此可见，在弗格森那里，上帝存在这一信念的基础是终极因的存在。

然而，需要指出的是，弗格森对上帝的信仰是建立在上帝存在的基础上，而不是圣经的权威之上，而且他的信仰与基督教始终保持着一定的距离，从某种程度上，他与基督主义渐行渐远：否定《圣经》的权

---

① 亚当·弗格森：《道德哲学原理》，孙飞宇、田耕译，上海世纪出版集团2005年版，第57页。
② 同上书，第58页。
③ 同上。
④ 同上。

威；抛弃加尔文教义中福音依赖于上帝恩惠的思想；完全抛弃罪孽的概念，甚至公开批评传统的宗教等。应该说，尽管弗格森所受的神学教育是基督教的加尔文主义，实际上他理论上更倾向于自然宗教。很显然，弗格森所有神学理论的结论不是源于造物主和宗教的教义，而是源于自然的事业。在他看来，"真正的宗教在于对自然的探究，通过对自然的研究引导我们以一个通过物质因素（physical causes）产生影响的睿智的上帝来代替吓唬或糊弄无知者的鬼怪"。①

学界在弗格森神学思想上一直存在较大争议，如有人认为他是自然神论者，或者对逝去的基督教失望，由此指出弗格森整个理论体系与他的基督—斯多亚双重信仰是密切相关的。有人则认为弗格森在本质上是世俗的、物质主义的，换言之，尽管弗格森表面上是虔诚的，但在实际上他却是现实的，而且这种表面的虔诚只是为了出版的需要以及为了避免与读者之间的疏离（因为当时宗教信仰在读者中相当普遍）。笔者以为如果说他的虔诚仅仅是表面的，也很难说他只是为了自保（即出版的需要、避免与读者的疏离）。相对说来，笔者更倾向于第一种观点。也就是说，无论如何，弗格森的理论体系很大程度上是依赖于设计（上帝的谋划）的法则和自然的目的，即有鲜明的宗教维度。显然，要明确指出弗格森的神学立场不是一件容易的事情，他的理论始终处于变换之中。需要强调的是，弗格森的理论体系是相当庞杂的，有时甚至是模棱两可的，不明确的，而且弗格森也没有一个完整、统一的神学体系，而是分散在他的各种论述之中。但是，如果我们试图整理这些神学思想的碎片，我们将发现：在宽泛的意义上讲，他的神学可以说是一种基督—斯多亚主义②的，但具体说来又是牛顿主义与亚里士多德主义（对因果关系的关注）的结合。的确，弗格森和斯密、休谟一样，都痛恨和批判宗教的偏激和迷信，但是相对于后者，

---

① Adam Ferguson, *An Essay on the History of Civil Society*, ed., by Fania Oz-Salzberger, Cambridge University Press, 1995, pp. 89 – 90.

② 弗格森基督主义的一面体现为完美主义、公开宣称创世、设计、自由意志的原则，把美德归于善、基督的爱等；其斯多亚主义的一面体现为自然神论、公民道德及相关美德、普遍主义，以及对哲学家的任务是发现自然法则的信念。

弗格森的立场则较为温和。比如说，尽管他辞掉了"黑色守望军团"的牧师身份，并且宣称再也不与苏格兰牧师有任何瓜葛，但他还是积极参与苏格兰教会中温和党的事务。因此，总体说来，弗格森神学的立场是温和的，反映了一种宽容的立场。在弗格森看来，意识到上帝道德上的完满性可以激发人类提升自身的人格，进而才能具有更加高尚的德性。换言之，弗格森更多的是基于道德的考量，即如果人们相信世界是一个有序的和谐系统，德性在其中有其重要的地位，那么人们就更有可能倾向于从善而不是作恶。

二 上帝的基本属性

弗格森在《道德哲学原理》中指出上帝的五个属性，即唯一（unity）、能（power）、智慧（wisdom）、善（goodness）、正义（justice）。[①]

弗格森指出，唯一性（unity）是上帝的第一个属性。显然，弗格森这里遵循的是典型的一神信仰[②]，即相信只有一个上帝。此外，还存在一种多神信仰[③]，即"不同的民族各自形成了他们关于神性的观念。在比较这些观念的时候，它们并不试图将之调和成对唯一上帝的信仰；它们构成了由多神构成的神系；诸神有其不同的属性，并在自然中各有其眷顾"。[④] 对于多神信仰，弗格森批判说："多神的观念是一种败坏。"[⑤] 纵观人类宗教发展的历史，我们不难发现人类宗教信仰崇拜是从多神崇拜到一神崇拜的发展变化的过程，唯一神教是人类宗教发展的较高形

[①] 亚当·弗格森：《道德哲学原理》，孙飞宇、田耕译，上海世纪出版集团2005年版，第59页。

[②] 所谓一神信仰就是相信世界上只有一个神（如上帝），除了唯一神之外就没有别的神。

[③] 多神信仰是与一神信仰相对应的，所谓多神信仰就是相信世界上有许多不同的神。古希腊神话是典型的多神传统，希腊人对神的信仰上也具有较大的自由度。在希腊人信仰的诸神中，除了主管天庭的宙斯，主管海洋的波塞东和主管冥界的哈得斯三位主神之外，还有天后赫拉，太阳神阿波罗，智慧女神雅典娜和爱神阿芙罗狄忒，等等。诸神构成了一个完备的谱系，每一位都有自己的权能范围，掌握某种能力或管辖某个领域。

[④] 亚当·弗格森：《道德哲学原理》，孙飞宇、田耕译，上海世纪出版集团2005年版，第59页。

[⑤] 同上。

式。客观地说，与多神信仰相比，一神信仰确实具有自身的特点和优势。①

上帝的第二个属性是"能"（power）。"能是第一因的属性；存在于万物的造者之中，不能以现存的任何事物来限定。"② 上帝是造物主，上帝创造了宇宙万物，上帝还按照自己形象造了人。上帝是立法者，也是执行者，上帝为人规定了一切：从思想、行为准则到生活规范，什么动、植物能吃，什么不能吃，等等。上帝创世永恒的活力在于：创世决非遥远历史上的一次事件，在此之后，上帝就消失了，任凭世界自生自灭；相反，上帝通过强大的精神力量和时而显现的神迹干预世界的发展，不断赋予它新的生命力，使世界永不停止地向前发展。换句话说就是，上帝的能不仅体现在上帝的创世上，还体现在上帝对现存世界的维系上面。

上帝的第三个属性是智慧（wisdom）。在弗格森那里，智慧是心智之属性，是对自然之主的智慧的信仰，是在对终极因的信仰中被给出的。"上帝之智慧通晓任一自然的知识，通晓不同自然之间的相互关系、相互依赖的知识，通晓对于个体和全体来说什么是至善的知识。"③ 换言之，上帝的智慧能够洞察世间的一切，包括世间万物以及人的思想和行为，它以全知来监察着世间万物的动态和人类的一言一行。同时，作为终极因的上帝的智慧还体现在万物的秩序上，上帝为世间万物制定了永恒的、完美的秩序。

上帝的第四个属性是善（goodness）。弗格森在《道德哲学原理》中指出上帝之善主要体现在以下三个方面。首先，上帝创造了"有感觉和理性的存在"。④ 因为没有这一点，上帝的善就没有得以发挥作用的对象，这些对象的数量以及他们必得的享有都是上帝之善的证明。其次，上帝"提供他们拥有的善的尺度"。再次，上帝"确立他们得以生存的

---

① 如一神信仰具有更强的适应性；一神信仰使宗教有更系统的宗教观念，有更严密的宗教组织，增加了信仰者的内聚力；一神信仰能够更成功地为人提供精神家园的功能等。详见黄云明、高颖《论一神信仰和多神信仰对文化的不同影响》，《云南社会科学》2005年第6期。

② 亚当·弗格森：《道德哲学原理》，孙飞宇、田耕译，上海世纪出版集团2005年版，第60页。

③ 同上。

④ 同上。

秩序。"① 因为他们的数量或享用不可能为我们所知;但我们所知的秩序与倾向可带来对普遍善的信仰。在弗格森那里,大善的上帝所创造的人类是一种混合的产物,他是善恶的混合体,而不仅仅是恶,善是人类重要的本性。因此,人类的善乃是上帝之善的显现,同时,人类之善还体现在对恶的排斥、远离和纠正上,即人类"抱怨在外部环境中或其自然及行为之中有恶存在"(包括"肉体上的恶"和"道德上的恶"),并且试图纠正恶。在弗格森看来,"若某人不能感知恶或缺陷,他将不会有改进的本原"②,而这与上帝之善是背道而驰的;同时,"若一境况无明显的恶待纠正,换言之,若不再有可获得的善,那它将会是死水一潭,这与人的自然相悖"。③

上帝的第五个属性是正义(justice)。弗格森说,"正义是智慧和善的结果"。④ 正如柏拉图在反驳色拉叙马霍斯"不正义比正义更有利"时指出的一样,弗格森认为正义是智慧、善,不正义是愚蠢和邪恶的。在他看来,这是因为正义者不苛求胜过同类,而努力超越异类;而不正义者既要胜过同类,又要超越异类。不正义者心胸狭窄、睚眦必报,什么都想超越别人,往往一事无成,这显然是无知的、愚蠢的、罪恶的。而且,通常情况下,不正义的人很难与他人合作,因而也很难获得成功;反之,正义之人依靠智慧、与人为善,容易在与他人的合作中获得成功。弗格森进而指出,上帝的正义主要体现在他对整体和部分关系的妥当处理之上,即"正义是公正和普遍的善,使任一部分服从于整体之善,并使整体有利于部分的维持;但排除任何有害于整体的部分享乐"。⑤ 也就是说,在处理整体与部分、公益与私利(尤其是发生冲突时)之间的关系时,通常要遵循整体高于部分、公益高于私利的原则,在必要时个体应该主动抛弃私利以满足公益的需求;同时整体、公益的增长要有助于部分、个体利益的实现和维持,而且后者的合理需求亦不

---

① 亚当·弗格森:《道德哲学原理》,孙飞宇、田耕译,上海世纪出版集团2005年版,第60页。
② 同上书,第61页。
③ 同上。
④ 同上书,第62页。
⑤ 同上。

可忽视。此外，上帝还依照正义原则来分配痛苦与快乐，即"就总和而成的整体来说，善心总是快乐的，恶意总是痛苦的"。①

三 作为宗教原则之基础的灵魂不朽之信仰

弗格森指出，灵魂不朽（immortality of the soul）是宗教信仰的基础。他首先区分了人的自然的两个方面，即"动物性自然"和"心智自然"，"源于身体器官的功能属于动物性自然，不源于任何器官的功能则属于心智自然"。② 在动物性自然上，人与动物之间没有太大的区别，有的只是表现方式和程度上的区别。而心智自然是人与动物的根本区别，这是具有"物种的意义上"的区别。蒙昧状态下，人注定只能依据观察和经验行事而无特殊的本能，在动物性自然方面，如力量、技巧等，人远远比不上其他动物。人优于动物的地方是他的"心灵"，即心智自然。人的心智自然主要体现在，人是有自我意识、有道德的生物，他知道是非之间的区别，知道神的存在，当他犯罪的时候，他知道罪的现实性。因此他的本性要求有一个赏善罚恶的来世生活。但动物根本没有这些属性，动物没有道德性。动物的行动从根本上是由直觉与习惯来支配的，它们有知觉，但无自我意识。因此，动物不是有思想的生物。其次，弗格森指出，动物的自然具有物质性，而心灵的属性与物质是完全不同的，具有非物质性；物质的东西是可灭的，心灵的东西是不朽的。他说："物质是可划分的、有惰性的，而心灵是不可划分的、主动的。"③ 由此，弗格森得出，作为心智自然的灵魂是独立于作为动物性自然的身体，因此身体的死亡并不意味着灵魂的覆灭，用他的话来说就是，"已逝的事实是指身体失去了活力，或不能够再保全心灵作为与身体完全不同的本性；而心灵作为不同的本性则可独立存在"。④ 因此，在弗格森那里，人的死亡是身体（natural body）的消亡，是身体与灵魂的分离，具有自我意识的灵魂依然存在。因而，灵魂乃是永恒存在的，不会随着肉

---

① 亚当·弗格森：《道德哲学原理》，孙飞宇、田耕译，上海世纪出版集团2005年版，第62页。
② 同上书，第52页。
③ 同上。
④ 同上书，第53页。

体的消亡而消逝。在死亡的时候，物质不可避免地分化解体；但是灵魂乃是一个属灵的实体，而非由不同的成分所构成，是一个不能分割、永不消逝的整体。弗格森总结说，代代更替是人类社会发展的必然，人的动物自然是注定要消亡的，然而，"精神的世界却可以永远毫无阻碍地扩展。人的理智自然的进步，并不限于人的一生"。① 在他看来，人类的精神（灵魂）具有脱离肉体永远存在下去的特性。

在人类社会漫长的发展历史中，大多数民族和宗教有关于灵魂不朽或灵魂转世学说。但是，理智和现实告诉我们，灵魂脱离肉体甚至不朽是不可能的，至少目前灵魂存在尚未得到有效的证实。然而，需要指出的是，对于灵魂不朽的预设具有某种必要性，尤其在伦理领域有其存在的理由。弗格森指出，对于灵魂不朽的"理解与关于上帝之善与正义的最合理的观念是一致的。使上帝创造万物的善，同样也可以使上帝永久地保全其有心智的子民"。② 人类的良知证实在宇宙间必有一位道德的主宰，施行公义。为了施行神的公义，来生是必须要有的。因此，弗格森指出，"解决一切有关未来的问题，都要从灵魂的本性入手"。③ 这是因为，在今世，有许多善未曾受赏，有许多恶未曾处罚，如果没有其他理由，那么上帝正义的要求就足以证明此事，否则，宇宙间的道德秩序即不正常。在这个世界，作恶的人一帆风顺、升官发财、享尽福乐；而行善的人反而两袖清风、家徒四壁、衣食堪虞、遭人奚落、受尽折磨。换言之，我们常见恶人凡事顺利，家道富足，应有尽有，明显比那些遵守主道的邻舍或朋友更亨通，从世界的眼光看来，这就是最大的不公平。在今生逃避公正刑罚的人，将要永远逃避刑罚，或义人永不得赏，这是许多人想不通的事。"人种的是什么，收的也是什么"，如果他在今世没有收获，那么，他在来生必定要有收获，这是天经地义、永不改变的真理，否则来生就是给各样放纵与罪恶大开门户。如果死了就一切完结，那么在今生的生活就是一种嘲笑，那么为自己不择手段，取得成功的人就算是最大的幸福者。显然，正义的上帝绝不会容许恶不受罚、善不得

---

① 亚当·弗格森：《道德哲学原理》，孙飞宇、田耕译，上海世纪出版集团2005年版，第63页。
② 同上。
③ 同上书，第53页。

赏，所有今生未全之事必在来世见分晓。因此可以推论，必有一个不同境况的来世，那时是非曲直必加调整，公平正义必定伸张。由此，弗格森总结道："上帝的支配是公正的；但是，人们对遍布的正义的本能欲望不能在他的一生中得到满足。因此，这样一种普遍的信念，即恶有恶报，善有善报，是在来世实现的。"①

灵魂不朽的一个重要意义还在于满足人们的道德补偿心理以缓解现实的"德"与"福"之间的矛盾。显然，在尘世中，很多时候幸福和美德是矛盾的，即行善之人反遭祸，为恶之人却享福。而就人性来说，拥有德性与享有幸福应该是一致的，一个人是否享有（或配享）幸福或不幸应该是以其是否践行德性为前提的，即有德之人享幸福，作恶之人受惩罚。然而，现世中却总是存在着许许多多德福不一致的"不应该"情形，这些情形的存在导致人们对道德失去了信心，对从善失去了勇气。那么，现世的不公、不平是不是就必然意味着无望的人们只能坐视冷漠，抑或弃善从恶、与世同污呢？如何弥补道德心理的伤痛呢？显然，在某种程度上，灵魂不朽和上帝存在可以修补德福之间的裂缝，抚慰人们心中的伤痛，勉励人们重燃德性的圣火。因为，如果有来生、有上帝，那么无疑就给了人们希望，即今生的从善，来世必得回报、必获幸福。虽然此生很多时候是难以实现这些愿望的，但至少可以给生活在此世之人以慰藉，从而使道德在现世中得以可能。因此，正如他的前辈沙夫茨伯里所指出的"没有什么比对未来的奖惩之软弱和不确定的信仰对美德更有杀伤力的。由于所有压力全都堆在这里了，假如这个基础不牢靠，人的道德就失去了进一步的支持或保障"，②弗格森同样看到了灵魂不朽的假设为人们坚持过德性生活提供的信仰基础。弗格森指出，"与肉身死亡的表现相反，人类灵魂一般被认为能脱离肉身，并被保留至接受未来的奖赏或惩罚状态"，③正义之人在今生和来世都能得到上帝的青睐，而不义的人必将受到上帝的惩罚。善有善报，恶有恶报，行善之人此生得不到幸福将在来世得到补偿，作恶之人今生逃脱的惩罚来世必遭

---

① 亚当·弗格森：《道德哲学原理》，孙飞宇、田耕译，上海世纪出版集团2005年版，第63页。
② 沙夫茨伯里：《人、风俗、意见与时代之特征》，李斯译，武汉大学出版社2010年版，第174页。
③ 亚当·弗格森：《道德哲学原理》，孙飞宇、田耕译，上海世纪出版集团2005年版，第63页。

其报。如此一来，人们的心理在一定程度上获得了平衡，他们就更加坚定行善的信念。关于德性与幸福之间的关系问题将在第五章进一步讨论，这里不再赘述。

第三节　社会进步的自发秩序、道德腐化及人的能动性

弗格森那里，趋于进步、完善是人类的本性，人类不仅倾向于改变，而且人之心灵有趋于伟大、走向上帝的倾向。他指出，社会进步（progress）是一个渐进的知识和思想不断增加的过程，是技能、习惯、艺术、能力、道德洞察力不断得到增益的过程，就算人类的历史不断面临变迁和中断，但它总是能够回到进步的轨道上来。不像个体的生命存在时间是有限的，社会、国家的生命没有一个限定的长度，而是不断得到更新，新的一代不断出现。[1] 同时，弗格森的社会进步是一个建立在欲望（体现为自我持存的倾向）基础上的自我教育，而不是一个"赎罪"的过程，是一个不断摆脱人类自然缺陷和无知的过程。这种通过社会进步抛弃原初无知的概念是对斯多亚主义的一种复古。伊壁鸠鲁认为，在上帝的指引下我们走向共同体的过程是不断获得知识的过程。弗格森则指出，我们从现代性的弊病中得到救赎不是得益于回到想象的黄金时代（如卢梭的自然状态），而是着眼于当下的社会进步，提升人们的道德意识。社会进步是人性的必然结果，也是弗格森伦理思想的归宿。需要强调的是，弗格森那里的"进步"包括工艺、风俗习惯、政治、法律体制的发展，并不仅仅局限于单纯的经济发展。可以看出，弗格森的"progress"有时指社会发展，有时指经济发展，即对英联邦的认同及英联邦给苏格兰带来的经济利益等。但是，"严格意义上讲所有的进步都是社会事件，都是社会进步"，[2] 因此，本书中的"progress"泛

---

[1] Adam Ferguson, *An Essay on the History of Civil Society*, ed., by Fania Oz-Salzberger, Cambridge University Press, 1995, p.199.

[2] Lisa Hill, *The Passionate Society: The Social, Political and Moral Thought of Adam Ferguson*, Springer, 2006, p.110.

指社会进步。

一 社会进步的自发秩序

社会进步的自发秩序思想是弗格森伦理学、社会学中的一个核心概念。自发秩序和"看不见的手"对于现代社会学的产生具有非常重要的意义。诚然，如前所述，弗格森不是第一位从情感的角度解释社会进步，即社会秩序源于人类的无意识行为。但是，弗格森对自发秩序的阐发无疑是具有非常深远意义的。自发秩序表明，社会的进步源于无数的个人无意识的结果，社会秩序体现了人类的集体无意识的结果，而不是某个个人。在弗格森那里，社会建构、社会进步不是人类有意识的计划和谋划，而是人类的本能、习惯等因素影响的结果。这种理论影响了后来的很多思想家，如黑格尔、涂尔干、哈耶克等。[1] 和哈耶克一样，弗格森指出社会秩序是未被指引的、无意识的、渐进的、必然的过程。弗格森并没有明确提出"自发秩序"的概念，他的说法是"人类行为的后果不是人类理性谋划的结果"。[2]

弗格森指出，野蛮时代的人不是依靠理性而是本能实现和谐生活的，他同时认为人类社会的起源也是如此，他说："社会形态不是人类深思熟虑的结果，而是人类出于本能而形成的。"[3] 因此，弗格森的解释路径与同时代的理性主义者和契约论者是完全不同的，弗格森抛弃了所谓的"契约""伟大的立法者"等，代之以社会结构、风俗、习惯等。人类的繁衍、家庭的产生和维持、劳动分工、语言、技艺的进步等都是个人行动的无意识结果。可以说，自发秩序的形成过程是由人性的法则所调整的，秩序和平衡是由所有混合的自然法则共同作用的结果，即自发秩序是由很多因素共同促成的，包括本能、短期理性、习惯、冲突、

---

[1] Lisa Hill, *The Passionate Society: The Social, Political and Moral Thought of Adam Ferguson*, Springer, 2006, p.101.

[2] Ibid., p.102.

[3] 参见 Adam Ferguson, *An Essay on the History of Civil Society*, ed., by Fania Oz-Salzberger, Cambridge University Press, 1995, p.119. 译文参照了中译本第139页。

敌视、环境、个人财富甚至是人类的缺陷等。① 在弗格森看来，看似任意、自我中心的个人行动组成了仁慈上帝的和谐谋划的一部分，并促进了人类的幸福。也就是说，正是各个独立个人的行动促成了人类社会的平衡和和谐。这里，理性主义启蒙被抛弃，通常被视为规则和法律的来源的伟大立法者的"明智"（wisdom）被内在于分散的、进化的系统中隐藏的智慧所替代。在人类社会的发展过程中，理性、有意的谋划只起次要的作用。理性、上帝的谋划仅仅在终极因的意义上具有意义，在具体的社会发展实践中乃是人类的行动起主要作用。在弗格森那里，自发秩序的一个最重要的特征是"未受指引性"②（undirected character），这里的"未受指引性"主要是指个体—精神（individuo-psychic）层面的，而不是最终因的层面理解的，在终极因方面，所有的一切都源于上帝的设计。换言之，对弗格森来说，"世界的秩序"是设计的结果，这一点与休谟指出的"整个世界"是设计的结果是不同的。

然而，苏格兰的思想家们共同打造的社会进步自发秩序理论在不同的学者之间存在着相当大的差异，这种差异主要存在于以休谟、斯密为代表的苏格兰的主流思想家和弗格森之间。休谟和斯密认为自利是人的一项基本权利和追求。休谟指出"人为的正义"源于人类的自利心而不是公共的善。斯密那里，自发秩序主要体现在他的市场经济运行过程中的"看不见的手"和自由放任理论。尽管他们都指出，除了自利之外，人还有仁慈、同情心等，但他们更加强调人的自利倾向以及以此为基础对私利的追求。显然，他们对现代商业社会是持基本赞同态度的。在社会进步的自发秩序问题上，苏格兰主流思想家们通常是遵循曼德维尔式的"私利即公益"的观点，即社会公益、社会进步不是个人有意设计的行动的结果，而是个人在追求自身私利的过程中实现的。而且，休谟和斯密主要是从经济的角度展开其论证的。

---

① Lisa Hill, *The Passionate Society: The Social, Political and Moral Thought of Adam Ferguson*, Springer, 2006, p. 104.
② 丽莎·希尔指出任何自发秩序都具有四个基本特征，即未受指引性；渐进性；不可避免性（必然性）；普遍性。详见 Lisa Hill, *The Passionate Society: The Social, Political and Moral Thought of Adam Ferguson*, Springer, 2006, pp. 56, 103.

与苏格兰的其他学者一样,弗格森同样认为社会的进步要经过特定的几个阶段,在这些发展阶段中,财富不断地被创造,财产关系相应得以建立。他说:"财产是一种进步,……对于财产的渴求来自经验,获得或增加财产所需的勤劳要求人们养成这样一种习惯:要有一种远大的目标,借此克服目前贪图安逸享乐的倾向。"① 正如斯密所指出的一样,弗格森也把私人财产的发展视为社会进步的产物,而他认为这种进步主要源于经验、习惯等因素。换言之,与其他社会机制一样,财产是无数个拥有各自不同目的的个人行动的无意识结果。但是,弗格森对曼德维尔式的论证方式持不同的态度。虽然弗格森并不否认人的自利性,也指出自利是普遍的,这是人性中自我持存的倾向所决定的,但是,他指出自利只是人性的一个方面而不是全部,他尤其反对商业社会中存在的只追求个人私利而忽视公益的现象。而且,弗格森认为只追求私利是国家腐化堕落的重要根源,将导致国家与民族的衰亡。② 诚然,在弗格森看来许多人的行动目的出发点无非自身及其财产的安全,但在每个人对各自利益的关注中,他们获得了政治生活的习惯,提高了生活旨趣,培育了仁慈、正直等美德。可见,相对于斯密的更多从经济意义上理解自发秩序的"看不见的手",弗格森并不把自发秩序局限于解释经济现象,而且更多的时候他是从社会、政治、美德、法律等方面运用该理论的。首先,弗格森以自发秩序来解释特定的政治建制、历史事件,如英国公民自由的发展、罗马帝国的衰亡等。③ 对于政治体制的建立,他说:"没有任何体制是经协商共同议定的,也没有任何政府是计划的翻版。……每一种形式的种子早已存在人性之中,季节一到它就发芽、成熟。某一种类的盛行往往来自于土壤中不为人知的成分。"④ 其次,弗格森甚至指出从长远意义上看,民族的进步和衰亡是其人民的无意识行动的结果,人民的品质对于一个国家和民族来说至关重要。再次,他还指出人类的

---

① 参见 Adam Ferguson, *An Essay on the History of Civil Society*, ed., by Fania Oz-Salzberger, Cambridge University Press, 1995, p. 81, 译文参照了中文版第 92 页。

② D. Kettler, *The Social and Political Thought of Adam Ferguson*, Columbus: Ohio State University Press, 1965, p. 143.

③ Adam Ferguson, *Principles of Moral and Political Science*, New York: AMS Press, 1792, p. 314.

④ 亚当·弗格森:《文明社会史论》,林本椿、王绍祥译,浙江大学出版社 2010 年版,第 139 页。

语言是社会结构的一部分,其产生和发展同样是个人无意识行动的结果。他说:"就语言来说,对语言学家来说需要花很多精力去研究,但对普通人来说则是在实践中所熟知的:最野蛮的部落,甚至是傻子,精神错乱的人都拥有这个能力。他们在童年很快就习得了这种技能","交往和语言是与人类同在的。"① 显然,弗格森关于人类语言能力的这种认识已经为无数的事实所证实。

二 社会进步与道德腐化

如前所述,弗格森指出社会秩序不是理性的有意计划和设计的结果,而是源于无数个体偶然的行动,它是一个进化的、未受指引的、渐进的过程。弗格森强调了社会机构产生的多源性,而否定了理性设计的作用。他明确指出,人类注定是不断进步的,这种进步是自然的、内在的。人类社会自野蛮到未开化再到文明社会的发展是一个自然的、普遍的发展过程。这种发展的形式是人性天生具有的,通过人类的动机和激情推动的。然而,尽管进步是必然的,而且在很多方面是有益的,但我们必须清醒地认识到,这些"吹嘘的文明"并不是没有危机的。看似矛盾的是,弗格森尽管认为社会进步是人类的必然,但他同样担忧文明时代(polished age)的社会进步,尤其是单纯的物质发展的一些负面影响。弗格森反复强调,发展过程中的"现代性"问题主要体现为政治上的涣散和"阴柔气":尚武等美德的丧失、国民无活力、公民从公共领域转向私人领域等。而且文明社会的发展还导致日益增长的专业化、享乐主义、军事扩张等问题。军事扩张导致集权主义、官僚主义和政治共同体的腐化。因此他指出人类要努力控制社会进步的副作用,修补社会进步给国家造成的损害(主要指公共精神的缺失)。

弗格森赞同亚里士多德小的城邦的公民最有可能过上幸福生活的观点,因为这样的国家国土大小适合大众参与政治社会以及培养其公共情感。但是,在幅员广大的国家中,国民之间的联系逐渐削弱、公共情感逐渐丧失,政府落入少数缺乏公共热情和政治激情的人手中,而且庞大

---

① Adam Ferguson, *Principles of Moral and Political Science*, New York: AMS Press, 1792, p. 43.

的国民不可避免地会形成广泛的懒散之风。弗格森同样担忧随着高度组织化、集权国家的出现将导致政治上的沉闷，表现为在这些国家中的国民往往逆来顺受，毫无生气。弗格森还看到，随着国家财富的增长和技艺的改进，专业化变得越来越精细、越来越广泛。专业化的出现不断地侵蚀着人性中可贵的品质，如市民的热情、社会性、道德共同感等。用弗格森的话说就是，"职业分工打碎了社会的纽带"。专业化同样会引起政治的冷漠和压抑人们的活力和聪明才智。人们关注的领域逐渐从公共领域转到了私人领域，特别是商业和制造业领域。人们变得远离那些需要付诸情感的公共事业，社会最终变成了支离破碎的个体。在弗格森看来，专业化中危害最大的是士兵的职业化，这种职业化将导致"公民"和"战士"的人格分裂。弗格森指出，政治和军事的涣散必然导致美德的丧失、公民的普遍无能。而在野蛮社会，公众之间像朋友一样，他们之间联系紧密，共同应对困难和威胁。在这种共同体中每个公民都承担着保卫共同家园的责任，而这种情感将进一步催生强化和保护共同体的重要纽带。当弗格森高兴地看到随着社会的发展个人自由不断得到提升的同时，对于社会发展给人们的道德品质，以及献身公共事业的热情带来的负面影响始终保持警惕。换言之，弗格森发现随着社会的不断进步，公民自由与公共职责之间却不断出现冲突。

总之，与斯密强调社会物质发展的进步观不同，弗格森更关注社会给人们提供实现道德潜能的机会。换句话说，弗格森在探讨人类进步时，更注重道德层面，而非物质层面。此外，他还指出，历史进步是人类行动的结果，而不是人类理性精心策划的结果。诚然，弗格森并不反对物质层面的工商业进步，但他指出这种进步必须要由美德来指引。这里，弗格森批判了斯密、休谟等人的物质利己主义，即认为现代经济能够完美地自我调节的观点。反之，弗格森则认为，任何社会，不管发展的程度如何，如果缺乏公民美德，都不能生存繁荣，而美德正是在物质发展的过程中逐渐被牺牲掉的。伴随着持续增长的专业化、差异化、个体化、私有化和解构化过程的现代性，不可避免地导致民族的毁灭。与同时代思想家不同的是，弗格森对联邦、经济发展所带来的长期效应始终保持警惕。他对未来的焦虑、恐惧，使他对古代斯巴达、罗马、希腊、苏格兰高地等的人与人之间联系紧密的尚武传统有一种怀旧之情。尽管在一定的意义上，弗格森对社会进步表示欢迎，但是他对于利己主义的考虑导致的仁慈等美德的丧失以及社会原子化导致的公共精神的陨落表示出强烈的抵制，他清醒地发现这些后果都是社会进步（尤其是单纯的物质进步）造成的。然而，对于公共精神缺失的担心不是弗格森的唯一关注，他同样敏锐地发现在社会发展的过程中不断滋长的理性的精打细算、官僚主义的精明、集权主义的计划对国家道德力量的致命影响。

三　自发秩序与自由意志

那么人类与自发秩序之间的关系究竟是怎样的呢？换言之，弗格森是如何坚持自由意志与他对永恒的社会法则一致的呢？对此，弗格森从目的论的意义理解自由意志，他的回答是，人类的进步是无限度的但也不是无目的；尽管在内容上各不相同，但在形式上是一致的，即人类社会的发展都要经历三个历史阶段（野蛮、未开化、文明），尽管会出现一些不一致或错误，这可归因于自由意志的运行与自然多样性的一致。尽管现实生活中恶是普遍存在的，但弗格森对人类社会的乐观却始终如一，这种坚持主要建立在他坚信"偶然性本身也是上帝完美的杰作"。[①]因此，可以说弗格森的社会进步观是一种先验目的论，人类历史是由上帝决定，通过人类自身的行动实现的。在弗格森那里人类的历史是一段救赎的历史，但有两个重要的条件：一是我们不是一个赎罪的过程，人类需要救赎的原因在于我们对自身知识了解的不足以及对于上帝谋划中我们自己角色理解的偏差；二是人类是自我救赎的，而不是通过上帝救赎。这里，上帝的"恩典"为人类的自我教育所替代。上帝为人类社会的进步提供了一个永恒的框架和赋予人类自由意志、选择、判断以及进步本能的原材料、原动力，所有这些激励并使得人类获得无限的进步。[②]

因此，弗格森的自发秩序可以理解为一种神学目的论（providential

[①] Adam Ferguson, *Principles of Moral and Political Science*, New York: AMS Press, 1792, p. 154.

[②] Lisa Hill, *The Passionate Society: The Social, Political and Moral Thought of Adam Ferguson*, Springer, 2006, p. 202.

teleology），在弗格森看来，人类不仅仅是上帝设计的结果；人类更是上帝设计的目的，上帝创世的最终目的是人的进步、卓越与幸福。诚然，在弗格森看来，我们的世界不是完美的世界、人类也不是完美的人类，但是，即使在种种缺陷和失败的情况下，我们依然可能取得进步、走向完善。[①] 弗格森赞同马可·奥勒留（Marcus Aurelius）"世界是一个单一的、封闭的、自调节的整体"的观点。在其直接因意义上，人类生活自发运行的原因在于人类理性力量是如此的脆弱，以致不能确保上帝目的的实现，因此理性退位了。正如弗格森所指出，人类在短期看来依照本性而生，然而人类又是"为了实现上帝仁慈目的的合适工具"，[②] 因此，从长远看来，人类能够通过一个道德完善的过程实现其与上帝意志合一的高尚目的，这是一种寻求伦理的善和"至上智慧"的目的。在严格的古典意义上讲，目的论的构想通常是指向作为永难企及的完美的上帝，而我们与上帝之间无限靠近而难以实现的一致则成为世界上所有行动和秩序的终极原因。

弗格森指出政治、道德等方面的进步与上帝没有"直接"的关系，仅存在终极因意义上的联系。弗格森认为历史的发展处处呈现"设计"（design）的痕迹，历史是一个智力的体系，不是任意的，而是有秩序的过程。人类的所有行动都有一个目的，而道德的完善是一个不间断的、渐进的过程，人类的理智注定是不断进步的、不断走向完善的。但是，上帝的谋划并不是通过其不断的干预来实现的，作为"神圣建筑师"（divine architect）的上帝仅仅是"第一因"（first cause），一个普通的上帝，赋予人类某些永恒的本能和倾向（甚至是缺陷）以确保神的设计蓝图不断地被呈现出来并付诸实现。也就是说，人类并不是永远处于被上帝创造出来时的状态，在被上帝创造出来以后人类获得了独立性，拥有了自由意志。正如人类的其他欲望一样，人类天生被赋予进步的本性。人类的独立性是与上帝的秩序相伴相随的。人类在知识、社会、政治上

[①] Adam Ferguson, *The Manuscripts of Adam Ferguson*, ed., by Vincenzo Merolle, Pickering & Chatto, 2006, introductory essay, p. liii.

[②] Adam Ferguson, *Adam Ferguson: Selected Philosophical Writings*, ed., by Eugene Heath, Imprint Academic, 2007, p. 132.

所取得的成就孕育着道德的进步。虽然，人类进步的种子和其成就的外在环境根植于人类天生的本性与仁慈的造物主的谋划，然而在人类走向命运的征程中，上帝退隐到谋划之后，舞台留给了人类。

严格意义上讲，弗格森把进步视为源于神圣规划的行动。但由于他的造物主是普通的而不是"特殊的上帝"，人类责任的承担主要限于伦理方面。因此，自由意志、短期的理性、自我意识在人类自我实现的过程中共同发挥主要作用。弗格森的整个伦理学都体现了人的自由和选择。弗格森抛弃了道德预定论和必然性论断，极力批判把机械的因果论运用于解释有机生命的形式，尤其是人类，同时蔑视霍布斯无神论的宿命论以及笛卡尔、培根、斯宾诺莎、休谟等人严格的决定论。在很大程度上，弗格森的解释之基础既不是第一因，也不是上帝的特殊干预。因为在弗格森那里，上帝是普通的，而不是特殊的，秩序由其有效因（efficient cause，即人类的行动）推动。弗格森认为，连接科学与宗教的桥梁是这样的一种信仰，即上帝的意志体现在实效的或次级的活动中，而不是直接的神圣的干预。上帝作为造物主通过干预次级原因来干预人类社会。个体应努力熟悉控制其本性的发展法则，以便做出正确的选择。弗格森甚至暗示，上帝有意使这些问题变得更为复杂，以激励人类对其好奇之心。人类必须学会鉴别善恶和熟知自身进步的法则，因为一旦滥用了法则，将走向堕落和毁灭。选择意味着有失败的危险，而这正说明了人类不断自我教育的意义所在。他指出，从长远意义上讲，人类历史的形成或形式是被决定的；但从短期来看，在历史进程的时间、内容方面，在很大的程度上是人类意志的结果。[①] 自发秩序是不可改变的、始终如一的，但同时我们注定有行动上的自由。纵然人类的意志无法驾驭这种力量，但人类可以通过自己的选择、行动影响其运行的结果。因此，尽管人类社会的进步从长远意义上讲要归因于全知全能的上帝，但从直接意义上讲，它是无数个体不懈努力的结果。

可以说，弗格森对人类机能的研究也是一种目的论。他通常是从目的意义上理解人类的各种机能，正如他所说："没有人会质疑：眼为视

[①] Lisa Hill, *The Passionate Society: The Social, Political and Moral Thought of Adam Ferguson*, Springer, 2006, p. 201.

而生、耳为听而生、口为食而生、牙为咀嚼而生、足为行走而生、手为抓而生。"① 具体地说，社会秩序和人的生存是通过"人的动物本性的需要"获得的，但人不仅仅是一种动物意义的存在，人与动物的不同主要体现在人的行为具有目的性。人类行动的主要动力存在于其心灵机制之中，社会秩序的种子存在于人类的心理、生理的状态之中，神圣的造物主目的的实现，不是通过直接干预人类事务，而是通过自然法则间接地管理人类的行为，而自然法则是上帝定的。因此，只有在"神定的秩序"（Providential order）的语境下，弗格森著名的、费解的"自发秩序"观念才能得以更好地理解。如前所述，在弗格森那里，社会进步是"神定秩序"的一个根本特征，人类历史每一个步骤、每一个阶段，即使在所谓的启蒙时代，对未来都是迷茫的，国家无意中建立了各种政治建制，而这些实际上是人类行动的结果，而不是人类谋划的运用。

我们尤其需要注意的是，弗格森关注社会变迁和人类存在的复杂性，强调对现代性的批判、对文明社会副作用的思考、对腐化的担忧，似乎都在表明他反对发展。实际上，弗格森的立场远比这微妙得多、骑墙得多，在他的著作中，造物主的意志和人类的独立性之间存在着一种张力，这或许是他思想中基督主义的自我改进与斯多亚主义的退隐思想两者的混合。弗格森一方面竭力主张人类应该成为上帝手中心甘情愿的有意识的工具，同时又主张人类是自己的代理人（agent）。从某种意义上讲，个人的命运是独立于人类力量的，因为，任何个人或一部分人都不能影响人类命运的总进程。那么，在这种情况下，人该怎么做呢？遵循上帝的指引而为，不做任何徒劳的努力。显然，如果每个人都这样的话，那就没有任何行动，社会也不会有进步了。因为任何历史的洪流都是由所有个体的共同努力汇集而成的，而所有这些都是源于人类普遍的本性而不是外在的或命运的必然。每个人都应该把自己视为这种"永不停息的力量"（moving power）的组成部分，而不是任由上帝或他人处置的东西，更不能听天由命、随波逐流。因此，鉴于缺陷的真实存在而对缺陷保持沉默是愚蠢的。人类的事务是复合的，促成和增加善、阻止和

---

① Adam Ferguson, *Principles of Moral and Political Science*, New York: AMS Press, 1792, p.165.

减少恶是人类的重要目标。在弗格森那里，虽然"是人类而不是某个人创造了历史"，①而且人类的行动只是影响因素，社会进步的终极因是造物主，但人类还是一种自我完善的动物，他能够通过学习世界的逻辑（logos）和上帝的知识作出正确的行动。对人类来说，"结果（ends）是预定的，但选择的方式却是自由的，完全出于自己的观察和判断"。② 在作出决定的时候我们同样有很多余地、很多可能。比方说，社会发展三阶段是始终如一的，这是由人性所决定的，但是由于各国自然条件、文化的差异，以及选择（volition）的不同，每个国家进步的速度又是不一样的。而且人类社会的进步并不是完全线性的，有时会由于人类的错误选择甚至会导致倒退、偏离进步的轨道。弗格森清晰地看到了其中的张力，虽然进步是天生的，我们也自然地期待人类的不断进步，但是，我们不得不意识到人类的事务是不断变迁的，人类在有些历史时期会走向衰落，正如有些时期取得进步一样。人类无力控制自然的法则，但是能够通晓它们，以求取得更大的进步，减少或避免堕落，以便更好地遵循造物主的意愿。

弗格森试图表明社会是自然发展的，并且是可预见的，即由于人类有进步的倾向而社会自然而然地从野蛮（rude）走向文明（polished）。但是，尽管弗格森坚持社会进步是永恒的神定秩序，商业社会是这一进步过程的自然结果，但他对进步有很大的保留，特别是关于文明社会或商业社会的"发展"（developments）。他指出，在人类的长期实践中，不同的障碍不断出现，人类也不断做出不同的选择。在人类进步的进程中，选择的不当将导致灾难性的曲折，但是最终的结果是一样的，即人类是进步的。尽管可能通过不同的途径，但人类从其野蛮时代经由未开化时代再到文明时代，这是人类进步历程中必然经历的阶段和过程。弗格森也承认，由于环境不同、人类行动的一些偏差，有时甚至出现暂时的灾难，但历史总体上是向前发展的。弗格森反复强调，人类天生具有社会性，对他人具有义务，而且通过反思人类对其自身行为有自纠的能力，这确保了人类不会过于偏离上帝的秩序。退一步说，人类即使犯错

---

① Adam Ferguson, *Principles of Moral and Political Science*, New York: AMS Press, 1792, p. 53.
② Ibid., p. 54.

也是正常的，因为纵然是最完美的心灵，如上帝也会犯错。所以，很多时候，人类的犯错是不可避免的、必然的，只要他们及时纠正，并不一定是道德上的恶。这是因为"人类可能选错追逐的目标，可能误用自己的勤劳，也可能把提高了的才能用错了地方。如果他意识到了可能出现的错误，他会去寻找一种衡量自己进展的标准，从而进入最佳的状态，那么，或许他无法在个人或者是任何一个国家的实践中发现这种标准，甚至不会在大多数人的意见中或是他人压倒一切的观点中发现这种标准"。① 弗格森似乎表明商业时代导致民族衰落的可能性，以及英国如果继续当前的发展路径，必然会面临同罗马一样的命运，即难免走向腐化和堕落，最终走向社会、经济、政治的全面崩溃。② 弗格森对进步的担忧似乎与他自发秩序观念的乐观态度相悖，即这似乎表明他对社会进步持有的一种悲观态度。弗格森对腐化的担忧以及致力于诊断和救治商业社会之病症并不是附带于总体发展历史的无关紧要的东西，而是他非常关注的问题。

"在自然秩序中，任一部分都是为维存整体而设计的。星系秩序是为维存占据这一体系每个部分的每一存在而设计的。有生命、有感觉的生物所具有的痛苦及快乐，都要得到维存。自然秩序经由生命之交替而非生命之不朽来维存。虽然个体是可灭亡的，但每一动物的物种却是安全的，自然系统也会免于衰微。"③ 换言之，个人或国家可能会腐化和堕落，但是由其组成的人类历史是不断向前发展的。人类的进步是受造物主指引、限制和预定的，上帝不仅创造了形体，而且赋予其不断进步的因子。人类的心灵被赋予走向完美的本能，正如被赋予理性及其他认知能力一样，因此历史是永恒进步的。正如个体会枯竭一样，腐化堕落对整个历史来说是偶然的，人类可以通过不断的更新获得进步。由于理性和预见的能力，人类社会的进步是开放的。同样，弗格森认为人类历史

---

① 亚当·弗格森：《文明社会史论》，林本椿、王绍祥译，浙江大学出版社2010年版，第10—11页。
② 弗格森写作《罗马共和国兴衰史》的一个重要目的就是给英国提供借鉴，因为英国当时的情况与罗马共和国很相似，也在不断扩张的过程中领土、人口急剧增长，公民道德开始腐化，弗格森认为正是这些情况导致了罗马共和国的覆灭。
③ 亚当·弗格森：《道德哲学原理》，孙飞宇、田耕译，上海世纪出版集团2005年版，第61—62页。

的发展是无限的，这是人类理智后面的上帝意愿决定的。由此可见，弗格森的进步观念强调发展的连续性，故而市民社会也绝不是人类社会发展的最后阶段，正如野蛮社会一样，市民社会也仅仅是人类历史长河中一个稍纵即逝的发展阶段而已。"人是活动的，但与其他活动的生物不同的是，人有智力、辨别、评价善恶的能力，还有选择的自由。在群居性的动物中，社会性和政治性是人的显著特征，人能意识到自己是同胞共同体的一员。自然本身的秩序在一定的程度上对人来说是显见的；人适于同造物主保持通联，理解其旨意，且心甘情愿地成为促进上帝治理的工具。"① "人是上帝手中为了实现其仁慈目的的能干的、心甘情愿的工具。"②

弗格森把他的信仰建立在上帝存在的基础上，他特别强调，善和上帝的存在是不证自明的，是纯粹事实，如上帝存在、世界是谋划的结果、人类事务中的秩序是谋划的直接结果等。在弗格森那里，连接科学与宗教的桥梁是这样一种信仰，即上帝的意愿体现在有效的（efficient）和间接的（secondary）缘由，而不是直接的神性的干预，上帝作为自然的造物主通过间接的手段干预人类社会。换言之，世界是设计的结果，人类事务中的秩序是这种设计的直接结果，造物主是通过设计秩序来管理人间的。在处理人和上帝的关系中，弗格森一方面认为人的主体性具有局限性不能建立起一个完善的世俗道德体系，因而肯定了人的自由意志和所要履行的道德责任的终极源泉乃是上帝；另一方面，他又意识到在人神交往的过程中不可能完全否定人的主体性在履行道德责任中所占有的重要位置，因为道德责任必定最终落实到每一个具体的个人之上。也正因为如此，一个能肩负道德责任的个人必定是一个主体性崛起的个体、必定是一个会反思上帝之神谕的思想者。

总体上，弗格森对于社会发展持乐观主义的态度。他指出，个人或民族可能遭受腐化、败落，但由个人和民族构成的历史将不断向前发展。弗格森认为，历史是由我们永恒提升自我的动机和物质环境所推动的，因为

---

① Adam Ferguson, *Adam Ferguson: Selected Philosophical Writings*, ed., by Eugene Heath, Imprint Academic, 2007, p. 132.

② Ibid., p. 131.

完美（趋向上帝或与上帝保持一致）是永不可及的，所以这一过程也是永恒的。尽管弗格森在社会进步和道德腐化的关系上显得有些模棱两可，但他始终试图表明我们生存其中的世界是自洽（self-right）的系统。上帝为人类的利益创造了人类，人类是上帝最钟情的造物，造物主预知："大恶绝不会降临到这个世界，因为不管自由产生哪些偶发后果，都是可以补救的，而赋予有智生命以自由永远是对的。"① 发展过程中的衰退并不是永恒的状态，也不是循环发生的，而应该把它视为发展的暂时间断（intermission）。在生命的历程中，人作为类的发展将不断地会被一些障碍、暂时的倒退打断，但是发展总体向前的趋势是不变的。任何障碍、挫折都必须被视为人类道德与实践进步的辩证发展过程的必要事件。可以说，我们犯错误越多，我们就向完美、正确更近一步。只有经过不断的试错，我们才能够作出正确的选择，真正实现道德的完善。人类是积极进取的动物，永不停息的激情使我们不断走向进步，而在行动过程中出现的失误、无知都是通向成功、智慧的必由之路。

然而，进步是自然的，不得不如此的，因此弗格森发现自己置身于尴尬的境地，他希望发现弥补"现代性病"的良方。在提出一系列政治上的改革措施后，弗格森试图寻求发展和培育国民的道德品质，尤其是那些野蛮人拥有的一些品质。他认为，公共美德的缺失是社会进步最致命的后果，其表现是文明国家中的"阴柔气"。这种阴柔气是精神上的，而不是身体上的，其影响更是不可估量。因此，弗格森认为对国民进行道德教育以及复兴传统文化是一剂良方。显然，这有助于修补发展所造成的社会结构的裂痕（如何复兴公民美德的问题是第五章讨论的主题）。

本章小结

在17、18世纪的启蒙运动中，众多思想家在理性的旗帜下对宗教发起了猛烈的批判，显然，启蒙的一个主要目的就是挣脱宗教的束缚，高扬人的主体性。那么，理性的觉醒、自我意识的复苏是否必然意味着与

---

① Adam Ferguson, *Principles of Moral and Political Science*, New York: AMS Press, 1792, p. 155.

宗教的截然对立？答案是否定的。在启蒙运动中，尤其是在苏格兰启蒙那里，他们"致力于意识形态的批判，却不是个反传统的运动"，[①] 即使是以反宗教著称的休谟也没有断然否定上帝的存在，他只是把信仰限制在情感领域而已。实际上，不管是法国的理性启蒙还是苏格兰的情感启蒙，上帝都不是完全从人类事务中退隐出去的，换句话说就是，启蒙时代的宗教仍占据非常重要的地位。而且，人与上帝之间的矛盾和调适一直贯穿于西方伦理学发展的整个过程。在某种程度上甚至可以说，人的自由意志与上帝的谋划之间的关系是启蒙运动中一个挥之不去的主题，启蒙思想家依然有自己心中的"天城"。

"尽管弗格森仍然是一个世俗的思想家，同样有理由认为他是一个思想上带有宗教信仰和教会经历印记的人"[②]，在他那里，上帝给人类的进步提供了一个永恒的框架，并赋予人类自由意志、选择、判断和上进心的进步本能，所有这些都推动人类无限的、上升的发展。与此相应的是，人的自由意志也得到了深化和发展。但是，由于社会发展是自发的，必然存在负面作用，即在发展的过程中又往往伴随着美德的流失、政治上的腐化堕落、人性的泯灭等。然而，恶的根源不是进步本身，而在于人们不能控制自己贪婪的欲望，恶存在的原因在于"自由意志"的存在，但这与上帝创造人并不冲突，因为在上帝赋予人以自由意志后，作出如何选择是人的自由。在总体上，弗格森是历史进步论者，这与18世纪启蒙运动的主流思想是一致的。但是，与主流不同的是，弗格森指出人类历史的进步不是线性的，而是曲线式的发展。而且，弗格森在肯定人类物质财富进步的同时，指出了单纯的经济发展造成了人类美德的腐化，最终将会导致民族、国家的衰微乃至灭亡。

[①] 陈正国：《大卫休谟与亚当·斯密——两种反宗教策略的启蒙策略》。见罗卫东、陈正国《启蒙及其限制》，浙江大学出版社2013年版，第147页。

[②] Eugene Heath, "In the Garden of God: Religion and Vigour in the Frame of Ferguson's Thought", *The Journal of Scottish Philosophy*, Vol. 13, No. 1 (2015), pp. 55–74.

第四章　弗格森的德性论思想

　　弗格森的道德思想是德性伦理学发展阶段上的一个重要理论成果。从第三章我们可以发现，弗格森把完美、仁慈、卓越等美德纳入了上帝的大智、大善的框架之中。在弗格森那里，人类正是从其造物主那里获得了理智和自由意志。换言之，人类对全能上帝的敬仰意味着人类践行着上帝仁慈、明智的法则。人类是上帝系统中的一部分，是上帝的手段。但是，弗格森却发现，在很多时候，人类却无法遵循普遍之善的趋势。在上帝的体系里，人类自身往往是被影响的，人类在上帝谋划中似乎仅仅是被动的，而不是指向积极主动的实践。然而，弗格森指出，尽管我们认为世界是多么的超越个体为着普遍之善而做的积极努力，我们必须假定善的本性是适用于人类的，同时它是忠诚听从上帝意志的结果。正如弗格森所言："对人类来说幸运的是，当人类在特定的情况下行动时，其行为对于他的朋友、邻居、国家或任何其他人来说，是促进他们之间相互的爱、忠诚和人道，这对人类来说是一种普遍的福祉。这些品质是有益于同伴的，由此人类成了上帝手中的为仁慈目的能干的、心甘情愿的工具。"[1] 而且，人类作为上帝为善意目的的工具，"为了符合上帝赋予人类的角色要求，需要技艺、洞察力或知识，以及更为重要的是合适的性情、勤勉和力量"。[2] 由此，弗格森从对自由意志、上帝的

---

[1] Adam Ferguson, *Adam Ferguson: Selected Philosophical Writings*, ed., by Eugene Heath, Imprint Academic, 2007, p. 131.

[2] Ibid., p. 132.

探索转向了对人类自身德性的关注。

第一节　道德的一般基础

一　理性与情感之争

西方社会自古希腊苏格拉底的"知识即美德"以来的主流伦理学大多是把德性与理性联系在一起的，即道德源于理性，而德性往往就是指对情感、激情的驯服和控制。而且，主流的理性哲学通常强调理性和情感的对立，甚至把情感视为非理性因素加以批判。并且由此得出，在认识过程中，只有排除主观的情感因素才能保证真理的客观性，同时只有坚持理性主宰情感才能确保人的道德性。苏格拉底在哲学的高度提出了"知识即美德"的道德命题，他所指的"知识"，不是我们通常理解的关于自然的知识，而是对"美德"的认识和理性把握。而且，在苏格拉底看来，美德是一个人所有优秀品质的总和，它是一个人的本质，是人之为人之"理念"。如此一来，关于美德的知识，实际上就是对人的理念的知识，即对自我的认识。因此，对自我的认识既是真理，又是道德，换言之，一个真正以理性把握美德的人就是一个有德之人。正是在这里，知识与道德统一起来了，凡是不正当的行为均源于无知，美德即理性、即知识。因此，人只有在理性的指引下，才能过上合乎德性的幸福生活。理性是一切道德评价和伦理学体系建立的基础，在道德判断中情感理应服从理性。

到了18世纪，关于道德的基础或者说善恶区分的根据问题在伦理学界引起了激烈的争论。根据对这个问题的不同看法，当时学界形成了两大阵营、两种截然相反的观点，即理性主义道德观和情感主义道德观。理性论者继承了古希腊的理性精神，并把理性确定为道德的基础，认为作为道德主体的人与其他动物的最大区别在于人拥有理性。同时指出，人作为一种社会性的存在，总是生活在一定的社会关系之中，需要调节自身与他人和社会的各种关系，维持与他人和社会之间的和谐关系，而不是任意妄为。如果人类的行为纯粹受本能的驱使和控制，那么整个社会就会陷入可怕的"丛林"。因此，基于人类自身的生存和发展的需要，人类必须运用理性来合理调节本能和欲望，引导自身到更高的追求上来。从而，理性论者把道德判断建立在对道德概念的理性分析的基础之上，指出凡是合乎理性的即为道德，违背理性的就是不道德。由此可见，理性主义伦理学认为，道德上区分善恶是依据于理性的，换言之，他们认为道德的真正基础是理性而不是情感。他们进而指出，情感应该在理性的严格控制、规引之下运作才是合理的、道德的，否则就是不合理的、不道德的。因此，在理性论者那里，理性几乎成了道德的同义语，而情感则常常被看作与理性相对立的概念而只能在道德的论证中起辅助的作用，有时甚至是要加以努力排除的因素。

然而，以沙夫茨伯里、哈奇森、弗格森、休谟、斯密为代表的苏格兰启蒙运动的思想家们对理性在道德区分中的地位开始了怀疑，并指出理性自身的有限性，同时对情感在道德区分中的决定地位给予了详细论证。沙夫茨伯里开启了情感主义的先河，最先明确指出道德的区别不是由于理性而是道德感，换言之，道德判断就是对一个行为的某一性质的情感反应的表达。沙夫茨伯里尤其强调人的道德天性，即人天生具有的道德感，并指出正是人人具有的道德感导致美德的产生。哈奇森则详细论述了道德感的思想，他指出道德感是人的一种内感官的形式，它可以感觉到那些引起道德情感反应的东西并作出正确的道德判断。休谟追随沙夫茨伯里、哈奇森摒弃理性主义伦理学的思想，他认为，道德判断不是理性的判断，因为理性绝不可能推动我们去行动、去实践。理性要么像数学那样与观念有关系，要么与事实有关。而这两者都不能推动我们去行动，促使我们行动的不是这样或那样已经存在的情况，而是现在或将来的情形引起的对快乐或痛苦的预计。对快乐或痛苦所作的预计靠的只能是情感，而不是理性。休谟由此得出"道德宁可以说是被人感觉到的，而不是被人判断出来的"[①]，道德总是意味着人们某种特定的情感，情感构成了道德行为的动因，故而道德只能是建基于情感之上的。斯密也主张人类道德源于"同情"的情感，认为理性不能产生道德。斯密伦理学的出发点正是人性中共有的"同情"，并由此建立了道德评价的情

---

① 休谟：《人性论》（下册），关文运译，商务印书馆1983年版，第510页。

感基础。

弗格森同样秉承情感主义的精神，赞同道德的区别源于情感，而不是理性。他说："科学的目的是，通过努力收集案例，从这些现象中分析得出其目的，评价的标准等。与科学不同的是，在道德哲学中，道德品质的优点更是感觉和直觉判断的主题，而不是讨论或推理的结果，它在感情（affections）或情感（sentiments）的基础上，而不是在通过调查或研究得出的信息基础上运行。"[①] 换言之，美德的养成和维系仅仅停留在"知"（理性）的层面是远远不够的，更要把它转化为我们内在的情感需求，美德不是推理和理性沉思的结果，它是以人类的情感为基础的。霍尔巴赫在写给弗格森的信中高度评价了其为启蒙所做的贡献，他说："请允许我真诚地告诉您，您卓有成效的工作将驱散盘旋在我们理性上空的迷雾。"[②] 对弗格森等苏格兰思想家而言，伦理学是一门实践科学，而且道德的真正领域是意志的领域，意志产生于情感而不是逻辑。因此，在道德实践中发挥作用的就应该是人的情感，而不是理性。同时，苏格兰的思想家们指出了人的理性能力的有限性，因为理性不能理解生命与存在的无限丰富性与复杂性，而且真理并不存在于理性之中，真理是与信仰、潜意识、热情、主观体验等紧密相关的。在他们看来，道德的形成需要诗性的直觉与体验，需要热情，而不只是逻辑与反省力；同样，人的道德行为和道德判断也不是出于理性。可见，苏格兰启蒙运动中道德哲学最大的特征是确立了情感而不是理性在道德区分上的基础地位。

但是，需要指出的是，在强调情感在道德中主导作用的同时，苏格兰的思想家们并没有一概否定理性的作用。如休谟指出，理性"给我们指示品质和行动的趋向，给我们指明它们对社会以及对它们的拥有者的有益后果"[③]。在他那里，虽然理性对实践领域是无能为力的，

[①] Adam Ferguson, *Adam Ferguson: Selected Philosophical Writings*, ed., by Eugene Heath, Imprint Academic, 2007, p. 132.

[②] John Small, M. A., *Biographical Sketch of Adam Ferguson*, Edinburgh: Neill and Company, 1864, p. 13.

[③] 休谟：《道德原则研究》，曾晓平译，商务印书馆 2001 年版，第 137 页。

而且理性也不能成为人们道德行为的动因,但是理性能够辅助情感进行道德判断和选择,并依据自身把握的事实修正、引导情感,从而通过情感影响人们的道德行为。弗格森则指出,虽然公民美德是政治生活最主要的动力,但是这些美德需要有意识的培养,需要通过学习和训练获得。一个人并非天生就具有美德,也并非自然而然地在成长过程中就取得了美德,美德还是一个需要教化、训练和坚持的结果。比如,一个人要养成正义的美德,他就需要行正义之事并由此逐渐取得与正义品质相关的那些行为上的、情感上的以及理智上的要素。[①] 如此,这里还有一个问题,即人类的理性和行动对保存和增进任何集体所获得的进步具有非常重要的意义。显然,弗格森也认识到人类的理性和有意识的行动对国家和民族的作用。他说:"虽然,任何一个规划者都极少或根本无法单独规划出各种自由政体,但是,个别人的警惕、活动和热忱往往能使它们得以保存。"[②] 可见,苏格兰启蒙的道德情感论在理论中保留了理性的位置,但是在道德判断标准这一基本原则上,则坚持道德情感的最终依据。

二 利己和利他之争

按照弗格森等苏格兰思想家的观点,道德的基础在于情感而不是理性。然而,人类的情感有自爱,也有仁爱,或者说有利己,也有利他。那么,哪个更具根本性的意义呢?这里实际上涉及的是公共利益与个人利益、个人与他人的关系问题。

17、18世纪伦理学在反对基督教的道德源于人的堕落的观点的过程中逐渐形成了一种盛行的观点,即把伦理解释为一套利己的谨慎设计。如霍布斯认为,在自然状态中,人们生活在一种确定的社会秩序中,他们相互提出并认可权利要求。而且,"每个人都意识到自然法则,但是利益的驱使和人们的不慎重,处处使人们运用自然法则对他人比对自己

[①] Lisa Hill, *A Complicated Vision: The Good Polity in Adam Ferguson's Thought*, in Eugene Heath and Vincenzo Merolle, ed., *Adam Ferguson: Philosophy, Politics and Siciety*, Pickering & Chatto(Publishers)Ltd., 2009, p. 114.

[②] 亚当·弗格森:《文明社会史论》,林本椿、王绍祥译,浙江大学出版社2010年版,第152页。

更严厉苛刻",①而人们之间的争吵没有公正的裁判者去决断,因而每一次争吵都将导致双方之间的战争状态。所有这一切促使人们把权威让渡给自己可以信赖的国家权力,这就形成了社会契约。契约的目的在于创造一个权威,以避免人们在不断的争吵中两败俱伤、趋于毁灭,以适当地保护我们的自然权利。荷兰的曼德维尔认为,个人自身的利益是私人行为的动力,社会公共的善则是个人追求各自私利的必然结果,也就是说,个人对享乐和奢侈的追求促进了经济的发展、公共事业的进步。在这里,曼德维尔实际上是从经济的角度阐述了个人利益与公共利益之间的关系,他看到二者之间既对立又统一的微妙关系,但他的理论仍缺乏一致性和彻底性,即他一方面肯定了私利活动带来利他的正面效益,另一方面又总是汲汲于私利,而且他本人更加强调私利的一面,并由此指出私人的德行就是公共的善。曼德维尔得出的最终结论是:如果道德判断是一种情感的表达,那么它就应该是自利的表达,如果道德行为的根源在于情感,那么就应该是基于利己考虑的情感。

与霍布斯、曼德维尔等不同的是,道德情感论者沙夫茨伯里则坚持,在人的本性中,除了利己、自爱外,还有仁慈、利他的情感,而且后者是人的本性的主要方面。也就是说,人的本性通常是以利他的方式行动的,正是仁慈、利他促进了社会公益的实现。沙夫茨伯里强烈批判现代商业社会自利的盛行,他认为假如一个人的自利习惯发展到"竟至于在各个细节上都引发一种对于自己的好处或私利更严密的关注,它一定会在不知不觉间减损对于公共利益或社会利益的情感,并引入一种精神的狭隘"。②同时,他以仁慈为基础提出了道德感的概念,认为人天生具有道德感,道德感是协调人的本性中利己和利他两种对立倾向的重要机制。哈奇森继承了沙夫茨伯里的思想,并系统地阐述了道德感理论。他指出,道德感是人的一种内感官的形式,它可以感觉到那些引起道德情感反应的东西并作出正确的道德判断。但是,不管是沙夫茨伯里还是哈奇森,他们所关注的是"我们对道德高尚的行为反应

---

① 麦金太尔:《伦理学简史》,龚群译,商务印书馆2003年版,第214页。
② 沙夫茨伯里:《人、风俗、意见与时代之特征》,李斯译,武汉大学出版社2010年版,第170页。

的特征,而不是为什么道德判断我们这样行动而不是那些行动提供了理由"①,而且他们也没有真正说明"为什么我们只赞同仁爱而不赞同自利"② 的原因。

休谟、斯密、弗格森等指出,自爱和仁爱情感是人性中的主要内容,利己与利他的情感倾向在人性中是同时存在的。然而,利己与利他毕竟是一对相互对立的道德原则和学说,在现实生活中必然存在诸多矛盾。可见,自利与利他存在着相悖性,也正是因为这种相悖性的存在,我们的社会才需要建立起道德规范,来调和人们之间的这种矛盾。休谟和斯密显然也认识到了这一点,那么他们是通过什么来调和这两者的矛盾呢?休谟、斯密是以同情的机制,以自利为基础来解决这个问题的。可以说,以休谟、斯密为代表的苏格兰启蒙的主流思想家,是"从市场交换出发,论证了商业社会的道德基础,确立起了以自利为中心的现代道德观"③,以此来论证商业社会、市场社会的合法性。与此不同的是,弗格森则是以整合了仁慈的人之社会性为基础,辅以自利(自我持存)来分析这一问题,④ 同时,指出对商业社会道德腐化的深沉忧虑。下面,我们将依次分析他们的观点。

休谟看到了人性中利他的一面,认为在人性中存在着"自私"和"有限慷慨"两个方面,他认为,人们的仁慈、友谊、同情、慷慨、公共精神等品质是其受到道德嘉许的基础,⑤ 同时,休谟以人性中的"有限慷慨"解释日常生活中人们为什么会接受和服从那些常常是与自己利益相冲突的道德准则。然而,在休谟那里,自私是我们的人性结构中最重要的部分,是我们一切行为的出发点和归宿。他指出,在人的原始心

---

① 麦金太尔:《伦理学简史》,第 221 页。

② 同上。

③ 李宏图:《18 世纪苏格兰启蒙运动的"商业社会"理论——以亚当·斯密为中心的考察》,《世界历史》2017 年第 4 期。

④ 实际上,在弗格森那里,人的"自我持存"倾向与仁慈的德性并不是必然冲突的,它们都是人类走向幸福的必要条件,它们之间是可以协调的,即道德的动机是建立在人的"自我持存"的自然倾向与人趋于完善的倾向的联结的基础之上的。详见 Adam Ferguson, *The Manuscripts of Adam Ferguson*, ed., by Vincenzo Merolle, Pickering & Chatto, 2006, pp. 249 – 254。

⑤ 大卫·休谟:《道德原理研究》,曾晓平译,商务印书馆2001年版,第30页。

理结构中，最强烈关注的是自身的一切，然后才把这种关注扩展到身边的亲朋好友，再到陌生人，而对于那些与我们并不相关的陌生人仅给予最弱的关注。因此，休谟的"有限慷慨"是以其对人性利己的认识为基础的，在他那里，利他是利己的延伸，是以利己为目的的盘算。因此，虽然休谟肯定人性中仁慈一面的存在，但这并不意味着人性中自私一面的退隐。在休谟那里，人类仁慈的情感并不是普遍的，而是由近到远的等差之爱。可见，在休谟看来，虽然利己和仁慈都是人性的组成部分，但是只有利己才是最根本的、原生的、无条件的情感，仁慈则是非根本的、次生的、有条件的情感。那么，如果私利的普遍存在导致了人们蔑视道德准则，追求个人利益而无视公共利益，准则是如何产生，秩序是如何形成的呢？由此，休谟提出了他的同情理论。在他的论证中，人类被构造得有一定的欲望和需要，这些欲望和需要通过遵守道德准则而得到满足。虽然，相对于自爱来说，仁爱不是一种与生俱来的情感，仁爱只是一种次生的情感。但是，通过同情这种心理机制，人们同样可以感受他人的快乐与痛苦，而且会产生因他人的快乐而快乐，因他人的痛苦而痛苦的情形。因此，自爱经过了同情机制的调节就表现出仁爱的行为。人们为了实现更好的自爱必须要有仁爱，因为单个的人总是存在于社会当中，他不能脱离社会而独立存在，所以必须给予他人以仁爱之心才能最大限度地实现自爱。可见，在休谟那里，从根本上讲自爱是最根本的，仁爱是实现自爱的途径，仁爱的最终目的是自爱。

　　斯密同样指出，个人为了自身利益考虑的自利活动能够带来财富的增长、经济的繁荣，实现社会秩序的和谐。斯密由此得出，个人对私利的关注和追求具有道德上的正当性。在他看来，虽然在经济生活中追求私利的个人是把他人和社会的需求作为实现自身利益的一种手段、一个途径，但是个人为了满足自身的需求又必然要考虑到他人和社会的需要，因为在很多时候只有满足了后者的需要才能实现个人的自身利益。换句话说，在市场经济中，追求个人私利的人们是把公益作为经济生活的间接目的的，实现了这一目的之后才能实现私利这一直接目的。由此斯密得出，个人追求私利的活动最终会带来公益的实现、社会的和谐，造成一种利他的结果。虽然这一结果的实现并非求利的个人之原意，但是我们不能因此而否认个人利己动机在道德上的正当性。此外，斯密也把人类情感中的"同情"看作道德的基础，但他并不赞同休谟在功利问题上的论点，他认为，诚然道德评价或许会受到功利因素的影响，但功利上的"有用性"绝不是主要的原因。在道德的评价问题上，斯密是运用旁观者理论来协调人的同情机制的。斯密指出，既然同情是人们共同的天性，那么人们之间必然会表现出相互同情的情感。但是，仅仅是相互的同情并不意味着情感的完全一致。那么，如何判断我们情感的合宜性呢？如何判断一个人的行为的适当性呢？斯密这里引进了一位"公正旁观者"，合宜不合宜、适当不适当是以"公正旁观者"的判断为标准的。同时，为了避免过度自利给公益造成的危害，就必须运用正义对自利的行为进行必要的限制。在正义的引导下，自利积累到一定的量就必然会出现他利，他利从另一个角度讲也是自利，如此一来，人类的利己、利他两种情感就得到了圆满的统一。

　　从本书第二章的相关论述可知，弗格森反对曼德维尔、斯密、休谟等在人性问题上体现出的享乐主义和个人主义，指出他们都过分强调了人性利己的一面而忽略了人性仁慈的一面。虽然，弗格森也认识到人性中的利己和利他的两方面。但是，相对于同时代的其他思想家，弗格森对于人性的问题有其独特的视角和观点，他整合、发展了历史上关于这一问题的理论成果，提出"人性多样性"的观点。弗格森看到，历史上关于人性利己和利他大多是从分析二者的冲突关系入手来研究的，即往往是只看到或过分强调一个方面，而忽略另一方面。如哈奇森几乎把人性等同于仁慈，曼德维尔则只看到自利的一面等。弗格森在总结了他们的理论成果后指出，人性具有多样性的特征，体现为三个法则（即自我持存法则、社会发展法则、追求卓越法则），三大倾向（即自我保存、联盟、争斗分歧）。可见，同时代的思想家要么主张仁爱、要么自爱，即从冲突的角度理解之；弗格森认为不管是自爱还是仁爱都是人性的组成部分，二者可以协调发展而不是必然对立。弗格森人性各法则的相互作用过程是这样的[①]：人类的道德情感使得我们倾向于接受赞扬并使之

[①] Eugene Heath and Vincenzo Merolle, ed., *Adam Ferguson: Philosophy, Politics and Siciety*, Pickering & Chatto (Publishers) Ltd., 2009, p. 166.

内在化（社会法则），然而雄心（发展法则）使得我们在发展名义的伪装下更愿意接受变化，这些变化反过来受到坚持习惯（自我持存法则）的人的挑战。但是，其他一些人可能把变化视为发展并且极力模仿（分歧和斗争倾向）。通过这样一个雄心、社交、习惯、挑战的辩证关系，评价的特定规则出现了、道德规则建立了。需要强调的是，在自利和利他的问题上，弗格森是以"追求卓越"为最高目标，以人的社会性（仁慈）为基础，同时看到人自我持存的一面。因此，与休谟和斯密不同的是，第一，弗格森更加重视人性中的仁慈、利他的一面，在这一点上他与沙夫茨伯里和哈奇森是一致的；但是他并没有武断地认为，仁慈是人性的全部，他还看到了人性中的自利倾向，认为追求欲望和私利是正当的激情。第二，苏格兰思想家生活的时代英国社会正处于转型期，他们看到了现代商业发展带来的道德腐化问题，而思考现代社会的出路。但是，斯密、休谟等主要从现代商业社会的现实经济生活出发探讨德性，而弗格森的理论大多是从古典主义道德出发，其最核心的概念是"公民美德"。

第二节　德性及其种类

一　德性的内涵

在西方，德性是一个古老的伦理学概念，许多思想家对德性给出过自己的解释。通过对德性概念的梳理，我们发现虽然不同思想家对它的理解不尽一致，但也形成了一些共识。其一，德性通常是与恶品（vice）相区别的人本性中的善、仁慈、正义、好的或值得赞扬的品质；其二，德性不仅体现在认知、情感、意志等方面，它还是和行动、实践分不开的；其三，德性不仅体现在人们日常的行为中，它更是人性中相对稳定的品质；其四，对德性的理解还与一定的历史环境有关；等等。下面，我们从德性与美德、德性与实践、德性与人格、德性与环境的关系来简要分析这一概念。

在古代西方，德性具有非常宽泛的意义，不仅指称美德，而且指称非道德或恶品；不仅可以用于个人，也用于制度。现代意义上的德性，则主要强调德性概念的道德性质和个人性质。"德性"或"美德"在英文中的对应词是"virtue",意思指优点、长处、价值、德行等。显然,德性被看作是一个事物的某种特征或状态,正是由于具有这种特征或状态,该事物才表现得出色或恰当。我们在许多情况下把一个对象描述为出色的或优秀的,或者更一般地讲是"好的"。伦理学中的美德通常是这样一类品质,这些品质是区分和确定哪些人是值得我们赞许的标准;与美德相对立的品格特征被称为恶品,这些特征适用于那些应受指责和蔑视的人们。从词源上讲,品质应该是中性的,它既可以指善品也可以指恶品。然而,通常情况下,只有善品才被看作是美德。亚里士多德就指出德性是一种优秀的品质,这种观点无疑是正确的。虽然,在某种意义上讲,恶品也是人的品质中的一种,但就德性作为品质而言,它应该是与同样作为品质的恶品相对的好品质或善品质。显然,在亚里士多德看来,仅仅说德性是品质还不够,还要指出它是什么样的品质。正是从这种意义上我们说德性不仅是人的品质,而且是不同于恶品的品质。换言之,德性是品质的好的或善的状态,德性是人性上的卓越,是人之为人本性上的圆满。弗格森同样指出,"德性是善,通常被视为人性上的卓越",[1] 他认为"德性"特指人的道德上的优秀品质,而不是全部,即德性是人的品质中"卓越"的部分。

德性与人的实践、行动不可分。弗格森说,"外在行为中的法则对于道德具有根本意义",[2] 因此,"德性"是不能空言的,必须通过行动才能体现出来。而且,我们判断一个人的品质,也主要是根据他的行为。显然,良好的德性需要经过长期的磨炼才能培养出来,但一旦我们具有了某种德性,行为也就能持之以恒。从理论上来看,规则应当是具有更重要的优先性,但从实践的层面看,则德性应该具有相对的重要性和优先性。因为德性作为一种优秀的品质不是自然形成的,而是德性主体在各种社会因素的影响下,并在生活实践中进行选择和确认以及将这种确认转变为意愿和行为的过程中逐渐形成的。而且,在德性基本形成之后,还需要进一步使其拓展和提升,这一德性完善的过程也是离不开

---

[1] Adam Ferguson, *Analysis of Pneumatics and Moral Philosophy*, Edinburgh, 1766, p. 32.

[2] 亚当·弗格森:《道德哲学原理》,孙飞宇、田耕译,上海世纪出版集团2005年版,第121页。

实践的。换言之，德性的形成和提升都离不开个人的实践和活动。此外，在实践中，不同的个人认识和履行道德义务时存在很大的差异，而如果这种履行变成了相对稳定和持久的行为习惯，我们也就会看到他们在德性上的差异。于是，常常可以听到"张三这件事做得很对""张三这一行为是正直的行为"，或者"李四这件事情做得不对""李四这一行为是不正直的行为"，我们还会由此说"张三是一个正直的人""李四是一个不正直的人"。这时，我们不仅仅在评价一件事、一个行为，也是在评判一个人。

我们不仅要在德性与行为的紧密联系中来思考德性，还要在德性与人格的联系中来思考德性。一般来说，要有好的行为，必须要有好的心灵，因为"实际上德性是心灵的一种品性"①。从每件事来说，我们要把每件事做对或尽量不做错事；作为一个人来说，我们还要努力成为一个正直的人、一个有德的人，使好的行为自然而然地从我们的人格、心灵中生发出来。换言之，德性指一种比较稳定和持久的履行道德原则和规范的个人禀性和气质。德性可以作为一个总名，一个单数使用，但也可以作为一个复数使用，可以分解为各种德性。在一个人那里会具有各种不同的德性，人格则是比较稳定、完整的一个称谓。我们一生的追求可以归结为我们究竟想成为一个什么样的人。德性与人格总是体现在个人那里，作为一种表现形态，总是紧密联系于主体，即人。动物无所谓德性，我们不能因为老虎吃了人，就在道德的意义上谴责它。可见，德性是人性中相对稳定的品格，此时，外在的道德规则、义务已经纳入了道德主体的本性之中，并且变成了内心的原则，甚至转化为一种不假思索、自然而然符合规范的行为习惯和生活方式，就像孔子所说的"从心所欲不逾矩"。这时，道德主体已经感觉不到规则和约束的存在，而一切言行举止自然而然地符合道德要求。②

最后，人们对于德性的认知有时还与一定的历史环境、文化背景、风俗习惯相关。比如，在各民族的丧葬、婚姻等实践中存在许多截然不

---

① 亚当·弗格森：《道德哲学原理》，孙飞宇、田耕译，上海世纪出版集团 2005 年版，第 121 页。或 Adam Ferguson, *Analysis of Pneumatics and Moral Philosophy*, Edinburgh, 1766, pp. 32–33。

② 何怀宏：《伦理学是什么》，北京大学出版社 2002 年版，第 149—150 页。

同的道德标准。下面我们以因纽特人为例来讨论这个问题。通常对于死者采用的有火葬、墓葬等。然而，对于自己死去的亲人，因纽特人的通常做法是吃掉死者的尸体，他们认为这一行为是对死者的尊敬，是为了让死者的灵魂永远活在自己的身体里。而且，在因纽特人那里，埋葬尸体是被拒绝的行为，焚烧尸体更是被视为对死者的不敬。因纽特人的婚姻习俗与其他地方也有很多不同：在他们那里，男人通常可以有几个妻子，他们还会与自己的朋友、客人分享自己的妻子，而且让自己的妻子陪朋友过夜被视为好客的表现；而妇女同样可以自由地离开自己的丈夫换新的伴侣。对于世界上其他很多民族的人来说，这些行为显然是不可思议的、不道德的，甚至是没有人性的。但是对于因纽特人来说，他们对待尸体以及与他人分享妻子的行为都是德性的表现，至少不会把它们视为不道德或羞耻。可见，不同环境、背景下的人对德性的理解是不一致的。正如弗格森所言，在不同环境下的人们，"他们所中意的品性是其环境最需要的，是其自身行事方式中最杰出的"，"在危险的环境和尚武的年代中，他们主要推崇勇气。在重文尚礼的社会里，他们推崇知识与天才。在事商的国家里，他们崇尚勤奋、守时以及公平交易"。①

二 德性的种类

弗格森指出，人类的德性使得我们"在苦难面前，这种天性会使人流下同情的眼泪；所有这些情感的综合，可以造就一颗以仁慈为怀的心灵；即使无心为善，至少不会与人为害"。② 然而，人类"进入文明社会后，他们就忙碌于各种各样的事务。他们生存在更为广阔的天地里，同时，人与人之间的距离也更遥远了"。③ 弗格森探究在事商的现代社会里如何去克服崇拜服饰、装饰、财富、身份以及名声的恶习，如何去激发正直、审慎、节制、坚毅、勇敢、爱国、积极的政治参

---

① 亚当·弗格森：《道德哲学原理》，孙飞宇、田耕译，上海世纪出版集团2005年版，第18页。
② 亚当·弗格森：《文明社会史论》，林本椿、王绍祥译，浙江大学出版社2010年版，第39页。
③ 同上书，第210页。

与等德性,[①] 从而为市民社会中的"市民"提供德性规范。弗格森对现代商业文明时刻保持着深沉的忧虑,如分工的异化、德性的腐败、公共精神的丧失与政治奴役。在他看来,要治疗现代性的病,要摒弃那种在享受安逸和便利的生活条件中所沾染的"脂粉气",要改变那种将人异化为机器上的零部件的车间,必须回到古典传统中去,重拾那些有助于培养与发挥能力的德性。弗格森关于德性种类的讨论主要有两个方面:一是四种最主要的德性;二是对于市民社会来说非常重要的几种德性。

关于四种主要德性的讨论源于古希腊,当时的哲学家经常讨论的四种主要德性指正义、智慧、勇敢和节制。苏格拉底最早提出了"四主德",但是在苏格拉底那里,这四种德性的地位是不同的,他认为在这四种德性中,智慧居于核心地位,人的行为是否合乎正义、是否勇敢或节制,必须由智慧来判断。柏拉图则将这四种德性和当时社会的等级划分结合起来,即统治者的德性是智慧;战士的德性是勇敢;自由民的德性是节制;正义则保证了各等级各守其责。亚里士多德同样探讨过"四主德",但与前面两位不同的是,他强调了"中道"。弗格森关于四种主要道德的界定基本上与古希腊的传统是一致的,但也有其不同之处,其主要体现是他在大多数情况下提出的四主德是正义或正直(justice)、智慧(wisdom)、节制(temperance)、坚韧(fortitude)。其中的"坚韧"并不完全等同于古希腊传统中的"勇敢",在他那里坚韧包括耐心、勇敢、执着等。此外弗格森本人关于"四主德"的界定还存在不一致的地方,他的四主德有时还指正义、节制、坚韧、审慎。[②] 笔者认为,不管

[①] 其中"正直、审慎、节制、坚韧"四种德性是弗格森在《道德哲学原理》中"论外在行为的德性倾向"一章中探索的德性的四个分支。详见亚当·弗格森《道德哲学原理》,孙飞宇、田耕译,上海世纪出版集团 2005 年版,第 121—126 页。"勇敢、爱国、积极的政治参与"等德性几乎贯穿《文明社会史论》之中。

[②] 如在《弗格森哲学作品选编》(Adam Ferguson, *Adam Ferguson: Selected Philosophical Writings*, ed., by Eugene Heath, Imprint Academic, 2007, pp. 132 – 137),《道德哲学原理》(第 75 页)中指出四种最主要的德性是正义、智慧、节制、坚韧。而在《道德哲学原理》(第 121—126 页),《心灵和道德哲学》(*Analysis of Pneumatics and Moral Philosophy*, p. 33)中指出德性四个最主要的分支是正义(正直)、审慎、节制、坚韧。

是哪种提法，弗格森显然也是将智慧置于其他德性之上的，这点与苏格拉底是一致的。下面分别论述弗格森对这几种德性的理解。

在四种主德中弗格森最为强调的是智慧，他说："智慧是关于善的知识与选择"，① 换言之，"智慧是智力的美德"。② 人在本性上是一种有智的生物，在形式上是活动的，大大地优于任何其他动物。人类本性中的每一品性都是一种力量，而不是静态的存在，而且不管受到什么限制，人类注定是要运用其能力的。"人类的命运，不像其他动物一样完全取决于自然的赋予，其命运取决于如何运用自身或同伴的优势。"③ 人类因智慧受赞赏，或因愚蠢而遭非难。人类知觉的能力，正确运用时，是智慧的基础；被误用或忽视时，则是愚蠢的基础。而这些为其同伴提供了尊重和尊敬，或鄙视和嘲笑的对象。我们发现，在很多时候，人类除了本能需求（自我持存）以外，还遵循自己的观察、洞察力、实践的指引。诚然，在婴儿、未成年的时候，他遵循父母的指引行事，但是，到了成年，他开始更多地依照自身的意志行事。这时，本能和欲望对他的影响越来越小，他学会了运用各种手段实现自身的目的。比如，当饥饿的时候，尽管面前有许多食物，但是如果这些东西是新的或者从来没有吃过的，他还是会非常警惕，会在确定没有问题的情况下才去品尝。尽管像其他动物一样，人类也需要获得满足，在有些时候，由于其错误的想象甚至超越了他需要的程度，甚至去追求并不现实的享乐。因此，对他来说，本能的缺陷需要沉思（理性）来弥补，在实践过程中，他学会了鉴别真正的、永恒的快乐的来源。

弗格森发现，虽然有些动物似乎在"智力"上达到相当的水平，如蜜蜂，它们蜂房的构造相当复杂，即使是现代工程学也很难与之媲美，但是在本质上，与其他动物一样，它们同样不具有积极、主体的本质，它们所能利用的仅仅是自身天赋上的优势而已。换言之，动物对自身的需求或缺陷是没有意识的，反过来说，人类尽管在本能的某些方面不如

---

① 亚当·弗格森：《道德哲学原理》，孙飞宇、田耕译，上海世纪出版集团2005年版，第75页。
② Adam Ferguson, *Adam Ferguson: Selected Philosophical Writings*, ed., by Eugene Heath, Imprint Academic, 2007, p. 132.
③ Ibid., pp. 132 – 133.

其他动物，但从一开始人类就是不甘宁静的动物，人类能够意识到自身的需求或缺陷，并且在运用能力的实践中不断取得进步。在这些原初的需求、缺陷得到满足、改进后，他们甚至超过当前的所得，取得更大的进步。不自满和完善自身的冲动，在最原始的状态下，对人类的自我保存是非常必要的，在后来的时间里形成了一种永无止境的进步法则。人类天生拥有智力，不仅在于他们能够获得动物性需求的满足，更在于他们的动物性需求的不断膨胀、拓展，以及想象力使其永不满足。人类拥有智识的力量，并且永无止境地追求其目标，使得知识取得进步，而知识上的进步构成其卓越、完美的重要部分。随着人类变得越来越博学和明智，其自然系统变得越来越强大，特别是人类认识到自身的优点和缺陷。显著的能力和知识受到赞扬，相对的无能和迟钝则受到鄙视。哲学家们认为，人性中值得称颂的东西，每一种美德、幸福都是在智慧或有智生灵的卓越的前提下形成的。反之，任何受人鄙视、谴责的东西，每一种恶、痛苦都出于愚昧之名。

弗格森指出，正义是"专注于人类的权利与幸福（welfare）的注意力"，[①] 在他那里，正义又可以区分为私的正义和公的正义两个方面。其中，私的正义通常是调整个人与个人之间关系的德性要求，包括清白、坦诚、虔诚、友谊、感恩、慷慨、慈善、文明和礼貌等。在弗格森看来，清白是正义最不可或缺的特性，它意味着诚实与忠诚，与欺骗和背叛相对；坦诚是公正地包容他人的抱负或功绩，而不是出于偏见或是利益的假定；虔诚是对上帝的尊重和爱以及对于那些出于自然或选择而为我们所敬所爱的事物的尊重和爱；友谊是体现在个人与个人之间的仁爱，通常受特定的依恋与尊崇的动机驱使；感恩即"知恩图报"，是指对自己所受恩惠的回报；慷慨是将自己所拥有的东西无偿地施与他人；文明是在社会日常交往中用以避免侵犯他人的谨言慎行；礼貌是意在取悦或帮助他人的行为；等等。公的正义一般是用来调整国家与个人之间关系的，它通常是指尽自己的义务，服从集体、国家和社会的利益，它是国家政治和个人行为都必须遵循的一个原则。换句话说就是，公的正

---

① 亚当·弗格森：《道德哲学原理》，孙飞宇、田耕译，上海世纪出版集团2005年版，第121页。或 Adam Ferguson, *Analysis of Pneumatics and Moral Philosophy*, Edinburgh, 1766, p. 33.

义指的是每个社会成员履行对国家和社会应尽的义务。在弗格森那里，公的正义所产生的义务包括国民所持的忠诚、官员所持的保护和所有人所持的公共精神三种类型。国民的忠诚是他们对官员、国家、社会的效忠、尊敬和服从；政府或官员的保护是施加权力以确保和平，确保其国民享有各种权利；而共同体各个成员都应具备的公心是指始终将公共利益置于私人利益之上的情感。①

弗格森认为，节制（temperance）是"摆脱那些误导我们追求的低级快乐和娱乐的抑制力"②或者说是"为追求更有价值的事物而避免平庸快乐的能力"。③ 在这里，弗格森实际上指出了节制主要是指人们自觉抵制动物性感官享乐的一种品质，是人区分于其他动物的一种重要品质。他认为，虽然人作为一种动物的自我持存是相对重要的，但是，在动物性的生活中，有许多东西是有害的，且会给人带来痛苦的；相反那些有益的东西则是使人愉快、有助幸福的。弗格森甚至指出，即使是那些有益的、令人愉快的东西，如果被滥用或者过量，也会导致乏味和痛苦。弗格森说，"确实，在很大程度上，感官享受是自私的，它更关注欲望的满足甚于对其他人的关切。节制作为例外是最少源于自私的，它使得人类的心灵向仁慈、坦诚开放，藉此公正的事情得以实施"。④ 由此可见，弗格森坚信，在很多时候，人类能够管理好自己，或者当物质因素变得有害时，他们能够很好地利用它，避免其滥用或过量。而为了更好地利用它们，我们需要付诸最大的注意，因此，人必须保持"清醒"，时刻把握动物性欲望的适度性，而不能养成懒散、纵欲以及玩忽职守的习惯。弗格森总结道，"节制的公理乃是：一个人一旦明确了他最善的、最快乐的事业，那些不是在必须如此的情况下用作他途的时光就应算作虚度"。⑤ 可见，节制就是对于快乐和欲望的控制，就是按照理性的规范

---

① 亚当·弗格森：《道德哲学原理》，孙飞宇、田耕译，上海世纪出版集团2005年版，第122—124页。
② 同上书，第125页。
③ 同上书，第75页。
④ Adam Ferguson, *Adam Ferguson: Selected Philosophical Writings*, ed., by Eugene Heath, Imprint Academic, 2007, p. 136.
⑤ 亚当·弗格森：《道德哲学原理》，孙飞宇、田耕译，上海世纪出版集团2005年版，第122页。

追求适度的个体需求和愿望。诚然，人是动物性存在和理性存在的统一体，自我持存是人性的一个基础方面，但是，人又具有理性和自我意识，这使得人在根本上超越了任何其他动物的本能冲动。

弗格森认为，坚韧（fortitude）是指"能经受得起反对、困难与危险的忍耐力"①或者说"为追求有价值的事物或在做有价值的事情中克服困难、勇于面对危险的能力"。②换句话说就是，坚韧主要是指人在面临困难、危险时所表现出来的品质，如忍耐力、执行力等。弗格森的坚韧是一个相对宽泛的概念，它包括了耐心、勇敢和执着三种品质，并不仅仅限于古希腊传统中的勇敢。他认为，"耐心是指冷静而仔细地承担在人生中发生的任何麻烦和痛苦的能力"；"勇敢是心灵在危险境况中的坚毅和气度"，也就是说，勇敢通常是指运用意志抵制痛苦、危险、恐惧的能力；"执着就是坚持所有经正确选择的追求或事业"。③

弗格森认为，审慎（prudence）是人们借以区别目的和手段的恰当性的辨别力，没有这种能力，人们就不能恰当地行事。在他那里，审慎通常意味着得体、适当、谨慎、谦逊、经济、决断、警觉，等等。弗格森认为，"得体是从他人的感觉和意见看来，个人的外表和举止的恰当性"；"体面的原则是抑制性的，它禁止任何因暴露、龌龊或猥亵带来的侵犯"；"适当是指个人的行为之于他的自然、年龄、地位与等级的合宜"；"谨慎以及对具有男人气概的行为方式和抱负保持一种甚微的态度，是适合年轻人的"；"谦逊为任何自重之人所特有，它不允许对我们拥有的、我们所做过的或我们所受到过的苦难夸张虚饰"；"经济是对个人耗费其财产的适当调节，若说财富构成了等级与权力，那么经济则用于确保人的自立和自由"；"决断是对个人的行为的合理和坚定的选择"，与其相对的是犹豫不决；"警觉的根本目的在于不要强为超乎自身力量的事情，不要接近误导或欺骗我们的人"。④

此外，勇敢、爱国、积极的政治参与等德性几乎贯穿《文明社会史

---

① Adam Ferguson, *Analysis of Pneumatics and Moral Philosophy*, Edinburgh, 1766, p. 33.
② 亚当·弗格森：《道德哲学原理》，孙飞宇、田耕译，上海世纪出版集团2005年版，第75页。
③ 同上书，第126页。
④ 同上书，第122、124、125页。

论》之中。首先，弗格森对野蛮人最为赞赏的是，他们保持着勇敢的精神，从而保持了事关国家兴亡的尚武精神。他还从人之天性中为这些德性寻找根据，在他看来，"人类不仅想和睦相处，而且也很喜欢对抗"，[①] 人除了"联盟的天性"外，同样具有分歧、争斗的天性。对勇敢、勇气及其重要体现的尚武精神的推崇，是弗格森的德性论最突出的地方，这也使得他对文明社会中所谓的文雅、安逸等始终保持着警惕。他颇为担忧地说道，"当人类收起匕首，消除前嫌，把武器换成了智者的说理、能言善辩者的口才时，我们有充分的理由祝贺我们人类已经逃离了未开化民族的骚动和暴力状态，进入了国内安定、政治稳定的时期。但同时，我们又不得不为人类感到惋惜，惋惜人类在追求完美的过程中会将每个管理部门都置于幕后，竟用职员和会计来取代政治家和斗士"。[②] 由此可见，在现代市民社会中，弗格森最赞赏的是公民（政治家）—战士复合的国民，而不是斯密等所关注的商业社会中的"职员"和"会计"等。其次，在弗格森所推崇的古代道德体系中，"爱国"是又一重要美德。他热情地讴歌了古代国家国民的爱国热情，指出正是"他们对于祖国的深情，他们为了祖国的事业而蔑视苦难，视死如归"[③] 的爱国精神使他们成为一流的民族。在弗格森看来，国民的幸福存在于他们对国家的热爱之中，当共同体受到最大程度的热爱，其成员的个人焦虑会得到减轻，其成员与公众相关的才能也能得到发挥。对爱国德性之器重，也从另一个侧面反映了弗格森对市民社会之中人们公共精神缺失的强烈不满，他经常谴责人们对国家目标漠不关心、"习惯于同情个人而很少会热心公益事业"，[④] 逃避对国家的积极责任等。再次，弗格森非常重视公民积极的政治参与。弗格森认为，"人们是否有资格享有这一福祉（自由——笔者注）只是取决于能否使他们理解自己的权利，能否使他们尊重人类的正当的权利要求；取决于他们本身是否愿意承担管理国家和国防的重任，是否愿意投身于自由人的事业，而不耽于怠惰或者耽于用屈

[①] 亚当·弗格森：《文明社会史论》，林本椿、王绍祥译，浙江大学出版社2010年版，第23页。
[②] 同上书，第252页。
[③] 同上书，第222页。
[④] 同上书，第223页。

从和恐惧换取安全感的虚妄的希望"。① 由此可见，弗格森高度赞扬了积极参与政治的激情，同时批判了现代人从公共领域转向私人领域的倾向。

第三节 道德的基本法则及适用

一 道德的基本法则

道德法则是弗格森伦理学中的一个重要问题，他也多次探讨过这一问题。不过，关于什么是道德法则，弗格森没有给出过明确的定义，但是从他的相关论述中以及他在道德法则与物理法则的对比中我们大概可以勾勒出这一概念。弗格森指出，理智是人与其他动物的根本区别。对于其他动物来说，从本能出发行动是其根本特征。而人作为一种理智的生灵，在他的理智本性中，其法则并不限于对快乐和痛苦的感觉，人的理智本性还包括超越了享受的东西，如对完美、卓越的辨别。这种辨别就是人的理智的力量。他说："有智生灵的特性，在于行动源自意见（而不仅仅是本能——笔者注），并且追求他认为最好的事物。"② 因此，在弗格森看来，"赐予福祉是道德的法则；而且当我们谴责那种牺牲多数人的利益让一人或少数几个人受益的行为时，我们是把公众事业看做是人类行为的伟大目标。"③ 由此可见，在弗格森那里，所谓的道德法则是指对于善、仁慈、追求卓越等德性的一种应然表达。

实际上，在康德之前弗格森已经类似地论述过自然法则与道德法则的问题。只是在弗格森那里康德的"自然法则"大致相当于他的"物理法则"（physical law）的概念，而"自然法则"（law of nature）这个名称在弗格森那里则是"道德法则"的上位概念，自然法则的指称比道德法则广，它包含了物理法则和道德法则两个部分。这一点从弗格森的以下表述中可以看出来，弗格森说："自然法则要么是物理的，要么是道

---

① 亚当·弗格森：《文明社会史论》，林本椿、王绍祥译，浙江大学出版社 2010 年版，第 297 页。
② 亚当·弗格森：《道德哲学原理》，孙飞宇、田耕译，上海世纪出版集团 2005 年版，第 67 页。
③ 亚当·弗格森：《文明社会史论》，林本椿、王绍祥译，浙江大学出版社 2010 年版，第 41—42 页。

德的",① "道德哲学是关于自然法则,或者说人类的原初法则的知识和应用。"② 弗格森主要在《道德哲学原理》的第四部分以及《灵魂学与道德哲学》中比较集中地阐述道德法则问题。弗格森对于道德法则的阐述首先是从分析它与物理法则的不同入手的。弗格森指出,物理科学是关于"实然"的问题,物理法则是一些用于解释不同现象的已知事实,道德法则是对善恶的洞察,以助于指引在不同情形下的选择。③ 换言之,"道德法则指涉的是心智自然(intelligent natures),它是善的事物的一般表达",它是"对应然的一般表达"。④

弗格森在这里提出了"实然"和"应然"的问题,或者说"是"与"应该"的问题。显然,实然与应然之间的矛盾是道德哲学上的一个基本问题。"实然"通常是指事实上的状态,它受自然因果律的制约,与事实、自然相对应;"应然"是理想的状态,它受道德法则的制约,与价值、理想相对应。理想,是人所特有的一种生存方式。从某种意义上讲,人生的意义就在于通过自主、自觉的努力以追求梦想、实现理想。所以,人作为特殊的生命存在,既有"实然"的向度,更重要的是"应然"的向度。因此,我们不仅要关注人的自然存在,而且更要提升人的自为存在。片面强调人性"应然"的一面,脱离人的基本需要和实际情况去追求无法企及的东西,其理想必然是水中花、镜中月;反之,片面强调人性"实然"的一面,放弃高尚的追求,则最终会使人性堕落为兽性。⑤ 显然二者是与道德的宗旨背道而驰的。在弗格森那里,"实然"与"应然"并不存在永恒的、不可逾越的鸿沟,实际上它们之间存在通联,有时可以相互转化。显然,向善、追求卓越、为人类谋福祉是一种道德上的"应然",但是当这些品质内化为人心灵中相对稳定的品质,见之于人们日常的行为和习惯之后,这些品质就成了人性之中的"实然"状态了。这一点从《道德哲学原理》第二部分的第二章中就可

---

① 亚当·弗格森:《道德哲学原理》,孙飞宇、田耕译,上海世纪出版集团2005年版,第2页。
② 同上书,第68页。
③ Adam Ferguson, *Analysis of Pneumatics and Moral Philosophy*, Edinburgh, 1766, p. 5.
④ 亚当·弗格森:《道德哲学原理》,孙飞宇、田耕译,上海世纪出版集团2005年版,第67页。
⑤ 沈嘉祺:《人性假设与道德教育研究方法论探析》,《教育探索》2005年第4期。

以清晰地看出来,在这章中,弗格森认为物理法则包括知性的法则和意志的法则。可以说,知性的法则归入物理法则是无可厚非的,但把意志的法则(包括自我持存法则、社会法则、追求卓越法则)归入物理法则——尤其意志后面两个法则,即追求其同伴福利的社会法则、追求卓越或避免缺陷的法则,显然这里弗格森把这几个法则体现的人性视为一种"实然",一种事实状态。这点从他对三个意志法则的表述时用词的细节也可以看出来,在他的表述中都使用了同一个词——"自然"(naturally),如人"自然"会追求其同伴的福利、"自然"会追求卓越的东西等。[①]

显然,道德法则是与"善"分不开的。在阐述了道德法则与物理法则的区别后,弗格森开始了探讨善恶的问题。"善"是西方伦理思想中的一个最基本的概念,人们通过善的概念来反映自己最普遍的利益、意向、心愿和对未来的希望,同时人们亦借助善的观念来评价周围发生的事和人的行为。那么,善到底是什么?如何行动才算善行?西方伦理学家们对这个问题争论不休,各执己见。古希腊哲学蕴含着丰富的关于"善"的思想。苏格拉底认为,灵魂之善主要表现为节制、正义、勇敢、智慧等德性,但在那里所有的德性最终都依赖于知识,善是一个从无知到有知的过程,而"认识你自己"则是伦理学的根本任务。柏拉图则认为善不是知识,是超本质的根源,是一种完美的"理念";善的理念则是理念世界的至高点,是最真实的存在、最高的实体。亚里士多德在批判地继承苏格拉底善的知识论和柏拉图善的理念论的基础上,创造性地提出了形而上之至善论和形而下之实践论。而斯多亚学派则认为那些任何时候都会被选择的事物为善,那些永远会被回避或拒绝的事物则为恶。弗格森强烈地批判了伊壁鸠鲁学派用快乐代替善的说法。他认为,从身体上说,快乐通常是一种善,但是,从精神上讲,快乐并不完全等同于善,很多时候过多的快乐反而是恶的一个重要根源。而且,有些时候身体上过多的快乐同样会伤及自身。关于快乐的物理法则有:对于动物性持存有益的、必要的东西的使用,是快乐的。那些有害的东西,则

---

① 亚当·弗格森:《道德哲学原理》,孙飞宇、田耕译,上海世纪出版集团2005年版,第41—43页。

是痛苦的；关于任何完美的感觉是快乐的，而关于那些缺陷的感觉则是痛苦的；爱是快乐的，恨是痛苦的；希望和喜悦（joy）是快乐的，悲伤和恐惧是痛苦的；心灵或身体的实践是快乐的。因此，善与快乐的关系："就快乐来说，可以说所有的善都是快乐的。但并不是所有的快乐都是善的。因为若快乐过多，或快乐带来的痛苦过多，快乐就是恶。"①此外，弗格森指出善恶的标准具有绝对性和相对性两个方面。从绝对意义上，通常"正确地运用生命，适当地维护生命，是善，而滥用生命则是恶。"反之，从相对意义上讲，由于具体情形的不同，"有时维持生命是善，有时舍弃生命是善"。② 比如，通常情况下，人们对于生命的珍爱是一种善，但是在国家或公共利益面临危机之时，为维护公益不惜舍弃自己的生命就是一种善，此时，生命的持存可能就会被视为苟且偷生，甚至是恶。

综上所述，我们可以得出，在弗格森那里，不是因为要从善而仁慈，而是因为我们在本性上的仁慈、善，所以从善，他说："关于人本性中仁慈的倾向取决于我们人自身，但这不是基于对个人利益精打细算的结果，而是通常基于对整个人类整体的裨益。个人被创造出来是注定要获得满足的，但其满足主要来源于仁慈或对人类幸福的追求之中。"③因为对他来说，仁慈是一种快乐，邪恶是一种痛苦。

二 道德基本法则的一般运用

从以上论述可知，在弗格森那里，什么是善的通常表达是道德中的法则，并且承担着在涉及情感和理智方面作出选择的决定。弗格森进而指出，对人来说，道德的法则既与其心灵有关，又与其外在的行为有关。因此，道德哲学包括两个方面：一是关于心灵和人的幸福（关于幸福的问题在本书第五章中专门探讨）；二是关于一个行为的外在条件，

---

① 亚当·弗格森：《道德哲学原理》，孙飞宇、田耕译，上海世纪出版集团2005年版，第76—77页。
② 同上书，第72页。
③ Adam Ferguson, *Adam Ferguson: Selected Philosophical Writings*, ed., by Eugene Heath, Imprint Academic, 2007, p.128.

或者是人们在社会生活中的各种关系和义务。① 可见，在弗格森看来，道德法则可分别应用于心灵和外在行为。

道德法则在心灵上的运用。心灵（mind）是指人类所具有的与其他动物不同的，对于对象认识、感知、体验的能力，心灵是一个精神实体而非物质范畴。从伦理意义上看，德性是一个人心灵上相对稳定的品性。说德性是心灵的品质更多地强调了德性的内在性，德性不仅仅体现为行为者单纯的外在行为及其后果。把德性视为心灵的品质，有助于我们全面、深刻地分析一个行为的动机，而不是局限于该行为的外在效果。而且，心灵上的品质是激励、驱动行为者去行动的持续的力量和不竭的源泉，所以，只有心灵上持久的或有意图的良善行为才是能够引起赞许的行为。弗格森说："外在行为如果脱离心灵的感情或意图来看待，只不过是身体的运动而已，既构不成享乐和痛苦，也构不成善或恶。"② 显然，一个道德的行为必须以良善、仁慈的心灵为基础，才有可能，试想一个内心险恶、心胸狭窄的人如何能够做出道德的行为。弗格森特别指出，从心灵上讲，道德的基本法则通常不是针对某个特定的人、某个特定的行为，而是"需要一种确切自然而无固定对象的感情"。③ 这种感情主要由仁慈、同情、善意等性情组成。这一法则"要求我们热爱我们的同类，无论他享有幸福还是深陷苦难；要求我们多行善事，无论他是否能够发挥作用"。④

道德法则在行为上的运用。虽然，善恶是心灵的品性，"但无论感情是善是恶，都可以说，同一道德法则既要对感情有所要求和禁止，同样也必须对由其产生的外在行动有所要求和禁止"。⑤ 因此，在弗格森那里，道德法则必然相应地要求适用于这些感情和品质的外在行为。比如说，道德法则要求人们心灵遵循智慧、勇敢、节制和正义等热爱人类的法则，它也相应要求人们在行动上行智慧、勇敢、节制和正义之事。然

---

① Adam Ferguson, *Analysis of Pneumatics and Moral Philosophy*, Edinburgh, 1766, p. 29.
② 亚当·弗格森：《道德哲学原理》，孙飞宇、田耕译，上海世纪出版集团2005年版，第84页。
③ 同上书，第83页。
④ 同上。
⑤ 同上书，第84页。

而，道德上的善恶之分并不能仅仅在外在行为的描述中得以确认，有时候在物质意义上相同的行为，有的情况下被视为道德上的善，有的情况则被视为道德上的恶。一个典型的例子是，同样是杀人，在战场上杀敌是勇敢，枪毙罪犯是正义，都是受到鼓励和赞扬的行为；而通常杀人则被指责为不义、罪恶，还会被定为谋杀，受到法律的严惩。为什么道德法则在判断同一个行为时会产生如此不同的意见呢？弗格森认为主要有三个方面的原因，即具体情况的不同；受外在行为影响的各个群体选择的不同；对行为的解释不同。[①]

在弗格森那里，道德法则运用于外在行为主要体现为道德裁决，而道德裁决包括强制法的裁决（即法律裁决）和义务裁决。法律裁决就是运用强制法（如宪法、刑法、民法等）来保障当事人权利的强制手段；义务裁决是指采取用来决定人的恰当选择和行为的观念，包括宗教裁决、良知裁决、舆论裁决。可以说，弗格森的道德裁决的范围是相当广泛的，它不仅指道德义务的裁决，还涵盖了法律裁决。我们通常理解的狭义的道德裁决主要是指义务裁决。因此，鉴于篇幅以及法律裁决与本书主题相关度不大，对此本书不作进一步分析。下面我们来看看义务裁决的几种类型。

宗教裁决。"宗教是与上帝相关联的心灵所具有的情感"，[②] 可见，道德的宗教裁决必然意味着对上帝的信仰，这种裁决实际上是宗教对道德生活发生作用的重要体现。西方大多数宗教认为道德法则是上帝的命令，遵循道德法则的人最终将得到上帝的奖赏，反之，则会受到上帝的惩罚。他们还指出，每个人都可以依靠心灵去体验上帝的法则、感受上帝的力量，并且这个过程与上帝趋于一致。个人正是在趋向上帝的历程中获得心灵的平静、道德的升华。因此，宗教裁决的最大作用就在于它能促使人们把上帝的法则转化为自觉的追求和践履，并引导人们形成仁慈、博爱的情怀。弗格森同样指出，宗教裁决的最大作用在于它有影响人的行为的倾向。弗格森把这一倾向分为两类。"第一类是使人们热爱

[①] 亚当·弗格森：《道德哲学原理》，孙飞宇、田耕译，上海世纪出版集团 2005 年版，第 85 页。
[②] 同上书，第 118 页。

智慧与仁爱，此乃其所敬羡的上帝的特性；使人们热爱天职和义务。"①换言之，上帝是全知全能的，道德上是完美无缺的，他是人类道德品行的模范。第二类是使其乐赏惧罚。宗教关于赏罚的律令可延及人所有的思想、取向和行为。这一法则在各个层面都可由个人安全地施用，但仅及于其自身。当官员们认为他们握有宗教的裁决并有权约束思想与行为时，就是试图逾越他们的权力范围。盲从或滥用宗教会带来致命的后果。随之而来的是对道德名声的误用，以及以迷狂的仪式代替道德义务；随之而来的是派别之间无情的仇怨，以及在任何源自所谓宗教热忱的不义与恐怖的行为中对神灵的误解。②

舆论裁决。道德的舆论裁决主要是通过"通行的意见和范例"③来影响人们的行为的，即符合这种意见和范例的行为受到嘉许，违背它的行为受到责难。这里的"通行的意见和范例"就是指众人所赞同的意见，因此舆论裁决的主体是公众。显然，道德舆论作为一种重要的社会意识形式在人们道德的养成以及道德判断过程中的作用是不可忽视的，道德裁判很多时候是建立在社会舆论中的。通常一种不道德的行为一旦受到这种裁判，就会使行为者受到舆论的压力，并引起行为者内心的不安和羞愧，从而起到"有耻且格"的作用。可见，道德舆论作为公众共同认可的道德意识能够形成一种氛围，而这种氛围能够发挥抵制不道德行为、激励道德行为的作用。然而，正如弗格森所指出的那样，众人的意见不总是对的，而且每个人都能在自己理解的基础上褒奖投己所好的行动而惩罚己所不欲的行动，因此舆论裁决的"嘉许和责备经常行之有误，故将此类考虑作为主要指导，亦是很多的弱点"。④

良知裁决。虽然宗教、舆论等因素在道德的养成以及道德判断过程中起着非常重要的作用，但是，从严格意义上讲，不管是宗教还是舆论对道德主体来说都是外在的东西。如何把这些外在的东西转化为道德主体内在的品质，并引导其外在的行为呢？弗格森认为道德的良知裁决在

---

① 亚当·弗格森：《道德哲学原理》，孙飞宇、田耕译，上海世纪出版集团2005年版，第118页。
② 同上，第118页。
③ 同上书，第119页。
④ 同上。

这一过程中起着不可替代的作用。我们知道，良知裁决的主体是个人，而所谓的良知裁决则是指个人对自身行为的道德衡量，具体地说就是"因行为正当而得到的满意和因行为不当而产生的羞愧或悔恨"。① 良知一直是学者们广泛讨论的问题。在儒家那里，良知是人天生具有的区分是非善恶的能力。以孟子为代表的思想家强调人天生具有区分是非善恶的能力，只是由于受到外界物欲的遮蔽，才使得良知无法展示出来。可见，良心是人们在道德实践过程中逐渐积累起来的内心信念、荣誉感。不同的社会文化背景、不同的受教育程度往往会造就不同的良知。良知的作用非常重要，没有它，人们的道德行为就会成为一个纯粹的外力强制的结果而不是一个自律的结果。那么，这样的行为实际上已经不符合道德活动的本质了。弗格森同时指出了良知裁决有其自身的不足之处，这是因为"良知的情感时常与盲从或是习俗的情感相混合，并像它们一样产生错误"。②

三 道德评价及其原则

道德评价是人类道德活动的重要组成部分，都是中西方伦理学家普遍关注的一个问题。道德评价是指人们依据一定的道德观念，通过一定的形式，判断人们（自己或他人）行为的道德价值、进而评价一个人的活动。道德评价更多的时候不是事实判断，而是价值判断。道德的根本作用在于依据一定的价值标准，对人及其行为进行评判，并通过协调、抑制、激励等方式，使人们的需求符合德性要求。道德评价在弗格森的道德哲学体系中也是非常重要的一个方面。但是，在弗格森那里，道德评价有时指的是物理法则（这里的物理法则包括知性的法则和意志的法则）的运用，③ 有时指的是道德法则的运用，或者说道德评价的范围比道德法则的运用更加广泛，它既包括物质性的问题，又包括道德性的问题。另外，笔者认为，在弗格森的道德哲学体系中道德法则的运用，不管是心灵上的运用、还是行为上的裁决都具有普遍性、抽象性的特征，

---

① 亚当·弗格森：《道德哲学原理》，孙飞宇、田耕译，上海世纪出版集团2005年版，第120页。
② 同上。
③ 同上书，第44—51页。

比如道德的总体法则就是相对抽象的"适于人的自然的最大的善,也是对人类的爱"。① 而道德评价相对于道德法则的运用则具有更多具体的意味,比如评价具体一个人的品质、一个行为等。

那么,道德评价评的到底是什么呢?换言之,道德评价的对象是什么呢?对此,学术界一直有争论。大致形成了两种意见,一是道德评价的对象应该是人的德性、品格,亚里士多德、麦金泰尔等德性伦理学家大多持此论;二是道德评价的对象应该是道德行为,尤其是行为的效果,一般规范伦理学家大多持此论。显然,仅仅依据一个人的行为有时很难准确评价主体的品格,同样,仅仅依据一个行为的效果往往会忽视动机和目的的合理性。对于道德评价的对象,弗格森则认为"或是一些心灵上的性情,或是一些外在的行动",② 因此,在他那里,道德评价的对象就是行为者和行为,更具体地说就是人的道德品质和道德行为,而不是局限于评价一个人的行为。实际上,弗格森在评价道德行为时也坚持了效果和动机的统一。③

道德评价包括两个方面,即道德上的嘉许和责难,"道德嘉许是针对卓越或公正的性格或行动形成的判断",④ 反之,道德责难是对缺陷或不公的性情或行动的判断。显然,评价一个人或其行为是否道德必须依赖于一定的标准,现实生活中的人们也总是依据这些标准对人或事作出或善或恶的价值判断。然而,一直困扰伦理学界的一个问题是在现实生活中是否存在一个普遍的道德评价标准。许多人指出,不可能存在普遍的道德评价标准,因为每个人心中都有自己的标准,都依各自的标准评价身边的人和事。而且,在很多时候,由于民族、宗教、习俗的不同,人们之间的道德观念差异很大,有时甚至是完全对立的,因此,企图找到一个普遍适用的标准几乎是不可能的。换言之,他们认为道德评价根本不可能有一个统一的评判标准。这显然是一种"道德相对主义"的观点。弗格森强烈反对这种观点,坚持道德的区分是可能的。他指出,许

---

① 亚当·弗格森:《道德哲学原理》,孙飞宇、田耕译,上海世纪出版集团2005年版,第82页。
② 同上书,第49页。
③ 同上书,第34页。
④ 同上书,第48页。

多人常常对道德区分的真实性感到怀疑，然而，人的行为对人类具有的重要意义，构成人的性格的各种性情上的心灵，以及与此相关的人类心灵中最强烈的情感，都表明在"道德的善恶之间的区分是实实在在的，并且也得到了普遍的承认"。①

既然道德的区分是实在的，正确进行道德评价是可能的，那么评价一个人或行为的道德性的标准或者更抽象地说原则到底是什么呢？既然道德评价的对象是行为者及其行为，而对于道德行为来说，其中最重要的两个方面是行为的动机和行为的效果，那么，道德评价是主要看行为的动机，还是效果呢？弗格森虽然没有明确论证道德中的动机与效果的问题，但是从他对休谟"有用性"标准以及斯密"同情"的批判中可以看出他是坚持动机与效果相结合的方法的。而且，不管是依照动机评价还是按照效果评价，或是动机与效果相结合等，这些都只是道德评价的具体方法。弗格森道德评价、道德嘉许的根本原则是善心（社会法则）和追求卓越的法则，②或者说道德评价的标准是看是否具有善或卓越等品质。

以塞缪尔·克拉克（Samuel Clarke）牧师为代表的思想家指出，美德是人类品质的适当性以及在自身的框架内实践的。并且认为理性是判断这种适当性的基础，因此，人类理性是道德判断的基本原则。弗格森指出，这种观点几乎与以下观点如出一辙：即把美德视为意志与真理的一致性，而理性是正义和不公，真理和谬误的仲裁者。显然，克拉克等人的观点引起了当时苏格兰许多思想家的批判，他们指出，理性不能解释道德嘉许现象，因为道德评价、道德嘉许自身是一种心灵的感情（affection）或情感（sentiment），它必须有源于关注意志的规则，而不是仅仅对理智的知觉。在这些批判声中，除了弗格森以外，最有代表性的人物有两位：一位是休谟、一位是斯密。但是，弗格森与他们的理解还是存在许多不同之处的。

休谟以"有用性"（utility）为基础整合同情机制建立起道德评价的体系。弗格森则指出，实际上的有用性，不管是私人的还是公共的，都

---

① 亚当·弗格森：《道德哲学原理》，孙飞宇、田耕译，上海世纪出版集团2005年版，第48页。
② 同上书，第51页。

不能用来解释道德嘉许的现象。因为，至少道德嘉许与个人的有用是无关的，我们必须承认，人们赞赏美德的时候是很少有私利的关注的。因此，嘉许的情感与个人通过行动获得的利益是不成比例的。毫无疑问，美德对人类是有用的，但是，反过来说，有用就是美德显然是不正确的，这是因为，如果在"有用"之名下，我们是以外在的效果来指称美德，那么，我们将不能找到与造福人类的实际相符的道德嘉许。我们现实生活中许多东西非常有用，但是它们绝对不是道德嘉许的对象。比如说一场及时雨、土地产出粮食、树结出果实，等等，它们都不是道德上赞美的对象。为了回应这种反对，休谟等指出，道德嘉许没有涵盖物质上的有用性，或者它仅限于心灵的有用性，以及积极的实践。诚然，弗格森的道德嘉许更多时候是从心灵上判断一个人德性问题的。但是，弗格森进一步坚持，实际上的有用性，即使是心灵的情感，也不总是道德嘉许的对象。这些有用性看起来似乎很合理，但很多时候，很少被视为美德，而被指责为自私和邪恶。对于有德之人来说，仅仅是他们为朋友、为国家服务的善的动机就可以成为道德赞美的对象，哪怕是那些未能达成的动机，甚至给其自身及他人带来灾难的动机。那些为了拯救朋友而与朋友同死的人，那些为了保存国家而埋在覆灭后的祖国废墟之下的人，比起任何领域成功的冒险者，更应该成为道德嘉许的对象。从以上的例子我们可以得出，道德嘉许虽然限于心灵的运用，但是，伴随着每个"有用的"运用，即使在其运用的地方也不要求产生实际有用的效果。在弗格森看来，良善的意志本身就构成了道德嘉许的充分条件。换言之，我们必须承认，是仁慈而不是实际上的有用性，是道德嘉许的对象。弗格森指出，如果有用性这个词包括任何有益的或使人类受益的所有东西，那么美德自身或它的组成部分，如智慧、善、节制、坚韧，以及人类最大的善都是受影响的。那么，我们仅仅把心灵最主要的目标误认为一种东西的有用性是有问题的。显然，把幸福的价值表示为一个东西的有用性是极其荒谬的。毫无疑问，美德是有用的，但是我们不能以此为标准来衡量美德。[1] 换言之，美德的外在效果应该得到承认，但是

---

[1] Adam Ferguson, *Adam Ferguson: Selected Philosophical Writings*, ed., by Eugene Heath, Imprint Academic, 2007, p.141.

我们不能以此认为，以美德为目标的爱、尊敬等情感仅仅是基于便利和利益的考虑。可见，在弗格森看来，不管是评价一个人（的心灵）还是其行为，都不能以所谓的"有用性"为标准，因为心灵和行为是否值得赞赏不是与其实际上的"有用性"相对应的，而是与那些值得赞赏的情感（affection）和性情（disposition）相一致的，仁慈、善等德性本身就是值得高度赞许的东西，以"有用"来评价这些德性是对它们的污蔑和诋毁。①

弗格森说："同情，在通常的语言中一般限于怜悯，但是，最近一些人（如亚当·斯密在《道德情操论》中）把它延伸到了赞美的情感。这就把仅仅是本能和情感的传递视为我们应该毫无缘由地笑他人之所笑，喜他人之所喜，悲他人之所悲。由此得出同情是道德嘉许的基础。"② 显然，弗格森对斯密以同情判断道德善恶是持不同意见的。③ 他指出，如果按照斯密的同情来衡量道德的话，那么将会出现许多怪相。因为同情理论认为，在特定的情况下，旁观者感受到的情感或动机是受其他人所激发的，建立在这种假定下，如果同样的事情发生在他的身上，这种情感的分享将构成一种嘉许。因此，当一个人抱怨或欢喜时，如果这个旁观者在同样的情况下，表现出悲伤或喜悦，那么他必然就赞同了。而且，如果这种喜悦或悲伤超越了旁观者所感受到的，则会被谴责为软弱或轻浮；反之，如果这种喜悦或悲伤达不到旁观者所感受到的，则会被谴责为冷漠；如果与旁观者的感受大致差不多，将被称赞为适当。人类行为中的其他类似的情感大致也是如此。弗格森指出，如果

---

① Adam Ferguson, *The Manuscripts of Adam Ferguson*, ed., by Vincenzo Merolle, Pickering & Chatto, 2006, p. 63.

② Adam Ferguson, *Adam Ferguson: Selected Philosophical Writings*, ed., by Eugene Heath, Imprint Academic, 2007, p. 142.

③ 罗伯特·克莱克（Robert Clerk）的观点与弗格森比较接近，他同样质疑斯密的同情理论，他的质疑主要有三点：一是同情的标准是什么？道德能通过旁观者的同情产生吗？二是用同情这一更加艰涩的概念来解释道德感是不可取的；三是同情很难产生相应的赞许情感。克莱克同样反对休谟道德评价的"有用性"标准，指出休谟忽视了一个人行为的动机，只是用行为的外在效果来进行道德评价。我们甚至可以说，在某种意义上，弗格森正是借克莱克之口表达自己对于休谟和斯密在道德评价问题上的态度。详见 Adam Ferguson, *The Manuscripts of Adam Ferguson*, ed., by Vincenzo Merolle, Pickering & Chatto, 2006, introductory Essay lxvii-lxviii, pp. 184。

这样的话，那么道德的区分和判断就非常随意了。退一步说，即使相互的同情或许意味着双方对彼此满意，但是，在全人类的立场上，他们之间的合意或许是错的。而且，"如果一个人的行为需要另一个人的同情来证明，那么我们仍然可以质疑同情自身的正当性"。[1] 如果我们承认，分享他人的情感值得嘉许，否则就谴责其行为，那么我们判断自身的同情又是什么呢？如果德性仅仅在于我们的情感和行为与他人一致，那么这将意味着世界背后的行为无所谓正义或不公；或者意味着在行动上听从庸人的判断，那么我们将非常危险、非常容易犯大错误，因为大众往往是存在偏见的，很多时候对美德的判断是不正确的。那么，美德不是指对真正同情的考验，而是对旁观者的同情的考验，这同样是荒谬的。弗格森进而指出，同情这种理论是建立在猜测的基础上的，即分享任何激情或情感，或意识到在同样的情形下我们自己会受影响，并以此赞同行为的动机以及结果。但是，在任何情况下，我们都必须承认道德上的嘉许或责难是特殊的情感，它关心的是其他情感的是非，不管是原初的还是同情的，进而有时使心灵展示出同情成为可能，不管它是正确的还是错误的。[2] 弗格森举例说，尽管我们通常会同情一个人对美妇人的崇拜，但是我们绝不会把这种情感误认为美德，有时甚至会被视为好色或堕落；尽管我们想象如果有钱会买一套房子，我们也不会把那些购买房子者的选择视为慷慨。[3] 有些时候，在没有得到嘉许的情况下，同情和有用性还是存在的，反之，同样有些嘉许不需要同情及实用性，因为我们有时对自身的所为所感有一种观念，这种观念完全不同于我们从他人那里所感受到的。应该说，同情是有界限的，它不能成为道德评价的普遍原则。同情只在我们感同身受他人仁慈、公正、勇气和正义时才与嘉许（赞许）是一致的。诚然，同情是人的社会性的一部分，但是，与其他自然倾向一样，同情容易被滥用，它绝不是道德评价的合适标准。[4]

---

[1] Adam Ferguson, *Adam Ferguson*: *Selected Philosophical Writings*, ed., by Eugene Heath, Imprint Academic, 2007, p. 142.

[2] Ibid..

[3] Ibid..

[4] Ibid., p. 143.

综上所述，弗格森反对克拉克把理智的原则作为是非善恶的裁判者，而把道德视为理性深思熟虑的结果的观点；反对休谟把道德的基础建立在实用之上的观点；反对斯密把同情作为道德的基础，并且证明同情一个人和赞许他的行为是不同的。同样抛弃了哈奇森著名的道德感理论，指出"道德感不过是一种隐喻的表达"。然而弗格森的道德哲学一定程度上吸收了他们的成果。对于霍布斯、休谟、斯密，弗格森承认私利和实用的重要性，并把它们整合为道德上的自我持存法则；哈奇森关于普遍的仁慈的理论和斯密的同情理论，弗格森把它们融进了社会法则中。但是在弗格森那里，自我持存法则和社会法则只是手段，而不是人类的目的，它们都从属于至高的目的，这种目的就是完美（perfection）、至善、追求卓越。因此，弗格森道德嘉许的原则正是建立在完美的基础上，并且把它视为所有有智生灵与生俱来的法则，借此判断任何尊敬或蔑视的情感，任何称赞或责难的表达。弗格森指出，我们或许可以把辨别卓越和缺陷的能力视为有智生灵天生具有的能力。对这种生灵来说，自我意识是非常重要的，人类的智慧将在鉴赏力的运用过程中取得进步。因此，如果要问道德嘉许的原则到底是什么，我们可以回答：它是完善或卓越的观念，这是有智生灵天生就有的，他们用它指任何尊敬或鄙视的情感，表达称赞或责难，而美德正是作为人性中的具体的完美或卓越才受到嘉许的。①

本章小结

现代社会呈现出一定的道德滑坡甚至破碎，因此，德性伦理学主张，为了挽救德性、拯救人类自身，我们必须回到以前的德性时代中去，复兴古典的美德。总体上说，苏格兰启蒙运动的德性理论是以人性论为基础的道德情感主义。换言之，苏格兰启蒙思想是以人性为理论起点的，而其对人性分析的首要目的就是通过对情感的分析找到德性的根据，以及道德判断的原则。

---

① Adam Ferguson, *Adam Ferguson: Selected Philosophical Writings*, ed., by Eugene Heath, Imprint Academic, 2007, p. 147.

18世纪，伦理学界围绕道德的基础问题展开了激烈争论，形成了两大阵营、两种根本对立的观点：理性派将道德的基础归结为理性，相反，以弗格森、休谟、斯密等为代表的苏格兰思想家们则怀疑理性在道德区分中的地位，指出理性的有限性，并对情感在道德区分中的决定地位给予论证。而人类有利己和利他两种情感，当时的思想家要么主张仁爱，要么主张自爱，或者过于强调其中的某个方面，即总体上是从冲突的角度理解人类的两种情感；弗格森则认为利己和利他都是人性的组成部分，二者可以协调并存。与休谟和斯密不同的是，弗格森更加重视人性中的仁慈、利他的一面，在这一点上他与沙夫茨伯里和哈奇森一致；但是他并没有武断地指出，仁慈是人性的全部，他还看到了人性中的自利倾向。

　　在弗格森那里，德性特指人在道德上的优秀品质，德性是人的品质中"卓越"的部分；德性与人的行为紧密相连；德性是心灵的一种品性；德性的认知与一定的历史环境相关。弗格森关于德性种类的分析主要有两个方面：一是四种最主要的德性，即正义、智慧、勇敢和节制；二是对于市民社会来说非常重要的几种德性，如勇敢、爱国、积极的政治参与等。

　　在弗格森看来，所谓的道德法则通常是指对于善、仁慈、追求卓越等德性的一种应然表达。弗格森进而指出，对人来说，道德的法则既与其心灵有关，又与其外在的行为有关。因此，道德哲学包括两个方面：一是关于心灵和人的幸福；二是关于一个行为的外在条件。可见，道德法则可分别应用于心灵和外在行为。在弗格森那里，道德法则运用于外在行为主要体现为道德裁决，而道德裁决包括强制法的裁决（即法律裁决）和义务的裁决。义务的裁决是指采取用来决定人的恰当选择和行为的观念，包括宗教裁决、良知裁决、舆论裁决。道德评价在弗格森的道德哲学体系中也是非常重要的一个方面。弗格森关于道德评价、道德嘉许的原则是建立在完美的基础上，并且把它视为所有有智生灵与生俱来的法则。

第五章　人类的幸福及完善

在前面两章中，我们分别探讨了人的自由意志和德性。可以说，在弗格森那里，正是人的自由意志和人本性中的德性使得人类幸福的获得有了可能性，人类并非是无可救药的或者是唯有通过上帝才能获得救赎。诚然，由于人类对自由意志的滥用、社会自发发展的负面作用，导致文明社会的堕落、腐化，但是以下两个方面表明人类必然能够走出困境、走向幸福：赋予人类自由意志的上帝确保了人类能够走出困境；更为重要的是，获得自由意志的人类能够通过自身的努力和正确选择走出腐化，恢复人本性中所拥有的德性，并最终走向幸福。换言之，在弗格森看来，人类走向完美并获得幸福是上帝创世的最终目的，[1] 同时，在上帝的体系中，"人由于被用作自然秩序中的活力，注定不会舍弃他自身的幸福"。[2] 本章就在弗格森的理论框架下谈谈幸福及其如何实现、完善的问题。

第一节　对幸福的探寻

什么是幸福？如何才能获得幸福？幸福与道德的关系如何？幸福是我们每个人都关心和渴求的，但由于幸福与生活的主观感受紧密相关，

---

[1] Adam Ferguson, *The Manuscripts of Adam Ferguson*, ed., by Vincenzo Merolle, Pickering & Chatto, 2006, p. 4.

[2] 亚当·弗格森：《道德哲学原理》，孙飞宇、田耕译，上海世纪出版集团2005年版，第61页。

所以对幸福的理解也是多种多样的。幸福有时被直接等同于快乐；有时被理解为外在的财富、权力、名誉、幸运；有时被理解为德性；等等。弗格森指出，作为一个幸福的人通常意味着：他的过去拥有美好的回忆，而不是悔恨；他的当下是满足和快乐，而不是痛苦；他的将来充满希望和信心，而不是恐惧。[①] 诚然，幸福对我们来说是一个既熟悉又陌生的话题。正如弗格森所言，幸福"这个意蕴丰富的词最经常出现在我们的交谈中，也是我们最熟悉的一个词，但是，仔细思量一下，或许它是我们最不了解的一个词"。[②] 纵然幸福是人人都努力追求的，但是我们很少会去仔细思考它。下面我们通过阐述幸福与快乐、美德、追求等之间的关系来考察这个概念。[③]

一 快乐与幸福

有些人认为，快乐（pleasure）就是一种幸福（happiness），有时甚至把幸福直接等同于快乐，这是典型的快乐主义幸福观。一般认为，在西方快乐主义幸福观源于古希腊哲学家阿里斯底波（Aristippus）创始的昔兰尼学派。该学派认为，每个人都有感觉，唯有人的感觉才能够感受快乐和痛苦，因此，感觉是快乐的唯一源泉。他们同时指出，快乐是最高的善，追求快乐是人生最大的幸福。由于昔兰尼学派所说的快乐主要是指肉体感官欲望的满足，因而遭到许多批判。实际上，对西方产生更深远影响的快乐主义幸福观是由古希腊哲学家伊壁鸠鲁提出的。伊壁鸠鲁同样从感觉主义出发，认为人的一切认识皆源于感觉，检验真理的标准也是人的感觉。由此他推出感觉上的快乐与否是人们进行行为选择的根本标准，也是幸福生活所要追求的最高目标。但与昔兰尼学派不同的是，伊壁鸠鲁所指的幸福包括物质和精神两个方面，即他认为幸福是指肉体的无痛苦和灵魂的无纷扰。在他看来，身体上的康健和基本的物质

[①] Adam Ferguson, *The Manuscripts of Adam Ferguson*, ed., by Vincenzo Merolle, Pickering & Chatto, 2006, p. 4.

[②] 亚当·弗格森：《文明社会史论》，林本椿、王绍祥译，浙江大学出版社2010年版，第45页。

[③] 本书所讲的"快乐"通常是指英文中的"pleasure"，但偶尔也指"happiness"；"幸福"主要是指"happiness"，但在谈到社会或国家的幸福时有时是指"felicity"，"felicity"有时在本书中译作"福祉"。

资料是获得幸福生活的前提，一个疾病缠身或衣食堪忧的人是不会有快乐的，也很难想象他能获得真正的幸福，换言之，幸福的生活必须有物质基础的支撑做保障。然而，伊壁鸠鲁同时非常强调幸福的精神方面要素，在他看来，就快乐的程度来说，精神上的快乐是远远高于物质上的快乐的。因此，"灵魂的无纷扰"才是最大的快乐、终极的幸福。

弗格森并不赞同快乐主义幸福观，他指出这种幸福观对幸福的错误认识最普遍的是以人的欲望是否得到满足来判断，即欲望得到了满足为幸福，得不到满足为不幸。他说："若幸福只是人的自然最易感染的那种最大的享乐，那么很多时候我们则应该说人不因其欲望实现而被认为是幸福的，而因其有所欲望而不幸。"[1] 他举例说，通常情况下邪恶之人并不因为他们实现了邪恶的目的而被人们视为幸福，反而会因为他怀此邪恶的激情而被视为不幸福；愚蠢之人并不因为他们占有所羡之物而被视为幸福，而因其所羡之物无甚价值而被视为不幸福；放纵之人不因其享有平庸之乐而被视为幸福，而因其没有舍弃低劣而求自然中更高的享乐而被视为幼稚和不幸福；懦弱之人不因其逃脱危险而被视为幸福，而因其深陷恐惧而不幸。[2] 因此，弗格森认为以欲望的满足作为幸福的标准是不可取的，因为人的欲望是无限的，一个欲望的满足必然会产生新的欲望，如此一来人永远处于身心焦虑的状态之中，毫无幸福可言。他说："那些欲望最经常得到满足的人，往往被认为是最幸福的人。但是，如果事实上欲望的满足和不断地享受是幸福的前提，那么大部分人都有理由抱怨自己的命运。他们所谓的快乐往往是昙花一现的；你渴望得到的东西，一旦获得，就不再萦绕心间。接着又会出现一种新的激情，和以往一样，幻想获得遥远的幸福。"[3]

在弗格森看来，幸福生活必定是快乐的，但并不是所有的快乐都是幸福，因为快乐过多，或快乐带来的痛苦过多，那快乐就是恶，它带来的只能是不幸，而不是幸福。显然，快乐是与幸福密切相关的，比如说当我们饥饿、口渴、睡眠等得到满足时，我们维持了自身。换言之，人

---

[1] 亚当·弗格森：《道德哲学原理》，孙飞宇、田耕译，上海世纪出版集团2005年版，第75页。
[2] 同上书，第76页。
[3] 同上书，第45页。

类自我持存的本能得到了满足，这是人类存在的前提和基础。尽管如此，如果把幸福简单地等同于快乐，尤其是通常情况下人们总是强调感官的快乐，那么这种快乐对幸福很可能是有害的。与伊壁鸠鲁一样，弗格森把快乐区分为物质上的快乐和精神上的快乐。他说："对于动物性持存有益的、必要的东西的使用，是快乐的。那些有害的东西，则是痛苦的；关于任何完美的感觉是快乐的，而关于那些缺陷的感觉则是痛苦的；爱是快乐的，恨是痛苦的；希望和喜悦（joy）是快乐的，悲伤和恐惧是痛苦的；心灵或身体的实践是快乐的。"[1] 这些快乐和痛苦弗格森把它们归为两类，即"一种是动物性的，一种是有心智的"。[2] 动物性的享乐（如吃、喝、睡、性等）来自对人作为动物生命有益的事物的恰当使用，从根本上说，它们服从生命的欲望或自我持存的法则。这种快乐或享乐取决于欲望的恢复，或自然的紧迫要求。弗格森进一步指出，这种快乐无法保持连续性，它所带来的心灵感受往往是一时的、短暂的、稍纵即逝的，人们在这个短暂的过程中所获得的愉悦感远远不如真正幸福所带来的持续的情感体验。而在他那里，有心智的快乐和痛苦按其层次从低到高可分为三类：意见、感情、实践。其中，与意见相关的快乐和痛苦，主要是一些喜悦或忧愁、希望或恐惧，它们总是与相关事物的在场或缺席相伴，这种快乐离物质性快乐最接近，很容易滑向物质性的享乐；出于感情的享乐或痛苦是由爱或恨这两种相对立的自然构成的，即爱总是快乐的，尽管有时也会夹杂着折磨或悔恨，恨总是痛苦的，尽管有时也会夹杂着兴奋；快乐的实践则源于行动过程中身心的贯注，是最高级的快乐。[3]

但是，在弗格森那里，人的这两种快乐和痛苦的地位是不同的，换言之，"动物性的享乐与痛苦一般而言服从于有心智的享乐和与痛苦"。[4] 动物式的快乐是人的一种感官体验，通常只是在人体某个感官受到具体的刺激时才产生，这种快乐仅仅是人类的生物属性的体现。而且，人们

---

[1] Adam Ferguson, *Analysis of Pneumatics and Moral Philosophy*, Edinburgh, 1766, pp. 31–32.
[2] 亚当·弗格森：《道德哲学原理》，孙飞宇、田耕译，上海世纪出版集团2005年版，第72页。
[3] 同上书，第72—73页。
[4] 同上书，第73页。

在获得这种快乐的满足之后,往往会产生新的、更多的需求,即时快乐的满足总是赶不上人所意欲追求的快乐,如此一来将会使人们永远处在患得患失的紧张、焦虑的状态之中不能自拔,而且过分地沉迷于这种快乐会扼杀人应对危急情境时的敏感和决断的能力,最终导致痛苦和不幸发生。因此,弗格森认为快乐通常具有短暂性而幸福具有持久性,并由此指出,通常感官上的享乐在很大程度上依赖于意见,但人们一旦觉察到沉溺于其中的恶,这些享乐很快就会破灭。他说:"比起情感(affection)和行动(conduct),感官上的快乐是微不足道、转瞬即逝的",①"兽欲的满足持续时间很短。喜欢感官享受只是精神失调罢了。"② 而且,对这些感官享乐的喜好,会完全止于炽热的感情和积极的投入,换言之,动物性的快乐是短暂的,情感和实践中的快乐才是更持久的、更值得追求的快乐。而且,很多时候动物式的感官享乐是有害的,若强要使之延续下去,"将会导致人类心灵机能的中断,并且使其堕落为禽兽或以不幸而告终"。③ 弗格森认为,所谓感官的生命,要么是极度麻木不仁,要么是迷乱的消遣放纵,它源于幻觉所带来的愉悦。最多不过是那些无关紧要的闲聊逗趣。同样,身体的痛楚也将受到意见的影响,极端惧怕痛楚的懦夫痛苦最多,而无惧痛苦的勇者或强人反而痛苦最少。痛苦也止于炽热的感情和积极的投入。④ 弗格森由此指出,"越是严肃和紧迫的事务越可取,越是微不足道、只能带来表面快乐的事务,越不可取",⑤ "整体来说,公正的意见、善意的感情和认真的操持是人的本性中更为可取的享乐"。⑥

显然,生活中如果没有快乐,一切将平淡无奇,就称不上真正的幸

---

① Adam Ferguson, *Analysis of Pneumatics and Moral Philosophy*, Edinburgh, 1766, p. 35.
② 亚当·弗格森:《文明社会史论》,林本椿、王绍祥译,浙江大学出版社2010年版,第48页。
③ Adam Ferguson, *The Manuscripts of Adam Ferguson*, ed. by Vincenzo Merolle, Pickering & Chatto, 2006, p. 5.
④ 亚当·弗格森:《道德哲学原理》,孙飞宇、田耕译,上海世纪出版集团2005年版,第72—75页。或Adam Ferguson, *The Manuscripts of Adam Ferguson*, ed. by Vincenzo Merolle, Pickering & Chatto, 2006, p. 5.
⑤ 亚当·弗格森:《道德哲学原理》,孙飞宇、田耕译,上海世纪出版集团2005年版,第74页。
⑥ 同上书,第75页。

福生活。但快乐有别于幸福，尤其是动物式的快乐是由某些具体的需要或欲望得到满足而产生的愉悦感，而幸福是人生中根本的、总体的需要、欲望、目的得到某种满足所产生的愉悦感。弗格森认为，动物式的快乐往往会使得我们过于关注财物，而对财物的过分关注对于幸福是非常有害的，比如导致人的冷漠麻木、焦虑不安等。他指出人们在追求幸福的过程中往往只注重物质财富的增长，而忽视德性的完善和精神的升华。可以说，幸福是我们最大的快乐、最长久的快乐。此外，可把快乐归一种充满意义的生活之中。在自我选择的行动获得成功之际，快乐便自然而然地到来了，但不能把快乐凌驾于一切之上。弗格森指出，"快乐一词太过模糊而不能替代幸福"，[①] 在他那里，唯有心智的快乐，特别是基于德性的情感和实践的快乐才是真正的快乐，才是促进人类幸福的。而且，从总体上讲，快乐相对于幸福来说具有工具性的特点。正如弗格森所言："除了感官享乐之外，我们所有的享乐都来源于我们心有所图或心怀所感，而快乐对它们来说不是目标，而是途径。因此，狩猎之乐来自于对捕获猎物的渴望；操持之乐来自于我们追逐目标的兴奋；而友爱之乐来自于我们对他人的关心；善的快乐则在于德性带来的尊重。倘若快乐是我们的惟一目标，那么在上述所有的情况下我们都要优先考虑快乐。"[②] 由此可见，在弗格森那里，快乐仅仅是作为实现幸福的一种途径、一个工具，快乐自身作为工具不能说明快乐的价值，而是要以是否有助于幸福的实现为标准来衡量自身的正当性。而且，快乐往往很容易堕落为单纯的肉体感官方面的享乐，这种快乐越多则危害越大。

综上所述，快乐侧重的是感官欲望的暂时满足，幸福追求的是精神上的持久满足；快乐体现的是表层的情绪状态，幸福体现的是深层的心理状态。幸福以快乐为基础而又高于快乐，快乐是获得幸福的工具，而不是幸福本身。

二 德性与幸福

德性与幸福的关系也历来是伦理学上争论的热点，可是，过去的

[①] 亚当·弗格森：《道德哲学原理》，孙飞宇、田耕译，上海世纪出版集团2005年版，第76页。
[②] 同上。

伦理学强调的重点各不相同。有的强调德性，不仅把德性作为伦理学研究的对象，而且把德性作为个人和社会的终极追求目标；有的则强调幸福，视幸福为人生的最高境界。孰重孰轻，莫衷一是。自柏拉图以来，在西方道德哲学领域中，关于幸福与德性关系的理论强调两者统一的并不太多，大多认为幸福与德性是相互对立的，甚至是处于矛盾、紧张的冲突之中的。初看上去，幸福与德性似乎确实是互相矛盾的，因为幸福是以个体为中心的，而德性则通常是限制个体以服从社会或国家的。

综观西方伦理学发展的历史，关于道德和幸福的关系问题主要有两种典型的观点，即"德性即幸福"和"幸福即德性"。德性即幸福的观点在古希腊的苏格拉底、柏拉图那里就已经出现。柏拉图认为"至善即幸福"，人为了得到幸福，就必须抑制自身的激情和欲望，使之合乎理性和德性的要求。因此，德性即幸福的观念在很多时候是要求人们超越肉体感官的享乐，而追求心灵的至善。这一思想经由斯多亚学派的发展，在中世纪时表现出非常明显的禁欲倾向，当时的神学家大多否定人的自然需求，并将其作为邪恶加以批判。持这种幸福观的思想家大多认为幸福只是德性的附属品，拥有了德性就自然而然地拥有了幸福，因此只有德性才是最根本的。这种幸福观的最大特点是将德性等同于幸福，强调精神幸福的重要性而忽视了幸福的物质条件。所谓幸福（即道德的幸福观）主要表现为快乐主义。快乐主义幸福观的主要代表有伊壁鸠鲁、文艺复兴时期人文主义者及之后的英国功利主义者等。他们大多把快乐——甚至是感官上的快乐看作至高无上的目的，而道德则是实现幸福的途径和工具。他们大多强烈批判彼岸的精神幸福，只有现世的幸福才是合理的、最重要的，对他们来说，获得了幸福也就得到了道德。

对于德性与幸福问题，弗格森指出，人类的幸福主要不是通过外在东西获得的，而是从人类自身内在的品质中获得的，"外在的物质如果不同人的心灵联系在一起，将毫无价值可言"。[①] 他强烈批判了快乐主义幸福观，指出持有这种幸福观的人"试图在外界寻找那种只有在心灵的

---

① Adam Ferguson, *The Manuscripts of Adam Ferguson*, ed., by Vincenzo Merolle, Pickering & Chatto, 2006, p.77.

品质上才能寻找得到的幸福",[1] 他们在实践中往往适得其反,不是获得幸福、反而遭受苦难。他们或是把自己的幸福寄希望于外在的偶然机遇,故而常常患得患失、焦虑不安;或是认为幸福的获得取决于他人的意愿,故而常常卑躬屈膝、怯懦无能;或是认为幸福在于和他人竞争的事物之中,故而在追求幸福的过程中陷入了那些导致更大痛苦的妒忌、仇恨、憎恶和报复的情绪之中。[2] 在弗格森看来,为将来考虑我们必须抛弃当前的享乐,而且我们更应该坚持基于正义、正直情感的行动而不是为了利益和安全的考虑。一个正直的人,在任何时候都应该为了坚守职责而放弃自身的享乐,正是这种坚守才是终极的快乐。[3]

弗格森是如此论证德性与幸福之间的关系的:与亚里士多德一样,在弗格森那里,德性、完美、善与幸福是一致的。仁慈、坦诚的情感构成了有智生灵的完美和幸福,反之,恶意、嫉妒带来的是苦难。弗格森进而指出,"如果说追求的目标是善的,那么每前进一步必然都通向幸福"[4],换言之,"善的拥有为幸福,恶的累积为不幸"。[5] 而他的"善"就是一种卓越的人类性情、品质,即德性,反过来也可以说,"通常被视为人性上的卓越的德性是善"。[6] 因此,在弗格森那里,美德、完美和幸福对人类来说是一个东西,它们只是对同一情形的不同表述而已,幸福就意味着一种令人愉悦的完美状态和一些最值得赞赏的品质上的美德。[7] 弗格森尤其强调,德性对人的幸福来说是至关重要的,它是获取幸福的一种能力,美好的生活无外乎德性的运用和实践,即亚里士多德所说的"德行"。用弗格森的话说就是,"人们性情的流露和满足,同样

---

[1] 亚当·弗格森:《文明社会史论》,林本椿、王绍祥译,浙江大学出版社2010年版,第59页。

[2] Adam Ferguson, *An Essay on the History of Civil Society*, ed., by Fania Oz-Salzberger, Cambridge University Press, 1995, p. 54. 译文参考了中文版第59页但稍有调整。

[3] Adam Ferguson, *The Manuscripts of Adam Ferguson*, ed., by Vincenzo Merolle, Pickering & Chatto, 2006, p. 50.

[4] 亚当·弗格森:《道德哲学原理》,孙飞宇、田耕译,上海世纪出版集团2005年版,第78页。

[5] Adam Ferguson, *The Manuscripts of Adam Ferguson*, ed., by Vincenzo Merolle, Pickering & Chatto, 2006, p. 77.

[6] Adam Ferguson, *Analysis of Pneumatics and Moral Philosophy*, Edinburgh, 1766, p. 32.

[7] Adam Ferguson, *The Manuscripts of Adam Ferguson*, ed., by Vincenzo Merolle, Pickering & Chatto, 2006, pp. 5, 73, 74.

可能证明对于我们的幸福或不幸是至关重要的"①,"善的性情（德性——笔者注）对人类的幸福是必要的,而负责任的行为（德行——笔者注）则自然地源于善的性情"。② 拥有德性的人远离恐惧和厌恶、羡慕和嫉妒,而怀着最好的情感,如人道、友谊和爱,他们致力于追求至善的目标、人类的公益,他们是幸福的。③ 换言之,弗格森认为,拥有善良、睿智、勇敢等美德的人享有最高的快乐和最少的痛苦,他们是幸福的,而且这些美德本身是有价值的、可欲求的,这些品性会给其拥有者带来幸福。④ 因此,可以说幸福是一种需要完善的美德,而不是一种需要减轻的罪行（宗教的禁欲主义幸福观所认为的那样）。

同时他指出对于幸福的理解非常重要,理解的不同有时会产生完全相反的后果。比如说把幸福简单地等同于快乐（pleasure）,将会导致人们钟情于动物性的享乐,变得懒散和堕落。反过来,如果在美德的意义上理解幸福,将会使人们致力于行动、勇气和心灵的高级快乐。⑤ 显然弗格森本人是赞成后者的,即美德与幸福是一致的。在他那里,幸福不是暂时的享乐,而是德性的积极实践。由此,他指出,要想获得幸福,人们必须要永怀德性、做符合德性的事情。他说:"看来要使人感到幸福,就要使他的社会习性成为他行动中占主宰地位的源泉；声称自己是社会的一分子,对社会的整体利益他怀有满腔激情,抵制那些成为痛苦的焦虑、恐惧、妒忌和羡慕的基础的个人利益。"⑥

弗格森总结说:"德性与幸福的定义是一致的,并由此可推说,幸福在于个人的品行,而非外部条件所赐","单纯的生命无法构成幸福或苦难,却是获得幸福或苦难的前提"。⑦ 因此,总体上讲,弗格森是持德

---

① 亚当·弗格森:《文明社会史论》,林本椿、王绍祥译,浙江大学出版社2010年版,第58页。
② 亚当·弗格森:《道德哲学原理》,孙飞宇、田耕译,上海世纪出版集团2005年版,第127页。
③ Adam Ferguson, *Analysis of Pneumatics and Moral Philosophy*, Edinburgh, 1766, p. 35.
④ 亚当·弗格森:《道德哲学原理》,孙飞宇、田耕译,上海世纪出版集团2005年版,第76页。
⑤ Adam Ferguson, *Analysis of Pneumatics and Moral Philosophy*, Edinburgh, 1766, p. 35.
⑥ 亚当·弗格森:《文明社会史论》,林本椿、王绍祥译,浙江大学出版社2010年版,第61页。
⑦ Adam Ferguson, *An Essay on the History of Civil Society*, ed., by Fania Oz-Salzberger, Cambridge University Press, 1995, p. 159. 译文参考了中译本第76页,但稍作调整,即笔者认为"it appears"在此处译为"如此看来"更妥。

性即幸福的观点，但是他并不完全反对现实的物质幸福，认为这是构成幸福的物质基础、前提和工具。

三 行动与幸福

关于幸福与追求或人的行动的关系亦是伦理学讨论的一个重要问题。在亚里士多德那里，幸福是灵魂（心智）合乎德性的活动。而且"德性"一词在亚氏那里的范围比较广，包括优良性、优良品质，它既可以指人，也可以指物。而且他还把德性区分为理智德性和伦理德性，并且认为理智德性优于伦理德性，因此他讲的灵魂合乎德性的活动也主要是指合乎理智德性的活动，这种活动在他那里主要指的是思辨。弗格森同样强调行动和追求对于幸福的重要性，但弗格森的德性主要是指人的道德品质、品性而不是指理智德性。因此在弗格森那里，我们可以说幸福是合乎人之品性的生活实践，也就是说，幸福是在表现人的品性的活动中实现的，或者说幸福就在于善的行动过程之中，实践才是幸福。在实践事务中，目的并不在于理论和知识，更重要的是对它们的实践，对德性只知道是不够的，还要力求运用或者以某种办法使我们变得善良。

弗格森强调，人类的幸福依赖于行动，[1] 最能使人愉悦的莫过于那些最使人专注的行动，那些能够唤醒其感情、运用其才能的行动。[2] 相反，认为幸福就是无忧无虑或无所事事，是卑劣的意见。[3] 真正的幸福是通过不懈的努力获得的，这也是我们人生价值之所在，"而且幸福本身的获得是通过把某种行为看做我们的娱乐，不仅在每一特定场合，而且在对人生价值做一般估量时，把人生看做只是发挥心智，吸引人心的一个舞台"[4]。仅仅所谓的"成功"并不必然带来幸福，很多暂时实现了自身"目标"而变得"怠惰"（inactive）的人往往很不幸福，伴随他们

---

[1] Adam Ferguson, *An Essay on the History of Civil Society*, ed., by Fania Oz-Salzberger, Cambridge University Press, 1995, p.52.
[2] 亚当·弗格森：《道德哲学原理》，孙飞宇、田耕译，上海世纪出版集团2005年版，第74页。
[3] 同上书，第79页。
[4] 亚当·弗格森：《文明社会史论》，林本椿、王绍祥译，浙江大学出版社2010年版，第57页。

的是单调和无精打采。① 在弗格森看来，不管是出于对幸福的渴望还是对痛苦的排斥，人的行动比起他要追求的快乐重要得多，无聊比起他想逃避的痛苦更为可怕。② "然而，我们很少考虑与人生福祉有关的、我们注定要完成的任务。我们总是向往着一个纯粹只有快乐的时光，或是要结束一切烦恼，同时忽视了我们眼下对大部分事情之所以感到满意的根源。问一问忙碌的人们，他们追求的幸福在哪儿？他们可能会回答，它就存在于当前追求的东西里。"③ 同时，在弗格森看来，德性的养成不能仅仅通过理论的灌输或理性的说教，应始终坚持以行动为本的原则。实际上，弗格森强调的是道德践履即道德实践活动是提高道德认知能力，养成良好德性的重要方法，因为人的德性只有在实践活动中才能不断完善。因此，从某种意义上讲，对幸福的追求是人类一个普遍特征，人类就是在对幸福的不断追求中进步的。

人的幸福在于行动、在于永恒的追求之中。那么，幸福的人生追求的是什么呢？或者说以什么为追求目标的人生历程才是幸福的呢？我们如何看待这种永恒追求过程之中必然牵涉的一些问题呢？比如，如何看待追求幸福过程中面临的艰难困苦？构成幸福的必要因素是感官享乐还是其他？如何认识主体之间的竞争、冲突？

其一，人类追逐幸福的行动中必然面临诸多挫折、困境。弗格森说，许多人通常认为人生的艰难困苦有损上帝的仁慈，与大善的上帝相违背。但是，人们自己设计出来的许多消遣、娱乐又何尝不是充满艰难困苦？显然，上帝作为缔造人生这一场"游戏"的伟大发明者，很清楚如何才能使人类感到惬意。当然，偶尔也会遭致抱怨，但是，如果没有了抱怨，游戏本身就提不起游戏参与各方的兴趣了。而且，即便是在我们抱怨的时候，我们也并不总是觉得不快乐。有一种苦恼会使人心情舒畅，悲伤本身有时就是快乐的表示。④ 弗格森强调，在困难和危险中，

---

① Adam Ferguson, *An Essay on the History of Civil Society*, ed., by Fania Oz-Salzberger, Cambridge University Press, 1995, p. 51.
② 亚当·弗格森：《文明社会史论》，林本椿、王绍祥译，浙江大学出版社 2010 年版，第 48 页。
③ 同上书，第 47 页。
④ 同上书，第 48 页。

一个人行为的坚毅、能力将得到大大的提升，人作为有生命的、积极的自然物有一个突出的特征就是在发挥作用的过程中自身的能力得到加强，而不像机器那样在使用过程中不断地磨损、不断地削弱，直至毁灭。这种能力上的锻炼、提升，既体现在动物性的机能上，如体形、肌肉的机能的加强，又体现在心灵上，如知识、睿智、判断力、创造力等能力的提升。[1] 但是，人的心智和力量的运用必须在一定的范围之内，如果超过了一定的限度，机体将会过劳而衰。因此，谁在一定的范围内尽力运用自己的心智和力量，谁就会获得远远超出预期的进步，获得更大的幸福。[2]

其二，感官的需求是人类本性的一部分，但它不是构成幸福的主体。如前所述，在弗格森那里，感官的需求是人类生活体系中的一个重要部分。人是动物性和有智性的统一，动物性是人性的物质基础，动物性的感官需求在保存个人以及全人类方面起着非常重要的作用。然而，即使如此，感官需求也只是人性的一方面，人之为人更重要的在于他是有智的生灵，社会性是人的根本属性。因此，弗格森指出，"如果把感官享乐看成是构成幸福的主体部分，这在思想上将是个错误，在行动上将是个更大的错误"，因为感官享乐往往是非常表面的、短暂的，很多时候是无意义的，而"追求的习性是很容易战胜对感官享受的爱好的。"[3]

其三，我们要正确认识竞争、冲突在追求幸福过程中的重要性。弗格森指出，现实生活中似乎存在两种相互对立的而又看似合理的信条：一方面人们大多认为和平、团结是公众幸福的主要基础；另一方面我们又认为不同社会的竞争和自由民的激情是政治生活和人类进步的基本动力。如何协调这两种信条呢？弗格森认为或许没必要刻意去调和，因为二者本身就是促成幸福的两个重要方面，是可以并存和兼容的。这是因为，热爱和平的人将尽一切努力去消除敌对情绪，调和不同意见，而

---

[1] Adam Ferguson, *The Manuscripts of Adam Ferguson*, ed., by Vincenzo Merolle, Pickering & Chatto, 2006, pp. 79, 87.
[2] Adam Ferguson, *Principles of Moral and Political Science*, New York: AMS Press, 1792, p. 228.
[3] 亚当·弗格森：《文明社会史论》，林本椿、王绍祥译，浙江大学出版社2010年版，第49页。

且，这也非常有利于阻止犯罪等恶性事件，促成和谐的共同体的形成，这当然是有利于人们实现幸福的。同时，作为现代社会的公民或者说自由民，他们应该能够积极参与政治实践，并且拥有自由辩论的权利。换言之，他们应该拥有活力，敢于面对、抗争不合理的现实和制度，而不是逆来顺受、死气沉沉。因为，在弗格森看来，"拥有善的事物而对善无动于衷，或者拥有恶的意见，却对事物的恶逆来顺受，皆是可怜之举"。① 显然，弗格森本人更强调人类"分歧"的本性，认为作为一个好的市民应该有所争执，竞争是点燃美德的火炬，而人们没有深思熟虑就提交自己的意见，这种谦恭顺从是腐化堕落的主要原因。② 他举例说："战争对于多少人而言是一种消遣，有多少人选择了危险而又常年疲惫的戎马生涯？有多少人选择了毫无舒适可言，要不断与困难作斗争的水手生涯？有多少人选择了常年囿于党派之争的政治家生涯？又有多少人为了不至于无所事事，替那些与他毫不相干的人和国家办事？并不是说这种人甘于放弃快乐，而选择痛苦，而是说他们受到一种永远不想静止不动的天性的驱使，要不断发挥自己的能力和决心，他们在斗争中感到欣喜。当他们停止工作时，他们就会垂头丧气，萎靡不振。"③ 弗格森进而指出，平静、非对抗不是国家幸福的重要因素，而对抗、动乱、分歧、争论对国家幸福来说是必要的，而且国家自身就是起源于对立团体之间的冲突。弗格森认为，虽然相对于野蛮民族之间及内部纷争、暴乱，"一个更为安宁的国家会产生许多幸福。但是，各国若是实行扩张和绥靖计划，直到国民再也无法感受到社会的共同纽带，也不再热衷于国家事业，那么，它们一定会在相反的一面犯错误。由于它们几乎没剩下什么可以唤起人类精神的东西，随之而来的即便不是一个衰亡的年代，也是一个消沉的年代"。④

因此，在弗格森那里，人性是好动的，渴望一种需要付诸激情的挑战是人类的天性。人类在追求幸福的过程中，不断运用理智克服、防范

---

① 亚当·弗格森：《道德哲学原理》，孙飞宇、田耕译，上海世纪出版集团2005年版，第80页。
② 亚当·弗格森：《文明社会史论》，林本椿、王绍祥译，浙江大学出版社2010年版，第69页。
③ 同上书，第50页。
④ 同上书，第245—246页。

可能出现的谬误，同时在这个实践中我们的能力得到了锻炼和改善，我们或许会犯错，但我们不能因此放弃追求，理智进步的历史表明，正是这些谬误指引着我们完善自我、发现真理。[①] 而且，人类正是在从事严肃"事务"的过程中实现自我、获得幸福的，反之，"将一切义务、一切积极的投入拒之门外，只会使生活成为不堪之重"。[②] 但是弗格森把商业活动排除在他的"事务"之外，另外，他的"事务"必须是选择的"自由"实践，而不是对生理需要的反应。换言之，自由的公民是这种严肃事务的必要条件，只有这样人类的幸福和美德才能真正得以保障。公民积极参与严肃的"事务"是一个社会繁荣兴旺的标志。弗格森反对休谟、斯密的"现代性"，主张一种思想的传统性，即探索人的美德领域的严肃的"事务"与动物的感官领域的需求和物质享乐是不同的。这里，弗格森继承了斯多亚主义关于幸福和美德的思想，即真正的幸福只有在美德的积极实践中才能获得，换言之，美德是积极努力的结果。因此，幸福与美德是统一的，它们都是人的好动本性的正确实践的结果。[③] 由于我们拥有理智的积极能力，我们能够选择在严肃的事务中追求真正的美德以实现自我。外在行为是他们判断我们内在动机（美德的标志）的必要条件，弗格森认为，一个人的价值是通过其外在的结果为人所知的，尽管外在结果是从属于精神上的情感的。弗格森指出，一个有德之人拥有从善的倾向，并以饱满的热情和活力追求积极的美德。他说，评价一个人不是看他知道什么，而是看他能够做些什么，如何运用物质服务人类。这里弗格森实际上坚持了动机和效果相结合的原则来评价行为的道德性。

前面我们探讨了弗格森关于幸福与快乐、幸福与德性、幸福与追求之间关系的思想。那么，到底什么是幸福呢？对此，弗格森有一段非常经典的论述：

[①] Adam Ferguson, *The Manuscripts of Adam Ferguson*, ed., by Vincenzo Merolle, Pickering & Chatto, 2006, pp. 60, 72, 84.

[②] 亚当·弗格森：《道德哲学原理》，孙飞宇、田耕译，上海世纪出版集团2005年版，第79页。

[③] Craig Smith, *Ferguson and the Active Genius of Mankind*, in Eugene Heath and Vincenzo Merolle, ed., *Adam Ferguson: History, Progress and Humannature*, Pickering & Chatto (Publishers) Ltd., 2008, p. 163.

"在一个时代或一个国家里，人们认为环境对幸福是必要的，而在另一个时代或国家里，人们则认为环境会破坏幸福或对幸福毫无影响。幸福不等于连续不断地一味享受肉体快乐。除了人们在职业和朋友方面所花的时间外，这些肉体的快乐只占据了人生很少时光。如果重复得过于频繁，这些肉体的快乐就会让人发腻，令人作呕。过分纵欲很伤身体。肉体的快乐就像夜空里的闪电，只能使闪电偶尔划破的夜空变得更加黑暗。幸福并不是舒舒服服的休息，也不是幻想中的无忧无虑。当它们遥不可及时，它往往是人们向往的目标，但是，一旦接近，它就会给人带来一种比痛苦还要难以忍受的单调和无聊。如果上述的有关幸福的评述是公允的话，那么幸福应该是来自追求，而不在于任何一种目标的实现。并且，在我们达到的每一种新的境界，甚至于在一个一帆风顺的生命历程中，与其说幸福依赖于我们注定要有所作为的环境，依赖于我们手中所拥有的物质，或依赖于他人为我们提供的工具，不如说幸福依赖于我们心智适当地发挥作用的程度。"①

由此可见，在弗格森那里，幸福是合乎人的卓越、仁慈等德性的实践活动。幸福以快乐为基础，但高于快乐，幸福是精神上的持续的快乐而不仅仅是肉体上欲望的短暂满足；幸福与德性密不可分，德性是通往幸福之途的必要条件和追求幸福之人生的目标；幸福存在于不懈追求善的过程之中，幸福在于有所作为而不是无所事事。换言之，幸福不是暂时的满足与享乐，而是人类自身进步、完善所指引的高峰，是人之存在的最终目的，是趋向"善"和"智慧"的能力。②

第二节 个人与国家的幸福及其影响因素

一 个人（国民）的幸福与国家的幸福

个人的幸福通常是指个人在追求目标的过程中以及实现时心理上的满足感；而国家的（或公共的）幸福是国家作为一个整体而普遍享有的

---

① 亚当·弗格森：《文明社会史论》，林本椿、王绍祥译，浙江大学出版社2010年版，第55页。

② Adam Ferguson, *The Manuscripts of Adam Ferguson*, ed., by Vincenzo Merolle, Pickering & Chatto, 2006, introductory essay, p. lxii.

幸福，是一个国家中的绝大多数国民为了国家共同体的利益，在创造物质文明和精神文明过程中及愿望实现时的满足感。弗格森指出，个人的幸福是公共的国家幸福的基础。而且，如前文所述，美德、卓越或幸福在很多时候对他来说是一个东西，幸福是人天性中德性的个人品质所固有的。弗格森认为，即使在商业精神盛行的现代社会，"虽然交易是按自我保存的信条进行的，但是，在无所牵挂的时候，人们还是乐善好施的"，"人类在某种意义上还是有足够的能力接受天赋的使命，知道善恶之分"。①

关于国民的幸福。弗格森说："国民的幸福存在于对国家的热爱，存在于与其功绩和能力最符合的等级和身份的分配。"② 在这里弗格森是从两个方面来理解个人幸福的。其一，国民的幸福源于对国家热爱的情感。他指出，通常具有最小私利的人最倾向于热爱他们的祖国，而且，作为共同体的成员的国民越是热爱国家，归属感就越强，国民的个人焦虑就越会得到减轻，国民与公众相关的职能也能得到更好地发挥，国民也会更加幸福。因此，弗格森认为我们应该致力于建立更加公正的国家。在这样的国家中，"国家犹如全体国民的父亲"，人人依恋和热爱国家，而且"人的理智与心灵在履行社会义务和操持公共事务的过程中可得到最好的培养"。③ 其二，国民的幸福还在于各安其命，承认等级和身份的差异。弗格森指出，虽然人与人之间在外貌、性情等方面存在许多相似的地方，但个人由于在禀赋与条件方面的不同必然造成等级和身份上的诸多差异，我们应该根据个人的条件与特性的卓越或缺陷来考察其优劣高下。弗格森强调，我们必须正视和承认人们之间等级和身份上差异（或不平等）的客观性和合理性。他说："即使是最相似的两个人，也可以因其特性来区分。"④ 比如说，人们之间由于"体魄和能力的不同，知识、果敢和勇气的差异，产生了一种从属关系，弱者依赖于强

---

① 亚当·弗格森：《文明社会史论》，林本椿、王绍祥译，浙江大学出版社2010年版，第41页。
② 亚当·弗格森：《道德哲学原理》，孙飞宇、田耕译，上海世纪出版集团2005年版，第140页。
③ 同上书，第141页。
④ 同上书，第17页。

者，无知者依赖于有知者，怯懦者依赖于勇敢者"。① 随着商业的发展，不断增加的财产也越来越成为影响人们之间身份差异的重要因素。可以说，财产的分配、占用的多寡导致了富人和穷人的分野，造成穷人依赖于富人的局面。而且，当财产、地位等成为世袭的东西，就会出现生而有别的情形。② 实际上，在弗格森看来，一方面，社会中等级差异的存在是一个客观现实；另一方面，这种差异的存在也有利于激励人们去寻求改变以及为追求幸福而努力。

关于国家的幸福。虽然任何国家都是由其国民组成的，没有国民的幸福就不会有国家的进步，前者是后者的基础。然而，相对于国民的幸福而言，国家幸福并不仅仅局限于国民个体的幸福，而更多的时候是以公共利益为目的的，个体国民幸福的实现不等同于国家幸福的实现。在弗格森看来，相对于国土、人口、财富等外在的物质条件，国民的优秀品质更能促进国家的幸福，即国民的德性对于国家幸福至关重要。他举例说，在战争中，人多和资源丰富尽管会有一定的优势，但是一个国家的真正力量不是源于人数众多，也不是财富，而是道义。因为即便一个国家的财富足以雇用许多士兵，修建许多堡垒，提供许多武器，可是贪生怕死的人组成的庞大队伍最多也不过是乌合之众，最终也不堪一击。而且，相对于财富、人口等而言，幸福是一个更为重要的、终极性的价值目标。可以说，幸福既是获得财富、发展商业、扩大疆域、获取知识的目的，又是其内在动力。一方面，人们追求财富等的最终目的是实现幸福的最大化，只有幸福才是终极性的价值目标。另一方面，生产力的突飞猛进、商业的繁荣、技艺的更新，都是在人类追求幸福的推动下实现的。弗格森进而指出，那种认为无须美德，国家的面积、人口、财富、艺术和设施等条件构成国家幸福的观念是有害的和错误的。他认为，虽然"财富、商业、疆域、艺术知识，当它们被人们适当运用时，是自我保存的手段，也是力量的基础"，但"它们的作用在于保存人数，而不在于构成幸福"，而且"当它们用来保存怯懦的、沮丧的、卑贱的

---

① 亚当·弗格森：《道德哲学原理》，孙飞宇、田耕译，上海世纪出版集团2005年版，第17页。
② 同上。

民族时，它们就没有什么意义了"。① 弗格森特别指出，财富只是好生活的手段，并非它的目的，人的目的是追求幸福。② 相对于物质上的繁荣，幸福的满足除了物质因素外，更多的时候指精神上的满足，幸福是物质因素和非物质因素共同促成的。因此，"个人能否受到别人尊重取决于他的品格。而国家要强盛和安全就必须努力保持人民的勇气，培养他们的美德。通过这种方式，他们既实现了外在目标，又获得了幸福"。③

在幸福思想史上，有许多思想家讨论过个人幸福和公共幸福的关系。西方基督教神学大多主张性恶论，认为人性天生就是败坏、堕落的，并且指出人的恶性源于人类与生俱来的原罪，宣扬唯有通过虔诚的信仰才能获得上帝的恩典，从而得到救赎并获得幸福。显然，这种观点忽视了人类自身实践的能力，否认了人类通过社会实践创造个人幸福和公共幸福的可能。17、18世纪的理性主义、情感主义伦理学强烈地批判了宗教天国的幸福观，指出个人的自由和追求现世幸福生活的意义。然而，他们大多强调人的"自我持存"的本性，并以人的自然属性为基础来论证私利（个人幸福）与公益（公共幸福）之间的关系。他们通常主张利己、自爱是人性中的根本方面，人人都追求自身的利益，他们中有些人甚至认为，即使那些致力于公共事业的个人也只是为实现其自身私利目的服务的。在他们看来，公共幸福只是实现个人幸福的手段，只不过是个人幸福的延伸和扩展。可见，在以往的伦理学家看来，在个人幸福与公共幸福，或者说个人利益与社会利益方面大多是冲突的、难以调和的。

在弗格森看来，个人幸福与公共幸福、个人利益与社会利益之间是可以取得一致的。他说："社会利益和个人利益是很容易调和的。如果个人每时每刻都能够考虑到公众利益的话，那么在进行这种考虑的同时，他得到了他毕生所能享受到的最大幸福；社会能给个人带来的最大幸福在于使人人都会依恋社会。人民最热爱的国家是最幸福的国家；一心为社会考虑的人是最幸福的人。在社会中，个人找到了慷慨和热忱的

---

① 亚当·弗格森：《文明社会史论》，林本椿、王绍祥译，浙江大学出版社2010年版，第66页。
② 亚当·弗格森：《道德哲学原理》，孙飞宇、田耕译，上海世纪出版集团2005年版，第76页。
③ 亚当·弗格森：《文明社会史论》，林本椿、王绍祥译，浙江大学出版社2010年版，第69页。

目标，找到了施展才干、发扬美德的空间。"① 由此可见，私人生活是为人们进入自由的公共领域（国家是公共生活的领域）提供物质基础的，而私人生活的领域自身是一个必然的王国，充满着不自由和束缚，跨越私人领域进入公共领域才是人类存在的目的。公共领域是提升品格、实现卓越的场所。在这里，对公共利益、公共善的考虑被置于私利之上，因而是自由和解放的象征。因此，在这个意义上说，公共生活是实现个人幸福的必要条件，也是充分条件。换言之，个人的幸福与国家的幸福总体上是统一的、相辅相成的，这是因为社会生活是相互联系的整体，人既是社会性的动物，也是政治性的动物，人总是生活在一定的社会关系之中、一定的国家之中，个人总是作为国家和社会的一员而存在的；同样，国家也离不开个人，国家总是由不同的个人组成的，国家的发展和进步也是离不开个人实践活动的。个人与国家之间是部分与整体的关系，国家与公民之间是一种积极的共生关系。一方面，个人作为整体的一员，其幸福的实现必须以公共利益的不断增长为源泉和保障。显然，幸福的获得仅靠个人是难以实现和获得的，个人不是孤立的个体，因此幸福只能在社会关系中产生。另一方面，个体的幸福也有利于公共幸福的实现。弗格森说："在上帝的创造当中，整体是借由组成部分之善的事物来维系的，故部分的幸福亦不会危害整体的幸福。"② 在弗格森看来，如果加以美德的指引，个人对自身幸福的追求不但不会危害公益，而且很多时候有助于公益的实现。因此，国家和政府的职责是为其国民追求和实现幸福生活创造良好的政治环境、物质基础和法律保障，而且国民的幸福理应成为国家和政府工作的目的和归宿。弗格森指出，从分析部分和整体之间的关系可以发现，如果说一个国家的公共利益是个人行动的主要目标，那么，我们同样可以说个人的利益和幸福是国家的伟大目标和归宿，这是因为国家作为一个整体是由作为社会成员的个体组成的，如果一个国家中的大多数社会成员不幸福，显然公共幸福是无从

---

① 亚当·弗格森：《文明社会史论》，林本椿、王绍祥译，浙江大学出版社2010年版，第65页。
② 亚当·弗格森：《道德哲学原理》，孙飞宇、田耕译，上海世纪出版集团2005年版，第82页。

谈起的。① 由此可见，国民幸福是国家幸福不断增长的基础，公共的幸福必然蕴含着其每个成员即国民的幸福。然而，私利的实现并不必然会导致公益的形成，国家的幸福也并非每个国民个体幸福的简单累加，而是国家作为一个整体的公共幸福，换言之，它是既包含了国民个体的幸福又是由社会整体所代表的幸福，是在保障公共利益的前提下的个人幸福和整体幸福的有机统一。因此弗格森得出，"人民最热爱的国家是最幸福的国家；一心为社会考虑的人是最幸福的人"。②

然而，现实中个人利益与国家利益、私利与公益之间的冲突总是难以避免的。对此，弗格森指出，人在根本上是社会性的动物，社会是个人实现理想的舞台，离开了社会个人将一事无成。因此，当私利与公益发生矛盾时，他必须毫不犹豫地放弃前者以成全后者。在弗格森看来，个人只是社会整体的一部分，我们认为对他美德的颂扬，只不过是我们对于整体的一分子、一个组织或一部机器的一部分的更为笼统的颂扬的一个分支而已，因为它适合它的位置并能发挥作用。③ 弗格森由此指出，我们必须在群体中研究人，所有关于进步的思考都必须是整个人类社会的，而不是单个的个人。在这种观念的前提下，他讨论自我持存、联盟、斗争、智识的力量、道德情操、幸福等。指出个人的幸福存在于他作为社会一员的实践中，以及提升公共事业的实践中。而国家的力量主要依赖于国民的品质和公共精神。但这种精神在现代国家中被自私和商业精神所削弱，这是他所担忧的地方，也是其伦理学关注的一个主题。

二 影响幸福的因素

通过本章第一节关于"德性与幸福"的论述，我们可以得出：在弗格森那里，幸福是人作为有智生灵所追求的必然要求，而且，唯有有德性的人才配享幸福，也才能感受到真正的幸福，因此在他看来，"将个

---

① Adam Ferguson, *An Essay on the History of Civil Society*, ed., by Fania Oz-Salzberger, Cambridge University Press, 1995, p.59. 中文版第65页。
② 亚当·弗格森：《文明社会史论》，林本椿、王绍祥译，浙江大学出版社2010年版，第65页。
③ 同上书，第64—65页。

人品性视为最高价值是幸福的"①，如果一个人无视道德上的善恶，他要么成为一个彻头彻尾的自私之人，要么成为欲望的奴隶而堕落为禽兽。只有做到道德上的无愧于心才能心安理得地享有幸福。德性是一个人获得和谐、持续的幸福的基石。因此，弗格森指出，"为了获得幸福，我们必须做到智慧、勇敢、仁慈、节制"。②同样，国民的品性对于国家的公共幸福的实现是至关重要的，弗格森认为，虽然人员、财富和其他战争资源都相当重要，但国家是由人民组成的，那些由腐化堕落、贪生怕死的人组成的国家即使拥有再多的人口和财富也是不堪一击的，在根本上是弱小的、没有希望的；反之，那些由精力充沛、富于公益精神、坚忍不拔的人们组成的国家则是强大的，不可战胜的。③

可见，在弗格森那里，德性是获得幸福的唯一正确的航标，是获得幸福的重要前提。人是具有自然性和社会性的双重存在，即人既作为独立的个体存在，有着许多自然需求和欲望；又作为共同体的成员而存在，更需要通过社会的平台以实现生命的价值，离开了社会人的生存和发展是不可能的。因此，弗格森强调，我们要"不断重申这样的观念，即我们是社会的一分子，是人类共同体的一分子"。④然而，弗格森同时又指出，过高估计人之德性、过分忽视人的自然属性的意见同样是不可取的。那些把人的自然要求视为无足轻重，忽视人自然需要的满足是人类自我持存的基础，以及对于人德性持有的观念过高，以至于对德性失望、厌恶乃至绝望等，也是有悖幸福的。⑤显然，自然需求是满足个人、社会存在的前提和基础，也是激励和推动个人努力进取的重要动力和力量源泉。因此，如果个人合理的自然需求得不到满足，那么，个人将无法生存下来，更谈不上德性而幸福地生活了。在某种意义上讲，"商业艺术的发展源于人的动物性需求"⑥，商业艺术体现了个人的不同追求和

---

① 亚当·弗格森：《道德哲学原理》，孙飞宇、田耕译，上海世纪出版集团 2005 年版，第 80 页。
② Adam Ferguson, *The Manuscripts of Adam Ferguson*, ed., by Vincenzo Merolle, Pickering & Chatto, 2006, p7.
③ 亚当·弗格森：《文明社会史论》，林本椿、王绍祥译，浙江大学出版社 2010 年版，第 251 页。
④ 亚当·弗格森：《道德哲学原理》，孙飞宇、田耕译，上海世纪出版集团 2005 年版，第 80 页。
⑤ 同上书，第 79 页。
⑥ Adam Ferguson, *Principles of Moral and Political Science*, New York: AMS Press, 1792, p.242.

关注，而且在不同的利益和个人发展的动机引导下，商业艺术得到更好的发展，① 个人的成长和社会的进步才能获得坚实的物质基础。

然而，生活的经历告诉人们，圆满幸福的获得除了自身的品性和努力外，还受到许多外在因素的影响和制约。显然，为了获得圆满的幸福，固然需要自身的优良德性和艰苦奋斗，但仅仅凭此还是不够的。换句话说，虽然幸福的第一要素是人，存在于人的德性的实践之中，但要真正实现和持有圆满而持续的幸福还需要外界的有利条件做保障。弗格森说："拥有良好品性的人将这些品性只依托于上帝：而他们安身之所，他们国家的政体或政府，他们的教育、知识和习惯，所有这些对其性格的形成都有影响。"② 可见，在弗格森看来，幸福除了需要德性和不懈的努力以外，还受到国家的政体、个人的教育、习惯等因素的影响，而且后者本身对德性的形成具有非常重要的作用。比如一个国家的政治是否清廉，公民是否自由，公民政治参与的程度，个人的基本需求、收入水平等都影响幸福的获得和德性的养成。

首先，建立一个民主的政治体制，营造稳定而充满活力的政治局面，是实现国民幸福、培育国民德性的基础。政局的稳定是一个国家发展、国民幸福的基本前提，如果一个国家在政局上动乱不断，所有的改革和发展都将无法进行，国民的幸福更是无从谈起。而且，在很多时候，不管是国民幸福还是公共幸福，仅仅通过国民个人的努力显然是难以实现的，因为任何时代个人的行动必然要受到其所处时代的社会环境的制约。唯有国家和政府才有能力营造一个和谐稳定的大环境，为其国民实现幸福创造条件。因此，为国民幸福的实现创造条件就成了政府不可推卸的道德责任。此外，一个国家政体的好坏直接影响其国民的道德品性，通常民主、和谐的政治建制容易塑造坚毅、勇敢、民主的国民，反之，专制的体制下往往造就一些暴戾或冷漠的国民。弗格森说："腐化堕落不仅仅产生于对商业艺术的歪曲，而且还需要政治环境的支持。在缺乏促使人们高枕无忧地沉湎于他们所养成的任何卑鄙癖性的条件时，占据一个唯利是图、见钱眼开的人的心灵的目标并不会导致腐化堕

---

① Adam Ferguson, *Principles of Moral and Political Science*, New York: AMS Press, 1792, p. 242.
② 亚当·弗格森：《道德哲学原理》，孙飞宇、田耕译，上海世纪出版集团2005年版，第81页。

落的出现。"①

其次,公民教育的作用也不可低估。追求幸福是每个人的天赋和权利,同时幸福的获取亦是一种能力。因此,从终极意义上讲,教育不仅仅是为了向受教育者传授知识,教育的根本目的应该是促进个体获得幸福体验、提升对幸福的理解、增强获得幸福或给予幸福的能力。同时,一个国家国民的受教育程度和文化水平是衡量该国国民幸福的一个重要指标。通常情况下,一个人获得幸福的能力和对幸福的理解是与受教育的程度正相关的。也就是说,较高的教育程度不仅有助于提高个人创造物质财富和精神财富的能力,而且对个人正确的价值观、人生观、审美观的形成起着非常重要的作用。同时,人们道德品性的养成是一个不断学习和完善的结果,因此,文化教育是增进国民幸福的重要举措,也是促进国民养成德性的重要手段。

再次,公民自由的状态对于幸福的获得、德性的养成同样至关重要。很显然,没有自由的幸福是不可能的,人生最大的痛苦莫过于屈从他人的意志。在很多情况下,能够按照自己的意志自由地生活、自主地选择本身就是一种幸福,能够实现自身全面而自由的发展更是一种幸福,因此,自由是实现幸福的必要条件。但是,需要指出的是,自由并不是幸福的充分条件。自由并不是随心所欲、任意妄为,有时对自由作出必要限制本身就是有利于促进幸福的。此外,公民参与作为公民自由的重要途径,对于实现国民幸福、国家民主、社会进步意义非常重大。一方面,在政治参与中公民的主人翁意识、对国家的归属感得到了增强,往往也会感觉更加幸福;另一方面,公民通过各种合法方式表达自己的意愿和建议,对于政府的决策具有很好的参考价值,而且公民积极地参与政治还有利于有效地监督政府,助推政府最大限度地实现和维护公共利益。

第三节 复兴美德、通往幸福之途

如前所述,弗格森认为德性对于个人和国家的幸福至关重要。幸福

---

① 亚当·弗格森:《文明社会史论》,林本椿、王绍祥译,浙江大学出版社2010年版,第285页。

依赖于人的活动以及从事严肃"事务"过程中的自我实现，而不仅仅是物质享乐的满足。并由此提出，幸福是通过美德的积极实践得以实现的，从根本上讲美德与幸福是统一的。然而，弗格森看到，现代社会把商业的规则引入情感之中将必然导致美德的歪曲乃至丧失。但是，在弗格森那里，尽管随着文明的发展，道德在腐化，但是远离腐化、复兴美德还是有希望的。那么，如何复兴公民道德并实现幸福呢？与斯密注重知识教育不同，弗格森认为德性是幸福的条件，但是德性是受政治、教育、知识、习惯等因素影响的。由此，弗格森提出培养公共精神、复兴美德以获得幸福的主要途径是：通过政治体制改革建立混合政体或有限政府；通过公民教育培养大众的爱国热忱等美德；通过发扬公民自由使民众积极捍卫自身的权利；通过民兵制培育民众的勇敢、爱国等美德和军事素质。

一 改革政治体制，建立混合政体

弗格森认为，个人的品质是幸福得以形成的主要因素，幸福从根本上说主要源于人内在的德性。弗格森进而指出，人民的品质除了取决于人们天性中的美德的程度以外，还受那些约束人们的外在规则的影响，而政治体制作为一种规则、建制，对于国民品质的养成和塑造具有非常重要的意义。换言之，在弗格森那里，个人及公共幸福的实现不仅仅取决于国民的德性，政治体制的安排也起着至关重要的作用。他指出，那些杰出的国家之所以能够得以维持并不断向前发展，"不仅仅大大得益于国民的优良性情，而且大大得益于那些政治制度。那些政治制度会制止强暴的人犯罪，使懦夫、自私者为保卫国家或为了国家的繁荣而作出自己的贡献。有了这样的制度以及政府英明的预防措施，尽管腐化堕落的程度或公众正直的程度都非常不同，但是，国家仍然得以保存，甚至于繁荣昌盛"。[1] 因此，从某种意义上讲，"政府的形式决定了人类的幸福或不幸"。[2] 弗格森认为，政治体制是政治、公民自由建立于其上的堡

---

[1] 亚当·弗格森：《文明社会史论》，林本椿、王绍祥译，浙江大学出版社2010年版，第267页。
[2] Adam Ferguson, *An Essay on the History of Civil Society*, ed., by Fania Oz-Salzberger, Cambridge University Press, 1995, p.63.

垒，幸福虽然不是外在环境的结果，但幸福或不幸有时可以追溯到国家的政治体制，国家的制度安排是否合理，会直接影响民众的生活，制度安排水平是与国民幸福有很大关系的。

在政体方面，弗格森受孟德斯鸠的影响很大，以至于被学者们认为这是他思想体系中最没有创见的方面。诚然，弗格森自己也坦承对孟德斯鸠的借鉴和继承，① 尽管如此，我们也不得不承认弗格森在政体理论方面所作的努力和思考，提出的一些颇有影响的真知灼见，如他指出没有普世的政体形式，政体的选择要按照各国的具体情况；国家的存亡和发展仅仅靠制度是不够的，公民的品性往往是更深层次的要求，等等。

在政体的划分方面，弗格森遵循着孟德斯鸠的思路，即政体的划分原则是量与质的结合。② 在政体划分方面，孟德斯鸠在一定程度上遵循着西方先哲的方法，即总体上是按照统治者人数的多少（数量原则）来进行的。孟德斯鸠将政体分为三大类：君主政体、专制政体和共和政体。他指出，君主政体是由君主一人独揽大权，但君主必须遵照一定的法律的政体；专制政体是没有法律、规章，而由一个人按自身的意志执政的政体；共和政体是全体人民或部分人共同执政的政体。③ 很显然，孟德斯鸠的政体思想不仅借鉴古代的数量原则，而且更重要的是还实现了与法治的有机结合。弗格森同样赞成法治在政体中的重要作用，他指出，"无论是君主还是由贵族组成的顾问委员会，不论是谁掌握最高统治权，都不能随心所欲地进行统治或作出裁决"，④ 他们的行为或多或少要受到法律、制度的制约。但是，对于弗格森而言，光有制度因素是远远不够的，还需要有德性的公民以及公民积极参与公共事务的热情。由此可见，弗格森的政体划分原则在孟德斯鸠的基础上又增加了美德这一人的内在因素。

弗格森在政体划分方面提出了自己独特的原则，并没有完全重复孟

---

① 亚当·弗格森：《文明社会史论》，林本椿、王绍祥译，浙江大学出版社2010年版，第73页。
② 西方社会自古希腊（以柏拉图、亚里士多德为代表）以来对于政体划分的传统大多遵循着一种"量"的原则，即根据统治者的人数来划分政体。
③ 孟德斯鸠：《论法的精神》（上册），张雁深译，商务印书馆1959年版，第9页。
④ 亚当·弗格森：《文明社会史论》，林本椿、王绍祥译，浙江大学出版社2010年版，第186页。

德斯鸠的道路。首先,弗格森指出,政府组织的形式有两类,即单一制和混合制,单一制国家是主权置于一个统一政权之下的形式,复合制是主权由多个并行的权力主体(如国王、贵族、国民等)执掌的国家。[1] 单一制是基于数量原则来划分政体的,包括独裁制(专制政体)、君主制、贵族制和民主制。用弗格森的话来说,"专制政体由一人来执掌,经由武力得到并由此维持,不允许其他阶层对此有所企图"的政体;君主制是"单个人执掌最高权力"的政体;贵族制是"特殊阶层和阶级执掌最高权力"的政体;民主制是"集合体执掌最高权力"的政体。[2] 其次,他进一步以国民特性[3](即是否拥有美德)为标准划分不同形式的政府,这也是他的政体思想中颇具特色的部分。他说:"政府形式的种子在于人性"[4],"国民的特性是指他们德性或其他原则的发展程度,政府以此为基础履行社会和政治职责"[5],因此,政治体制的选择也应该以国民特性为基础,民主政体适合于一个国家国民拥有完美的美德的情形,但这只是一种假设;通常的情况是一国国民中有德之人和邪恶之人混合有之,那么这个国家根据等级的差别及国土的大小,可分别采用贵族政体、混合政体或民主政体。弗格森接着指出,如果一个国家的国民德性不足以成为该国治理的基础,那么该国就不适合采取民主制,其最好的政治体制应该是君主制;如果一国的国民大多是贪婪者、怯懦者等邪恶之人,那么对他们必须严加约束和控制,而这样的国家就适合专制政体。弗格森说:"当贪婪者和怯懦者的这些品格分裂了人类时,即便你有安东尼或图拉真的美德,你所能做的也只是以坦诚和魄力去使用鞭子和利剑。并且,通过给人一种领赏的希望或受罚的恐惧,努力寻求一

---

[1] Adam Ferguson, *Analysis of Pneumatics and Moral Philosophy*, Edinburgh, 1766, pp. 54–55.
[2] 亚当·弗格森:《道德哲学原理》,孙飞宇、田耕译,上海世纪出版集团2005年版,第19页。
[3] 这与柏拉图指出的"政体应与其相应的公民气质倾向相一致"的观点有所不同,柏拉图是从性格、气质、习惯等倾向上来看政体的选择。虽然弗格森也指出环境、习惯等因素对政体的选择产生一定的影响,但他更加强调从"德性"的不同来划分政体。
[4] Adam Ferguson, *An Essay on the History of Civil Society*, ed., by Fania Oz-Salzberger, Cambridge University Press, 1995, p.120. 中文版第139页。
[5] 亚当·弗格森:《道德哲学原理》,孙飞宇、田耕译,上海世纪出版集团2005年版,第141页。

种可以迅速而暂时地消除罪恶或人类愚蠢行径的方法。"① 然而，现实政治中并不存在这样的情形，这和第一种情况一样，也只是一种假设而已。② 因此，人人拥有完美的品德只是一种想象和愿望，不是现实；同样，人人都是罪恶也是一种虚构。对于每个社会的人们来说，最好的政体是那些最适合其国家外在环境和公民品质的政体。他由此指出，一般情况下，国家是由不同品格的人们组成的，我们必须在混合共和制或混合君主制中选择最合适的政体。

弗格森清醒地看到，"企图确立一种同样适合于所有人类的政府模式，纯属枉费心机"。③ 政府形式的不同区分实际上仅仅是一个理想状态。弗格森说："人们认为政府的形式决定了人类的幸福和不幸。但是，政府必须有所不同才能适应不同面积、不同生存方式、不同特征、不同风气的国家。"④ 换言之，任何政体都应该是"现存的"，没有适应所有情形的好政体，不同的国家应该依据本国具体国情选择相应的政体，政府形式的选择应该适应不同地区、不同民族的生活方式、不同的国民特性等，而且正是这些不同的外部环境造就了形式多样的政体。正如他所说的，"这个政体最早的形式是什么，取决于各国环境中的各种各样的条件：取决于原始状态（rude state）下诸侯国的大小，取决于人类在开始反对滥用权力前所承受的不平等的程度，同样，它也取决于我们称之为'偶然性'（accident）的东西：个人的性格或战事的发展"。⑤

接下来，弗格森进一步论证各种单一政体的弊端，并总结说："个别阶层的意图如果没有受到某些平行权力的制约，最终将导致暴政。君主的意图会导致专制政体，贵族和神职人员的意图会导致滥用贵族特权，民众的意图会导致无政府主义的混乱局面。"⑥ 而弗格森尤其反对的是专制政体及其导致的政治奴役，认为它们对自由和人类幸福构成致命

---

① 亚当·弗格森：《文明社会史论》，林本椿、王绍祥译，浙江大学出版社2010年版，第268页。
② 亚当·弗格森：《道德哲学原理》，孙飞宇、田耕译，上海世纪出版集团2005年版，第142—144页。
③ 同上书，第141页。
④ 亚当·弗格森：《文明社会史论》，林本椿、王绍祥译，浙江大学出版社2010年版，第69页。
⑤ 同上书，第143页。
⑥ 同上书，第144页。

的威胁。他认为，残酷的压迫并不是专制政体的最大危害，甚至还不是专制政体的必要组成部分。最关键、最致命的是专制政体是建立在腐化堕落和压抑所有社会美德和政治美德的基础之上的。它要求臣民以恐惧为行为动机。它会以牺牲人类的利益为代价来平息少数人的情绪。在这一政策的影响下，能够培养人们的理解力，能唤醒人们的情感、激发人们想象力的时刻渐渐消失了。[1]

可见，弗格森认为独裁制、君主制、贵族制和民主制都存在各自的缺陷。这样一来，弗格森把目光转向了混合政体，在他那里混合政体主要有两种，即共和政体和混合君主制。弗格森本人也非常推崇这两种混合政体，并指出了斯巴达和英国是其典范，他大为赞赏地说："历史已经证明这两国都是伟大的立法者。"[2] 但弗格森又认为，共和制虽然能够振奋精神，且含有伟大事物的萌芽，然正因其伟大导致其迟早会走向灭亡。因为为了统一权力，共和制国家必须使用暴力，而暴力则会导致糟糕的独裁和专制。相反，君主立宪政体则是一种折中的好办法。弗格森对罗马历史的探究似乎还要表明：在保持大疆域帝国方面君主制较共和制具有优势，罗马没像英国一样混合君主制，形成和谐的政治体制，是罗马帝国不适应长期执政的一个重要原因。罗马的历史说明，如果没有处于君主与臣民中间的贵族阶层，现代政治将面临滑向极端的危险，即滑向无政府主义或专制政体。弗格森这里的言外之意是，英国的混合君主制在很多时候可以避免这个问题。他的结论是：好的政治必须是渐进的、自发的，而不是过度激进的（如军事帝国主义），其制度不应该是专制的而最好是混合式的，其人民必须是好争论的、倔强的和充满活力的。

二 实施公民教育，复兴文化遗产

从前面的论述中可知，在弗格森看来，幸福不仅仅依赖一定的外在环境，更依赖于内在的德性，而公民的德性往往是通过教育培养出来的一种优秀品质，因此，公民教育是培育国民德性的一个重要途径。弗格森还看到了一个非常现实的危险，即无知和缺乏教育会使健康的人格堕

---

[1] 亚当·弗格森：《文明社会史论》，林本椿、王绍祥译，浙江大学出版社2010年版，第307页。
[2] 同上书，第186页。

落为利己主义和对他人的冷漠,导致国民的腐化堕落和国家走向政治奴役和专制的深渊。国家公民教育的主要目的则是塑造公民德性,包括勇敢、正义、节制、智慧、坚韧、慷慨等。与古典的共和主义者一样,弗格森也非常强调公民道德教育,而他这里的公民教育也主要是指公民道德教育,即按照政体的精神实施公民道德教育。弗格森还指出道德教育也是美德自身发展的需要,他说:"如果美德是至高无上的东西,那么它最好、最有杰出的作用就在于传播自身。"[1] 公民道德教育就是以某一社会、国家所奉行的道德规范和道德标准为要求,通过思想意识的引导,行为规范的指引,从而使国民自觉形成一定的人格品质和价值观念。正如美国公民教育之父霍拉斯·曼(Horace Mann)所言:"建共和国易,造就共和国公民难",可见,即使有了完善的政体,而且为全体国民普遍认同,但是倘若国民的品性还不符合政体的精神,这终究是无济于事。一个国家的政治体制再好也最终唯有通过国民才能起作用,积极、负责任、具有公共精神的公民是国家政治体制的归宿和目的。因为公民是否具有德性决定了这个国家及其政治体制能否延续和发展。因为健全和稳定的民主、正义不仅仅依赖于一些机构的完善,更依赖于其公民的品性和态度,如果没有具有这些品性的公民,再美好的制度也将难以付诸实施。

为此,弗格森强烈建议国家要实施公民教育计划,而这种教育计划对于一个国家的发展和一个政党的存亡具有很大的必要性,尤其对于国防和公共安全至关重要。实际上,在弗格森那里,公民道德教育是政治教育的重要方式,或者可以说他所提倡的公民道德教育的内容主要是一些政治上的美德,他这里所讲的教育主要是传递政府、制度方面的知识,目的在于培养和塑造具有一定政治素质(如勇敢、坚韧、智慧、政治参与等)和公共精神的合格公民。学校作为个体社会的重要机构,是人们接受道德教育的重要场所,学校通过相关课程的设置以及行为的指导,以使学生把这些知识内化为个人的优良品质。因此,为了保持政治共同体的活力,弗格森建议政府应该在学校开设公民培训的课程。此

---

[1] 亚当·弗格森:《文明社会史论》,林本椿、王绍祥译,浙江大学出版社2010年版,第43页。

外，弗格森的公民教育特别强调实践的教育和习惯的养成，他尤其强调在孩子的早期教育中要重视军事技能和体能的培训。因为弗格森认为，一个不能保护自己的人不是一个真正意义上的人，一个不能参与保卫祖国的人不是一个合格的公民，他也不值得该国的法律去保护。

弗格森认为道德倾向对维护自由是非常必要的，指出复兴和加强具有活力的民族精神非常重要，而现今民族精神正遭受商业社会的"文雅"（refinement）和"文明"（polished）的发展所侵蚀。面对公民美德的丧失、政治活力的衰微，弗格森指出在混合政体的国家中除了要重视教育以外，发展和培育道德品质的重要途径还有复兴那些饱含民族精神的古典文化。因为现代商业社会发展的一个重要后果就是文明国家的"阴柔气"，这不是生理上的，而是心理上，它主要体现为对道德的麻木、对公共事务的漠不关心以及缺乏政治激情和活力等。弗格森认为，比起身体上的疾患，这种心理上的深层的"柔弱"危害更大、更深远，它是一种人性的堕落，最终会造成社会纽带的断裂。尤其是现代社会的分工造成了不可估量的负面后果，社会分工在促进社会发展、解放人的同时，造成了人的原子化。这些原子化的个人局限在狭隘的私人空间中，对公共事务漠不关心，并且失去了沟通的能力，窒息了德性。弗格森反复强调，社会性是人的根本属性，人总是处于一种与他人共在或者为他人而在的状态之中，而这种"柔弱"恰恰是扭曲了人的这种本性、割裂了与他人之间联系的纽带。因此，他指出，国家要通过复兴传统文化，从民族精神中寻找美德的基因来修补因单纯的经济发展造成的这种断裂。基于这种考虑，弗格森非常热衷于复兴传统文化，如苏格兰高地的道德、社会生活方式，以及欧希安（Ossian）史诗等。弗格森还坚持以相关的典型历史事件来了解现代欧洲的政治轨迹。弗格森的这种思乡和复古的情节使得他在理论上与苏格兰启蒙的主流思想家之间始终保持着一定距离，后者通常强调的是，现代商业社会比古代野蛮社会优越，弗格森则强烈地批判其现代性。

三 发扬公民自由，积极捍卫权利

自由与幸福的关系非常紧密，虽然自由并不必然意味着幸福，但没有自由显然是不会有幸福的。对于休谟、斯密等思想家而言，公民的幸福主要在于"安全地"享有财产权。对于如何才能"安全地"享有这些财富，他们认为主要是得益于一个国家好的制度、法律，而对于制度、法律的强调在某种程度上往往意味着对个体道德的排斥。显然，苏格兰思想家中的主流代表的是"法律至上"的一种理念，这种理念是以他们对人性的预设为前提的。如本书的第二章所述，中世纪以来西方思想家对于人性的预设大多是持"性恶论"的倾向。正是因为认为人天生是自利的，人的一切行动都是为了谋取自身的私利，因此，他们认为个人的德性是不可靠的，我们只能把个人的幸福、国家的兴衰寄希望于法律和制度，法律是"以恶制恶"进而"实现公益"之利器。弗格森同样认为，在某种意义上，国民的幸福就在于自由的实现。显然，弗格森并没有否定法律对于人们财产和劳动等个人权益的保护作用，但是，他指出基于法律、制度之上的自由充其量仅仅是一种"消极的自由"，对于提升国民的幸福、国家之福祉起不到根本的作用。而且法律、制度本身亦存在很大的局限性，其作用的发挥最终还是取决于国民的德性。因此，与这些把国民幸福建基于安全地享有财产权的消极自由不同的是，弗格森始终把幸福建立在人类的美德以及由之所展现出来的活力之上，即积极的自由之上的。因此，正如学者所指出的那样，弗格森在阐明经济自由的同时，也高度重视人性、美德与秩序的内在关联，认为法律是在政治生活中不同的政治力量之间实现调和、妥协和让步的产物，是顺应人性的结果，在现实生活中，自由更离不开美德的支撑。从本质上说，人的自由状态应当是一种基于美德的生活方式。[①]

弗格森的公民自由的内容主要包括公民在人身安全、财产安全、个人尊严、保障权利以及参与政治事务等方面的自由。[②] 与孟德斯鸠一样，弗格森也非常重视法律等制度因素在维护自由方面的重要性，他同样认为，自由不是任意妄为，而是做法律所允许的事情。弗格森还指出，对

[①] 庞金友、何家丞：《弗格森自由观念的逻辑谱系与现代意蕴》，《云南大学学报》（社会科学版）2018年第4期。

[②] 亚当·弗格森：《文明社会史论》，林本椿、王绍祥译，浙江大学出版社2010年版，第176页。

于个人来说,"阻碍他犯罪的约束条件恰恰又是他的自由的一部分"。① 也就是说,法律是一个群体共同达成的对群体中每个成员具有普遍约束力的契约,是人们享有和维护权利的保障,没有法律的保障,很多权利是无法实现的。弗格森认为,法律调整的主要是财产方面和人身方面的关系,因此,在弗格森那里,法律保障下的自由主要是财产方面的自由,包括公民享有财产的取得、转让、继承、收益等权利,以及在财产权受到他人侵害的时候要求损害赔偿的权利等。实际上,弗格森在这里讨论的是一种消极的自由,即公民在自己的财产、人身受到侵害时所享有的各项权利,而他本人更加提倡的则是公民人文主义意义下的积极自由。② 正如弗格森所言:"如果任何一个民族公开宣布它所进行的内部改良的政治目的仅仅在于确保臣民的人身和财产安全,而不考虑臣民的政治品质,那么这种政体确实是自由的,但是,它的成员却有可能配不上他们所享有的自由,也没有能力保存自由。"③

对于积极自由,弗格森指出,"自由是每个人享有随时捍卫自身的一种权利,那些试图把自由作为恩惠施予他人的行为恰恰是对自由权利的一种否定"。④ 在他看来,为了维护自由,不仅要设定消极地防止公民自由受到侵害的法律和制度,而且更重要的是要积极地号召公民作为自己的代理人维护自己的权利。因此,弗格森认为仅仅依赖法治来保障自由是远远不够的、是肤浅的,保障自由更重要的在于产生法律的自由精神以及公民自觉追求自由、维护自由的热忱。他说:"如果诉讼程序、成文法令或其他法律构成部分不再靠产生它们的那种精神来推行,那么,它们只会包庇滥用权力,而不会限制滥用权力。当它们迎合腐败官

---

① 亚当·弗格森:《文明社会史论》,林本椿、王绍祥译,浙江大学出版社2010年版,第176页。
② 20世纪最杰出的自由主义思想家之一以赛亚·伯林把自由区分为积极的自由和消极的自由。简单地说,消极自由就是"免于……的自由",也就是说,消极自由把自由解释成个人对个人以外的干涉力量的一种否定态度,它在个人与国家之间划了一条清晰的界线,为个人保留了一个"私人领地"。而积极自由则是"去做……的自由",积极自由关注的是自主和自我实现,它认为一个人只有在自主的时候才是自由的。
③ 亚当·弗格森:《文明社会史论》,林本椿、王绍祥译,浙江大学出版社2010年版,第248页。
④ Adam Ferguson, *An Essay on the History of Civil Society*, ed., by Fania Oz-Salzberger, Cambridge University Press, 1995, p. 251. 此处为了便于理解,笔者采取了意译。

员的意愿时,它们甚至可能得到腐败官僚的尊重。"① 所以说,弗格森的自由观不仅仅在于"法律上的自由",因为从根本上说这只是一种私域上的自由、消极的自由。从总体上讲,弗格森本人是倾向于一种积极的自由观,他所说的自由主要也是一种社会公域中积极的自由。这种积极的自由从内容上讲主要体现为公民参与政治事务的自由。弗格森指出,人不仅是社会性的动物,也是一种政治性的动物,远离公共事务、没有政治生活的人是不完整的。在现代社会扩大人民在公共生活中的政治参与具有极其重要的作用,认为政治参与可以培养"理性和人心",有助于个人和国家的幸福,并且是政治自由的必要条件。而且,只有积极地参与政治生活才能实现人的本性。在他那里,这种积极的自由是以公民美德为基础的,公民美德是一种充满活力、乐观进取的公民意识,是对积极行动永不停息的激情,是对公共利益一如既往的追求。弗格森说:"如果政策的严厉是为了制止自由人们的骚动不安,而不是为了消除腐化堕落,一些政体之所以往往受到赞美,被认为是有益的,仅仅是因为它们会压制住人类的呼声,或另一些政体之所以受到谴责,被认为是危险的,是因为它们使世界听到了人类的呼声,那么,我们可以猜想文明社会许许多多大肆鼓吹的所谓进步只不过是些使政治精神归于平静的手段,或者与其说它们制止了人们的骚动不安,不如说它们压抑人们积极向上的美德。"② 可见,在弗格森看来,公民美德是与政治紧密联系的,从某种程度上讲,具有美德就是具有政治意识,就是要享有积极的自由。另外,这种"积极"的自由是一种生机勃勃的状态,而不是死气沉沉的宁静。在《文明社会史论》中弗格森更是强调了冲突在维护自由所需的积极态度方面的重要作用,他反复强调,公民的普遍沉默和平静是政治堕落的征兆,而政治上的冲突、骚动等是一个国家生机尚存的体现,尤其是各种不同政治派别、团体之间的竞争、冲突有利于自由的实现。反过来他指出,如果国民对于国家的政治漠不关心、逆来顺受,表现出无所事事的态度;国家为了制止民众的骚动、争论而设置各种障

---

① 亚当·弗格森:《文明社会史论》,林本椿、王绍祥译,浙江大学出版社 2010 年版,第 294 页。
② 同上书,第 247—248 页。

碍，那么这个国家、这个民族就危险了。① 弗格森反复强调，"对于意见一致的赞赏恰恰对自由构成了一种危险"，② "如果平庸的政治艺术，或者说对于具有公益事业性质的目标的日渐淡漠的态度普遍存在，并且结束了任何一个自由政体中的党派之争，平息了往往与行使自由权利相伴而生的纷争的呼声，那么我们可以大胆地预言国家风尚将趋于腐化堕落，民族精神将萎靡不振"。③

然而在另外一些场合下，弗格森则表达了反对民众参与政治的权利和主张政治不平等的观点，比如在包括美国革命和法国革命的几个民主时刻。弗格森虽然指出不管出身、等级如何，共同体（联邦）的每个成员在其国家的法律中都享有积极的参与权，但这并不意味着每个人拥有无差别的权利，而且他认为每个阶层的自由并不与其享有的权利成正比。普遍无差别的规则是自由的一大威胁，正如在罗马所有的权力由议会转到大众时，其自由也走到了尽头。④ 他认为，在一定的意义上，社会不平等也是保持社会活力、和谐的一部分。公民的自由不是任意妄为，而是捍卫我们的权利和出于我们的本性而为。在美国革命中，弗格森认识到公民不断高涨的政治热忱将给英国政治带来威胁，他指出，美洲对英国权利的侵占将会使英国回到一个世纪之前，他甚至认为美国的独立不是其发展的必要阶段，而是其回归英国过程中可避免的一个环节。因此，英帝国必须得以维持，包括美洲的殖民地。从弗格森对美洲革命的态度不仅可以看出他对英国的忠诚，实际上还反映出他的一个担忧，即害怕大范围的民主会导致军政府的出现。因此，弗格森反对不管什么人都无差别地享有权利，在《道德与政治哲学原理》中他承认基于

---

① 卢梭同样认为，国民的腐化，特别是对公共事务的冷漠，将导致国家的毁灭。他说："一旦公共服务不再成为公民的主要事情，并且公民宁愿掏自己的钱而不愿本人亲自来服务的时候，国家就已经是濒临毁灭了。需要出征作战吗？他们可以出钱雇兵，而自己待在家里。需要去参加议会吗？他们可以推举议员，而自己待在家里。由于懒惰与金钱的缘故，他们便终于有了可以奴役自己祖国的军人和可以出卖自己祖国的代表。"见卢梭《社会契约论》，何兆武译，商务印书馆1963年版，第119页。

② 亚当·弗格森：《文明社会史论》，林本椿、王绍祥译，浙江大学出版社2010年版，第298页。
③ 同上书，第285页。
④ 参见 Lisa Hill, *A Complicated Vision: The Good Polity in Adam Ferguson's Thought*, in Eugene Heath and Vincenzo Merolle, ed., *Adam Ferguson: Philosophy, Politics and Siciety*, Pickering & Chatto (Publishers) Ltd., 2009, p.116.

出身和财产之上的等级差别，同时主张把许多人排除在政治和选举之外，[①] 反对大众介入政治事务的激进主义。

前文已经提到，共和政体一直是弗格森心目中向往的政体，他指出，共和政体的原则就是美德。在弗格森看来，美德是最能展现人性的东西，文明人就是积极参与公共事务、履行公民职责的人。然而，现代商业社会之下的风尚开始堕落了，人们之间的关系越来越冷漠了。弗格森指出国民的腐化堕落是国家衰败与民族危亡的开始，极力批判商业社会带来的民族精神的萎靡、懒散之风，指出商业社会在现代意义上将变得与"积极追求"（active pursuits）背离，不是因为它刺激人们积累财富和迷恋奢华，而是它产生的身体上和政治上的懒散、怠情等种种活力的缺失。[②] 如此一来，弗格森就把美德与自由结合了起来，对他来说，自由是寓于德性之中的，没有德性就没有真正的自由和幸福，只有以公共精神为特征的积极自由才是最能促进人类幸福的。

四 建立民兵制度，培养军事美德

弗格森作为爱丁堡大学道德哲学教授，是一个"战斗的哲学家"，他极力主张商业社会需要一种古典的尚武精神。与其他苏格兰启蒙思想家不同的是，弗格森尤其强调军事勇气，并认为它是公民美德的基石。[③] 因此，在一个以经济发展为主题的甚至是过于商业化的时代（用弗格森的话说是"商业精神走得太远"），如何保持以军事勇气为基础的公民美德是弗格森关注的一个重要问题，而他一直坚持的民兵制正是基于这样一种考虑，即民兵制有利于培育以勇敢为核心的公民美德，有助于培育充满活力的公共精神，有助于应对商业社会所造成人的原子化、增强社会凝聚力。实际上，弗格森在谋划建立苏格兰民兵的运动中发挥了非常

[①] Yasuo Amob, "Ferguson's Views on the American and French Revolutions", in Eugene Heath and Vincenzo Merolle, ed., *Adam Ferguson: History, Progress and Humannature*, Pickering & Chatto (Publishers) Ltd., 2008, pp. 83–84.

[②] Fania Oz-Salzberger, "Ferguson's Politics of Action", in Eugene Heath and Vincenzo Merolle, ed., *Adam Ferguson: History, Progress and Humannature*, Pickering & Chatto (Publishers) Ltd., 2008, p. 152.

[③] Adam Ferguson, *An Essay on the History of Civil Society*, ed., by Fania Oz-Salzberger, Cambridge University Press, 1995, Introduction p. x.

关键的作用。弗格森提倡民兵制，除了希望它能复兴军事美德以及使国民更加爱国以外，还有两点考虑：一是为了应对法国对英国构成的威胁；二是他希望通过提升苏格兰的军事地位，使苏格兰取得与英格兰同等的政治权利，[1] 这与他的苏格兰背景是不无关系的。因为，合并后的苏格兰作为英联邦的一部分，不仅在政治上完全失去了独立的地位，而且苏格兰学校的官方语言也不再是盖尔语，而是英语，这在苏格兰文化界引起了强烈的心理落差。正如休谟，他虽然可以写一手无可挑剔的、事实上也很漂亮的英文，但他还是常常因为自己的苏格兰口音而感到懊恼。如前所述，苏格兰是一个分为低地和高地的国家，前者拥有肥沃的平原，维持着大部分人口，在经济上较为发达。高地则土壤贫瘠、人口稀少、贫穷，以一种原始的方式维持统治，权力集中在少数宗族手中，他们用残酷的方式统治臣民。在这样一个社会里，军事野心占据了主导地位，这也是人们展示勇气的唯一途径，因此苏格兰士兵时常在大陆冲突中充当雇佣军也就不足为奇了。

在18世纪50年代末60年代初，战争的胜利，使得苏格兰作为专业化军队士兵来源的地位越来越受到重视。到弗格森撰写《文明社会史论》时，在规模和范围上英国政府的力量得到了难以想象的膨胀。弗格森特别强调，过度扩张最容易导致军国主义、帝国主义，而这一过程将导致官僚化、集权化等社会反常状况。尤其需要注意的是，当这些情况与建立在契约和利润动机基础上的市场社会相结合时，其破坏性将大大加剧。为了社会整体的福祉和自由免受军事专业化毁灭性的后果之影响，弗格森认为有必要重提民兵制，反对"战士"与"公民"在身份上的割裂。弗格森认为，劳动分工虽然使市民、士兵成为职业的、更加高效的、更加自律的从业者，但同时也割裂了他们的人格，这些专业化的士兵往往不重视友情、不爱国，即劳动分工带来的军队的专业化和职业化割断了个人与国家共同体之间的情感纽带。弗格森认为，服兵役是政治共同体成员的义务，也是其权利，而不是分裂的、阶级的职业、专业。因此，弗格森在1756年之后致力于在苏格兰建立民兵的计划可以视

---

[1] Adam Ferguson, *The Manuscripts of Adam Ferguson*, ed., by Vincenzo Merolle, Pickering & Chatto, 2006, Introductory Essay, pp. xxvii – xxix.

为他对专业化军队的发展存在潜在腐化的关注，以及对英国军事上比法国存在劣势的担忧。另外需要指出的是，18世纪中期，由于法国与英国在北美问题上的利益冲突，两国之间矛盾激化。英国国内在1756年时甚至认为法国有入侵英国的可能。而当时英国国内常规军的规模只有35000名，没有自己的民兵，政府只好通过花大笔的经费向国外引进雇佣兵。国内的有识之士开始担忧英国政府如何才能承受如此昂贵的财政支出，而且，雇佣兵制度将可能成为长期困扰英国的问题。许多英国人也觉得在国防方面依靠国外雇佣兵既是一种耻辱，也存在安全隐患，即雇佣兵可能会威胁到英国的存亡。[①] 但是，最后政府只同意在英格兰和威尔士建立民兵制，不同意在苏格兰建立民兵制。"在弗格森的爱丁堡圈子里，这种歧视触动很大，无论是哲学上的还是民族上的。"[②] 弗格森等则认为在苏格兰建立民兵制有利于战时英国北面的国防，具有非常重要的战略意义，因此苏格兰比英格兰更需要一个民兵组织。

在这种情况下，弗格森呼吁英国应该沿着早期（未腐化时）罗马共和国的道路进行军事和政治体制的改革。他认为，使罗马在战争中屡屡取得胜利的主要原因在于罗马拥有一支公民的权责与军人的权责相结合的民兵自卫队。由此，关于在英国重建民兵制便提上了日程，弗格森等疾呼：民兵制已不再是一种权宜之计，而应该成为常规军的必要补充。弗格森本人目睹了法国民兵制度在与英国冲突中的重要作用，如1746年时法国的民兵挫败了英国的小规模进攻，他指出，如果不建立民兵制，那么在与法国的竞争中英国将处于劣势。为此，弗格森还专门撰写了一本小册子《对建立民兵制的思考》详细阐述了自己的思考和建议。

弗格森把军政府的威胁视为现代社会一个重要的政治困境。这里，孟德斯鸠给了他很多启发，孟德斯鸠认为罗马的覆灭主要有两个原因：一是巨大的权力赋予省（州）的将军；二是罗马公民精神的腐化。进而

[①] David Raynor, "Ferguson's Reflections Previous to the Establishment of a Militia", in Eugene Heath and Vincenzo Merolle, ed., *Adam Ferguson: History, Progress and Humannature*, Pickering & Chatto (Publishers) Ltd., 2008, p. 65.

[②] James Buchan, *Crowded with Genius: The Scottish Enlightenment: Edinburgh's Moment of the Mind*, Harper Collins e-books, 2003.

指出，军政府面临着不可克服的困境，即外在的安全与国内的自由两种要求的矛盾。孟德斯鸠把军队的滋生视为侵蚀欧洲政体的"新病毒"。[1] 弗格森第一次详细论述孟德斯鸠的军政府思想是在《文明社会史论》的最后部分，他详细地借用了孟德斯鸠政府类型及各自的原则，区分了共和制、君主制和专制政体以及各种政体的情感或准则，并且重建孟德斯鸠的理论。但与孟德斯鸠不同的是，弗格森认为道德倾向对维护自由是非常必要的，指出复兴和加强具有活力的民族精神非常重要。同时修正了孟德斯鸠把荣誉作为现代较大的君主制国家中维护自由的充分条件的观点。弗格森指出，孟德斯鸠"错误的荣誉"可能堕落为向私人领域的"退隐"的外在法则和对立面原则的狭隘关注。由此，弗格森坚持勇敢、坚韧和心灵的提升等公共美德，而这些美德在孟德斯鸠那里仅限制在共和制的政体中。最后，或许是最重要的，弗格森严厉批评了孟德斯鸠对政府的军事功能和政治功能的划分，并提供了一个变通的理论，即公民与军事部门的联合作为抵制任何潜在的外敌入侵和国内军队暴动的国家安全的基础。[2] 在弗格森看来，参与战争或政治有利于刺激有活力的、爱国的民族精神，而依靠职业化军人的现代国家是所有"吹嘘的文明"的市民社会的腐化之一。因此，弗格森坚持民兵制的立场不仅仅是由国防的紧迫性所决定的，而且在很大程度上是由于他担心自利的商业和分工将损害公共精神。

弗格森认为，在现代国家商业精神与尚武精神是可以兼容并存的。而且服兵役既是政治共同体成员的义务，也是其权利。民兵制更有三大优势：民兵对他们所保卫的领土有个人利害关系，因此他们都比较勇敢、爱国；民兵容易在数量上大大地超越敌人，因为民兵制度大大地动员了民众的力量，而人民的力量是异常强大的；民兵没有雇佣兵昂贵，而且民兵能够兼顾战斗和生产，为国家节约了大量的财政支出。[3] 民兵

---

[1] Iain McDaniel, "Ferguson, Roman History and the Threat of Military Government in Modern Europe", in Eugene Heath and Vincenzo Merolle, ed., *Adam Ferguson: History, Progress and Humannature*, Pickering & Chatto (Publishers) Ltd., 2008, p. 119.

[2] Ibid., pp. 121 – 122.

[3] Lisa Hill, *The Passionate Society: The Social, Political and Moral Thought of Adam Ferguson*, Springer, 2006, p. 181.

制的反对者们则认为，军队应该完全服从王权；好战的观念与商业社会是格格不入的，民兵制会导致从事经济生产的人口大大减少，人们变得懒散。如斯密认为劳动分工只是使职业的常规军成为必要，而且工人参加战争将减少国家的岁入，而且战争现在已经成为"一门复杂的科学"，所以他认为军人必须是全职的。哈德维克（Hardwicke）认为，在现代国家商业与尚武精神是格格不入的，任何将二者结合在一起的企图必将导致商业的崩溃。[1] 诚然，现代社会的发展、商业精神的勃兴在一定程度上造成了尚武美德的忽视和削弱，但弗格森并没有天真地将这一问题简单地归因为商业社会。他指出，尚武精神的衰落不仅与商业社会发展有关，更与政府的误导性政策有关。弗格森尤其反对政府以专业化的常规军代替民兵的做法，认为这是一种历史的倒退。在这种情况下，军队的大规模职业化、专业化造成的"公民"与"战士"的分离危害深远，因为战士和公民身份的割裂割断了公民与国家的联系。这种割裂造成了"除了服兵役外，士兵没有其他任何顾忌"[2] 的局面，造成了公民道德的滑坡和腐化。更为严重的是，它导致了公民对政治的冷漠，这也同时从根本上阻碍了公民自由的真正实现，因为在弗格森看来积极的政治参与是公民自由的关键。另外，他也反对军队的职业化所造成的雇佣军制度，认为雇佣兵与国家之间没有情感联系，他们只在意个人的报酬。因此，当国防成为一种谋利的职业、成为一种交易，美德的动机就为怨恨和恐惧的动机所取代了。而且，使用雇佣兵将耗费国家大量的财政支出。最可怕的是，使用雇佣兵是非常危险的，可能导致国家的不稳定以致政权的颠覆。1756 年，对于建立何种民兵制在英国进行了非常激烈的争论，即建立"义务民兵制"（a compulsory universal militia）还是"自愿民兵制"（a voluntary select militia）。虽然休谟也赞成民兵制，但他主张义务民兵制；弗格森则主张自愿民兵制，认为由较少的品德高尚、尚武的自愿民兵组成的队伍更好，而且义务兵制度显然与公民自由背道而

---

[1] David Raynor, "Ferguson's Reflections Previous to the Establishment of a Militia", in Eugene Heath and Vincenzo Merolle, ed., *Adam Ferguson: History, Progress and Humannature*, Pickering & Chatto (Publishers) Ltd., 2008, p. 69.

[2] 亚当·弗格森：《文明社会史论》，林本椿、王绍祥译，浙江大学出版社 2010 年版，第 203 页。

驰，参加民兵组织应该是国民的自由、自愿的选择，而不是一种被迫的无奈之举。弗格森认为，对于该建立何种民兵制首先要关注的是时代的风尚，因为仅仅建立一种民兵制并不意味着能够造就优秀的民兵。因为在一个人人堕落、颓废的民族里，即使建立起庞大的民兵体系也无济于事。因此，要使民兵制成为有效的建制并发挥其应有的作用，务必要以改善公民的风尚为先。他认为，真正的爱国主义比军队的纪律重要得多，另外他注意到荣誉在军队中的作用，在这方面他非常推崇古代斯巴达和罗马。可以说，在弗格森那里，问题的关键不是民兵的数量，而是品质。由此可得，与其在全国强制、广泛地招募品质良莠不齐的民兵，不如在自愿的前提下，招募一些拥有勇敢、爱国、坚毅等美德的民兵。

本章小结

　　幸福是每个人向往的，但是对幸福的理解却是多种多样的。幸福有时被直接等同于快乐；有时被理解为外在的财富、权力、名誉、幸运；有时被理解为德性；等等。诚然，幸福对我们来说是一个既熟悉又陌生的话题。那么，究竟何为幸福呢？在弗格森看来，幸福是合乎人的卓越、仁慈等德性的实践活动。幸福以快乐为基础，但高于快乐，而且幸福更加强调精神上的快乐而不是肉体上欲望的满足。物质财富上的快乐只是获得幸福的手段、工具，而不是目的。德性对于幸福尤其重要，德性是通往幸福之途的必要条件和追求幸福之人的目标。幸福还存在于不懈追求善的过程之中，幸福在于有所作为而不是无所事事，幸福在于热衷于公共事务的行动之中。

　　那么，何种生活才能展现人的优良品质，才能实现人的幸福呢？弗格森认为，国家是人实现其本质和使命的平台，离开国家的人将一事无成。而国家的目的不仅仅在于教化国民使之成为良民，更为重要的是要为个人表现卓越、德性提供平台，使之过上幸福的生活。因此，在根本上，国民的幸福与国家的幸福是一致的。

　　弗格森指出，比起财富、人口，人的品质更能促进个人和国家的幸福，而把商业的规则引入情感之中将会导致美德歪曲乃至丧失。那么，如何复兴公民道德并实现幸福呢？与斯密注重知识教育不同，弗格森认为德性是幸福的条件，但德性又是受政治、教育、知识、习惯等因素影响的，由此，他提出复兴美德、获得幸福的主要途径有：通过政治体制改革建立混合政体；通过公民教育培养大众的爱国热忱等美德；通过发扬公民自由使民众积极捍卫自身的权利；通过民兵制培育民众的军事素质等。

第六章　弗格森思想的历史影响

苏格兰曾是欧洲边缘的一个小国，但它拥有辉煌的中世纪，曾沐浴在最浪漫的荣光之中，在那里高贵的高地人扮演着英雄的角色。苏格兰启蒙是西方文化史上的重大事件，对欧洲、美洲以及其他地区产生了非常重大的影响，甚至有学者指出正是苏格兰把世界带到了现代，或者说是苏格兰把现代带到了世界各地。换言之，苏格兰人将现代文明理念传扬到世界各地，启动世界朝现代文明转向。① 弗格森作为苏格兰启蒙的重要代表，其思想在欧洲影响甚巨，他的自发秩序理论为哈耶克所发展，黑格尔从他的历史叙述中获得灵感，桑巴特称他为社会学的先驱，席勒热衷于探讨他的共和主义式的美德，伏尔泰高度赞赏《文明社会史论》对俄国文明化的贡献，霍尔巴赫高度评价了其对欧洲理性启蒙所做的富有深度的反思等。弗格森的思想与马克思主义存在深刻的历史关联，以致有学者把弗格森称为"前马克思主义者"（或曰"马克思之前的马克思主义者"）。弗格森关于劳动分工、异化和社会原子化等思想为马克思所借鉴，马克思高度赞赏弗格森为批判资本主义所做的奠基性工作。

---

① 阿瑟·赫尔曼：《苏格兰：世界文明的起点》，启蒙编译所译，上海社会科学院出版社2016年版。

第一节　弗格森思想对欧美的影响

1764年,弗格森将自己的代表作《文明社会史论》的初稿在朋友中传阅,结果毁誉参半、褒贬不一。布莱尔和罗伯逊对此表示出极大的兴趣和赞赏。但是,休谟则认为该书无论是形式还是内容都会伤害到读者,不适合公之于众;亚历山大·卡莱尔虽然承认该书中存在一些吸引人的地方,但指出该书充其量也只是一本普通的习作。但是,该书在1767年出版后,在欧洲引起了很大的轰动,尤其是在18世纪中期至19世纪初期。该书在弗格森在世期间就再版了7次,被翻译成法文、德文、意大利文、俄文、瑞典文等多国文字,直至1776年亚当·斯密《国富论》的出版,其热度才有所下降。[①] 弗格森于1769年出版的供爱丁堡大学学生使用的教材《道德哲学原理》和1783年出版的《罗马史》,之后均被翻译成多国语言,在欧美广泛传播。1805年以来,相对于《文明社会史论》,美国人对《罗马史》则更感兴趣。[②] 可以说,弗格森的作品在英国、德国、法国、俄国、美国等国家均受到了很高的赞誉,尤其是在德国。[③] "《文明社会史论》问世后的一个多世纪里,德国的学者对其中的思想做了独特和富有创造性的运用:席勒对他

[①] 参见 James Buchan, *Crowded with Genius: The Scottish Enlightenment: Edinburgh's Moment of the Mind*, Harper Collins e-books, 2003, p. 221; Ronald Hamowy, *The Political Sociology of Freedom, Adam Ferguson and F. A. Hayek*, Edward Elgar, 2005, pp. 86 – 87。

[②] Vincenzo Merolle edited, *The Correspondence of Adam Ferguson*, London: William Pickering, 1995, p. lxvi.

[③] 苏格兰启蒙思想家对他们的德国同代人的影响已被学界公认为18世纪最有价值的事件之一。在德国启蒙运动、早期浪漫主义的鼎盛时期都留下了苏格兰的印记,一些最伟大的哲学家,包括康德、门德尔松、赫尔德、黑格尔等在很大程度上受到了他们思想的影响。在1750年至1800年,沙夫茨伯里、弗朗西斯·哈奇森、亨利·霍姆、大卫·休谟、亚当·斯密、亚当·弗格森、约翰·米勒、托马斯·里德等人的著作成为德国哲学界、文学界的畅销书。德国作家在哲学、文学和文化自我意识现代化的过程中有意识地借鉴了苏格兰模式。参见 Oz-Salzberger, Fania, *Did Adam Ferguson Inspire Friedrich Schiller's Philosophy of Play? An Exercise in Tracking the Itinerary of an Idea* (2010), Available at SSRN: https://ssrn.com/abstract = 1585453。

的伦理学着迷，还受到他关于游戏的思想的启发①；黑格尔从他的历史叙述中获得灵感；马克思赞扬他关于劳动分工的先见；桑巴特称他为社会学的先驱。"② 在德国，还有加夫、哈曼、赫尔德、康德等也受到弗格森思想的影响和启发。弗格森关于市民社会、社会发展自发秩序、对理性启蒙的反思、曲线的历史进步论等思想和远见在欧洲和美洲产生了极为深远的影响。③

一 开启市民社会概念的重大变革

市民社会这个术语已经成为当代社会的重要词语。尽管这个术语很普遍，但它却是一个多义性概念。可以说，现代商业社会在本质意义上是一种市民社会或者说文明社会，在英文中通常用"civil society"表示。然而，英文词语"civil"具有非常广泛的意义，如公民的、市民的、文明的、有礼貌的、世俗的、国内的，等等。因此，这也必然意味着"civil society"语义的多样性、模糊性和变化性。"市民社会"这个概念来自西方社会，最早可以追溯到古希腊，其概念的内涵、外延一直处于变化之中，在欧洲不同的历史语境中被具有不同理论立场的思想家和理论家赋予了不同的含义。古典的市民社会概念往往是与城市（城邦）联系在一起的。显然，城市的出现是古希腊、古罗马从野蛮走向文明、从部落走向国家的主要标志。当时的学者往往用市民社会来描述城邦的生活状况。亚里士多德首先在其《政治学》中提出"koinonia politike"的概念，即指政治共同体或城邦国家，城邦是自由和平等的公民构成的共同体，亚里士多德认为，个人不是孤立的个人，个人总是城邦的一员，

---

① 有学者通过梳理孟德斯鸠对席勒早期戏剧作品的影响得出了以下结论：席勒毫无疑问地从阅读弗格森的《文明社会史论》和《道德哲学原理》中了解到了孟德斯鸠《论法的精神》。相较于孟德斯鸠相对保守的观点，正是弗格森的激进共和主义影响了席勒的政治取向。参见 Dushan Bresky, Schiller's Debt to Montesquieu and Adam Ferguson, *Comparative Literature*, Vol. 13, No. 3, 1961, pp. 239 – 253。

② Fania Oz-Salzberger, "Introduction", in *Adam Ferguson, An Essay on the History of Civil Society*, Cambridge: Cambridge University Press, 1995, p. xxv.

③ 当然难免也有批判的声音，除了休谟以外，其他学者如詹姆斯·贝蒂（James Beattie）虽然称赞了弗格森的天分，但批评《文明社会史论》思辨性过强；詹姆斯·洛里默（James Lorimer）甚至把《文明社会史论》置于二流之作。参见 Vincenzo Merolle edited, *The Manuscripts of Adam Ferguson*, London: Pickering & Chatto, 2006, pp. 302, 310。

只有在城邦共同体中人们才能过上幸福的生活。个人离开了城邦，要么是神灵，要么是野兽。因此，古典的市民社会与政治社会或国家是基本等同的。到了中世纪，随着基督教在罗马帝国逐渐强大，人们逐渐从研究文明的政治社会、国家过渡到研究教会与国家的关系，并试图确定各自的权限问题，此时的市民社会是与教会相区分的一个领域。许多思想家认为政治社会是一个自足的社会，既能满足人们的物质需要，也能满足人们的伦理需求。据此，他们坚持国家对世俗事务的领导权，反对教会干预世俗、干预国家事务。虽然此时的市民社会是相对于教会而言的，它依然指政治社会或城邦国家，其内容并没有超越古典的市民社会概念。17 世纪，市民社会概念重新受到重视，一些契约论的思想家，如霍布斯、洛克、卢梭（最早明确提出市民社会概念的是卢梭）等，反对君权神授的专制王权，把市民社会理解为独立于自然状态的绝对主权或国家。他们指出，市民社会是与自然状态相对应的政治社会，是一种拥有法律和规则的政治秩序。因此，这时的市民社会实际上就相当于国家或政治社会，换言之，当时的思想家是在自然状态与政治社会（或国家）二分的框架下来理解市民社会概念的，这种观念一直持续到 17 世纪末，乃至 18 世纪。

可以说，"现代市民社会的概念包括了三个要素：市民社会相对于国家的自主性；市民社会与国家的相互依赖；市民社会制度所体现的价值观和生活方式的多元化"。[1] 市民社会观念的重大变革始于 18 世纪的苏格兰启蒙思想家，特别是弗格森和斯密对市民社会的概念作出了巨大贡献。"市民社会"是苏格兰社会的一个复杂的象征：一个由自利、自由和以追求财富为动力，在商业和贸易中追求财富的平等的个人组成的社会。从某种程度上来讲，"市民社会概念是启蒙运动时期发展起来的社会政治组织形式的缩影，它与早期的工业革命、古典自由主义的出现以及商人和中产阶级的兴起是紧密相连的"。[2] 当 18 世纪下半叶欧洲、特别是英国的志愿组织、自助团体和慈善团体迅速发展时，对市民社会

---

[1] Boris DeWiel, "A Conceptual History of Civil Society: From Greek Beginnings to the End of Marx," *Past Imperfect*, Vol. 6, (1997), pp. 3–42.

[2] Peter Hanns Reil, *Encyclopedia of the Enlightenment*, revised edition, *Facts on file*, Inc., 2004, p. 111.

又有了新的认识,即把它作为一个与国家对立的社会生活领域。同时,18世纪的欧洲见证了资本主义和市场经济的出现和发展,在资本主义和工业化的兴起和发展所带来的社会经济变革背景下发展起来的对市民社会的理解,强调了经济因素的重要性。因此,与法国启蒙思想家不同的是,英国的许多思想家从经济的角度构想了市民社会,并认为市民社会是按照经济或商业利益的团体划分被创造出来的。斯密是重要的代表,他从经济的维度来分析市民社会,认为市民社会不是什么契约的政治体,而是一种"经济共同体"。根据斯密的观点,市民社会是一个发生经济关系和社会交易的领域,是一个相互依赖和互惠关系的市场组织网络。对斯密来说,市民社会是一个独立于国家的经济活动领域,是个人权利和自由的领地,受其自身法律的管辖和保护。斯密把市民社会的概念与资本主义和市场经济联系起来。同样,休谟对市民社会这个概念的理解也主要是从经济角度而不是政治角度。[1]

弗格森并不像斯密那样从纯粹的经济角度来分析市民社会,在他那里,市民社会是一种较少野蛮生活方式的社会,国家及其法律的、政治的机构都是市民社会的一部分,市民社会是一个复合的、多元的有机整体。弗格森认为市民社会是一个自治领域,是一个与国家对立的自律、自治的社会。根据对市民社会的这种新理解,它是一个自我调节的领域,是一个与国家的调节、政治领域相对立的自我调节和自我管理的社会。市民社会是自治和自我调节的自愿协会的网络,市民社会的发展有助于提高文明程度,因为这些自愿协会的职能超出了国家和商业企业的利益,它们是避免社会和政治生活不确定性的保护阀,是防止国家对个人生活不当干预的缓冲地带。[2] 而且,市民社会的历史是一个不断发展、进步的历史,即政治、法律、社会结构、艺术、科学、人口、文学、生产、消费、财产和自由等方面的进步的历史;是一个社会和文明的历史,那是政治社会逐渐文雅、文明和国家和谐、人们积极向上的发展过程。由此可见,在弗格森那里,市民社会与文明社会、政治社会、国家

---

[1] Tanvir Anjum, "Historical Trajectory of the Development of the Concept of Civil Society in Europe: From Aristotle to Gramsci," *Journal of Political Sudies*, Vol. 1, Issue 2, pp. 147 – 160.

[2] Ibid..

等概念是同义的。在弗格森那里，市民社会还有三个主要特征："第一，个人主义与社会生活之间的紧张关系正在加剧；第二，国家的权力需要得到审查；第三，需要重新发现某种共和美德或公共精神。"[①]

19世纪后，现代市民社会的概念是建立在政治国家与社会分离的前提下的，强调市民社会由非政治的社会组成。现代市民社会概念是黑格尔提出，经由马克思发展和完善的。对黑格尔来说，市民社会首先是治理公民生活的法律领域，其中包括高于个人但低于国家的制度。他的市民社会概念包含了介于家庭关系和国家政治关系之间的中间机构。事实上，黑格尔把国家定义为市民社会的对立面。对他来说，市民社会是个人满足其私欲的领域，但这个领域基本上是由法律来规范的。同时，黑格尔指出，市民社会也是一个有别于家庭和国家的伦理领域，在这里社会伦理和个人道德可以调和。在这种情况下，个人自由将得到自愿组织（如公司协会、利益集团等）的保障，这些组织将对行政部门施加压力，以便在利益集团之间充当中立机构。因此，在黑格尔看来，市民社会是不同于家庭和国家的，它是社会中的市民部分。总的说来，黑格尔是在社会经济层面与政治道德层面展开分析的，并指出前者是市民社会，后者是国家。这样一来，他就把市民社会从国家中剥离出来了，或者说他的市民社会是抽离了政治的一个领域。黑格尔意识到市民社会的危险，看到了它的破坏性潜力，把它看作冲突和压迫的场所、自利和分裂的舞台。[②] 马克思批判地继承了黑格尔政治国家与市民社会相分离的伟大创见，并且把市民社会主要限定在社会的经济领域。在马克思那里，市民社会不是从来就有的，它的诞生标志着经济领域的相对独立，而在此之前经济是从属于政治的。马克思指出，法律关系和国家形式，既不能从自身，也不能从所谓的人类思维的普遍发展中去把握，而是根植于人们生活的物质条件。马克思认为，不是国家制约和规范市民社会，而是市民社会制约和规范国家。国家意志是由市民社会不断变化的需求决定

---

① Gideon B. Baker, *Civil Society and Democrotisation Theory: an Inter-regional Compassion*, the University of Leeds, 1998, p. 4.

② Tanvir Anjum, "Historical Trajectory of the Development of the Concept of Civil Society in Europe: From Aristotle to Gramsci," *Journal of Political Sudies*, Vol. 1, Issue 2, pp. 147–160.

的，是由这个阶级或那个阶级的最高权力所决定的，最终是由生产力和交换关系的发展共同决定的。因此，马克思与弗格森解答的时代根本问题是一致的，就是对现代文明社会的反思和批判。"在马克思那里是对资本主义社会的批判，在弗格森那里表现为传统美德如何与经济发展相容共存的问题。但与弗格森寄希望于政府和个人意识到公民美德的重要性这一解决路径不同的是，马克思找到了解决这一问题的实践主体——无产阶级，并且为这一主体提供了改造世界的精神武器——唯物史观。"[1]

二 社会发展自发秩序论的重要先驱

如前所述，与法国的理性启蒙不同的是，苏格兰启蒙开启了情感启蒙的先河。这两种启蒙的区别主要在于对理性所持的不同态度，法国启蒙思想家不仅把理性运用于认识自然界，更把它适用于人类社会的各个领域。如此一来，理性不仅是真理的标准，还是价值和美德的依据，更是通往至善的必经之途。而且理性是上天赋予个人的内在禀赋，社会的发展也为人的理性所设计。换言之，理性主义认为，文明的发展源于人类根据理性的设计做出精心的规划，即社会秩序是人为的结果。相对来说，苏格兰启蒙运动的思想家对待理性较为谨慎，他们大多抛弃理性设计一切的观念。在他们看来，理性只是社会进步过程的一部分，理性也是社会进步的一个结果，理性自身没有跳出社会进步的框架设计社会秩序的能力。换言之，理性不是万能的，理性有其自身的界限，它并不足以成为社会秩序生成和运行的基础。他们指出，人类的事务是极其复杂的，社会结构不是源于理性的指引，而是许多个体行动的无意识结果。

罗纳德·哈姆威（Ronald Hamowy）颇为赞赏地指出，"社会自发秩序理论或许是苏格兰启蒙思想家们最重要的理论贡献"[2]。"自发秩序"

---

[1] 梅艳玲：《从弗格森的文明社会概念到马克思的市民社会概念——基于〈文明社会史论〉的弗格森和马克思比较研究》，《南京政治学院学报》2012年第5期。

[2] Ronald Hamowy, *The Scottish Enlightenment and the Theory of Spontaneous Order*, Southern Illinois University Press, 1987, p. 3.

这个词最早是波兰尼（Michael Polanyi）在1950年创造的，[1] 哈耶克使之普遍为人所知，他在《自由秩序原理》（The Constitution of Liberty，1960）中运用这一概念阐述了通过市场自我调节的能力实现自由可能性的观点。尽管哈耶克主要是运用这一概念来分析经济现象的，但是这一理论显然可以给政治、伦理等方面提供借鉴。然而，自发秩序的观念最早还可以追溯到曼德维尔那里，[2] 即曼德维尔在其《蜜蜂的寓言》中关于人类的自利导致公益的观点。其他许多的欧洲思想家特别是苏格兰的启蒙思想家们，如弗格森、休谟、斯密、托马斯·里德、斯图尔特、威廉·罗伯逊、约翰·米勒等，都或多或少有自发秩序的相关论述。自发秩序理论指出，我们生活其中的社会建制是一个复杂的系统，但它们不是源于人类有意识的深思熟虑（即理性设计），而是无数个人无意识行动的结果。他们强调的是，自发秩序是源于"无数个人"，而不是"某个人"的无意识行为的结果。

苏格兰启蒙思想家们几乎一致认为，良好的结果和制度往往来自一系列人类无意的行动和实践。苏格兰人坚持一种未经设计的利益秩序观念，这种观念的适用领域远远超出了市场过程理论。他们推断，无形之手可以触及道德情感、文化和政治制度历史演变的动态过程。换言之，在他们看来，社会不是人类设计的产物，而是自发产生的；它的秩序也不是人类有意设计的结果，而是人们以一系列短期的个人目标为指向的行为的结果。自从哈耶克以来，这个观念被称为"自发的秩序"。哈耶克以苏格兰思想家的思想为基础，在社会、市场、语言和法律等自发秩序与计划秩序或企业和国家等组织之间进行了严格的区分。哈耶克的自发秩序思想最突出地应用于复杂的经济运作，也适用于习俗、语言、法律和科学的演变。哈耶克热衷于展示在自发秩序概念下捕捉动态法律体系的可行性。但是，苏格兰人对道德情操和政治制度历史的陈述常常断

---

[1] Lisa Hill, The Passionate Society: The Social, Political and Moral Thought of Adam Ferguson, Springer, 2006, p. 102.

[2] 罗纳德·哈姆威（Ronald Hamowy）认为，自发秩序的最早萌芽可以追溯到公元前4世纪中国的庄子那里，并且指出这一理论与中国传统思想有契合之处。见 Lisa Hill, The Passionate Society: The Social, Political and Moral Thought of Adam Ferguson, Springer, 2006. p. 6。

言无形之手的结果,这将远远超出哈耶克自发秩序水平的机制。苏格兰的自发秩序关注的更多是历史上出现的制度结构,而不是市场社会的价格机制等。自发的秩序信念使得他们对现行制度有了一定的自豪感和自信心。苏格兰人倾向于"辉格党历史理论",该理论认为,直到18世纪的几个世纪是一个进步的历史,是由自发发展而来而不是人类有意设计的结果。在一定程度上,苏格兰人表现出哈姆威所说的保守主义偏见,一种"辉格式"的骄傲。[1]

弗格森的思想是哈耶克自发秩序和社会进化思想的重要理论来源。哈耶克深受弗格森自发秩序思想的启发,并把他界定为古典自由主义的关键人物,高度认可其在自由主义历史上的地位。哈耶克指出,自由人自发的合作往往创造出比他们个人预料到的更伟大的东西。他认为,对人类历史上自发秩序的重要性和普遍性的理解,应该产生一种对个体思维局限性的敏锐意识,这种意识促使人们创造出超出他们所预料的结果。在他看来,社会是如此复杂,特别是随着全球化、社会和商业相互依存以及技术进步而日益增长的现代社会,任何个人或个人团体都不可能有意地组织起来,国家干预试图产生与自发过程本身不同的预期结果,如果不是适得其反和有害的,通常也是无效的。可以说,弗格森对社会秩序是人类行动的结果而非人有意设计的结果的思想深深地影响了哈耶克,即"人的行为的结果,而不是设计的结果"。"弗格森不仅在哈耶克的社会—政治理论最为关键的概念阐述方面启发了他,更由于他对社会契约论的批判态度和对人类理性抱持一种更为审慎的看法而对哈耶克卓越的思考产生了相当的影响。"[2] 弗格森指出,制度是人的行为无意识的结果,但不是任何一个人行为设计的结果,社会的变化与特定的个人关联不大,而与公民整体有关。[3] 以罗马的覆灭为例,它不是因为缺

---

[1] Daniel B. Klein, "Review of Ronald Hamowy, The Political Sociology of Freedom: Adam Ferguson and F. A. Hayek", *Rev. Austrian Econ.*, 2007 (20), pp. 91-94.

[2] 翟宇:《哈耶克与弗格森:政治思想的传承与断裂》,《晋阳学刊》2013年第3期。

[3] Craig Smith, *Ferguson and the Active Genius of Mankind*, in Eugene Heath and Vincenzo Merolle, ed., *Adam Ferguson: History, Progress and Humannature*, Pickering & Chatto (Publishers) Ltd., 2008, p. 158.

乏杰出的个别人物，而是因为包括杰出人物在内的公民整体的腐化。[①]人类得到未预见到的成就从来不是单个人或一代人行为的结果。人类进步的取得是以群体的、社会的方式满足人类需求而造成的。这一理论为解释复杂的社会结构提供了一个框架，即这些机构的形成是许多独立的个人行动的结果，而这些个人没有一个是以社会机构的形成为目标的。社会不是谋划的结果，而是自发形成的；社会机构不是有意设计的产物，而是一些各怀目标的个人的行动促成的，而且有时个人的行为并没有确定的目的，他们只是出于习惯、本能等。因此，需要强调的是，苏格兰思想家们的自发秩序理论不仅仅是表明某些有意图的个人行为产生社会的无意后果，还应该包括任何个人的无意图的行为，而且很多时候他们的理论主要是指后者。

与苏格兰传统一致，弗格森试图通过自然和本能来解释社会状态，而不是理性和技艺。弗格森认为，社会秩序并非源自人为设计，而是人类行动的结果，与人的天性以及所处的环境相关。不存在自然状态下孤立的个人凭着自己的理智，通过契约进入社会的状况。弗格森对自然状态理论的批判有很多原因：还原论、缺乏历史支持、事实上与历史证据相违背等。对于他来说，社会进化是由国内纠纷以及国家间的竞争驱动的，社会进化也受到人类行为的无意识后果的驱动。社会总是与人共生的，社会的纽带是由"人的本能而非臆测"产生的。弗格森反复强调，道德不是源于理性，而是源于自然的事实：人类自然地寻求自我保护，他们渴望自我完善，并且能够仁慈地对待他人。弗格森描述的社会是一个自然演变的，从野蛮到文明状态的社会。他区分了三种社会秩序：野蛮的、未开化的和文雅的社会秩序。因此，商业社会的出现是自发的、不可设计的，是通过人对环境的自然调整而产生的。弗格森认为，政治统治的形式取决于经验和本能，而不是理性和推测。即使在所谓的开明时代，大众的每一个行动都是以同样的盲目对待未来的方式进行的，各国偶然建立一些制度、机构，它们都是人类行动的结果，而不是任何人设计和谋划的结果。

[①] 亚当·弗格森：《文明社会史论》，林本椿、王绍祥译，浙江大学出版社 2010 年版，第 249 页。

需要指出的是，作为对自发秩序传统做出了突出贡献，经常被哈耶克引用为社会秩序反理性主义解释的早期倡导者，弗格森对捍卫商业社会自由秩序的颂扬往往没有苏格兰其他思想家那么热情，反而表示出对现代商业社会分工的种种担忧。此外，源自古代美德和公共精神与人们熟知的开明利己的道德形成了一定的对比。事实上，弗格森否定了曼德维尔的利己主义足以维系一个社会，他担心日益扩大的劳动分工和个人主义伦理会稀释公共意识和爱国主义，以至于走向专制主义并最终威胁到商业秩序。由此可见，弗格森在不否认劳动分工下的商业秩序和繁荣，以及商业社会的自由的同时，也保持着对商业社会带来的负面效应的深深忧虑。具体地讲，弗格森更倾向于接受经济活动领域中的分工，但他认为在国防和政治领域的过度分工则会对积极的公民身份和自由产生破坏性影响，因为这会鼓励大部分公民对政治的冷漠，而且还会导致形成一个掌握危险的权力和影响力的专门政治阶层。因此，弗格森对国防和政治分工的担忧，特别是结合他对小国的偏好，从某种程度上讲具有无政府主义的意味，即有着直接参与式民主的小国接近哲学上的无政府主义；同时，广泛、无序的民主将破坏积极的公民权利和自由。换言之，前者更有利于有益的自发社会发展进程，而后者则显然不利。

三　弗格森与美国革命、法国革命

18世纪，在美洲和欧洲爆发了两次轰轰烈烈的资产阶级革命，即美国革命和法国革命。弗格森不仅亲眼目睹了这两场革命，而且积极介入其中，特别是美国的独立战争。在1778年4月，弗格森随"和平委员会"（a peace commission）来到美洲，作为英国政府的一个代表到美洲和解。可以说，在和谈的初期弗格森起了非常重要的作用，他坚决主张和平解决美洲问题，并试图会见对方代表，向其传达英国政府的和平意愿，但是，美洲方最终没有答应会面。在和谈的后期，弗格森忙于准备公告和宣言。另外，弗格森也是苏格兰启蒙中唯一有幸目睹法国大革命的兴起到拿破仑帝国覆灭整个过程的一位思想家。尽管他没有亲自介入法国革命，但从他给约翰·麦克弗森的通信以及他的两个手稿中可以看出他对法国革命也是非常关注的，并且也清晰地表达了自己的态度和立场。

美国独立战争爆发，特别是《独立宣言》发表后，引起了英国国内很多学者激烈的讨论。斯密向英国政府提议，如果英国难以维持如此庞大的殖民地，那么可以放弃。而且对于美国独立战争他既没有表现出强烈的抗议，也没有明确表示支持。休谟则更进了一步，他明确表示他希望美洲由他们自主管理，而且治理的好坏是美洲自己的事情，英国不要干涉；同时休谟赞成英国从美洲撤军。另外一位是约翰·威瑟斯庞，他是从苏格兰移民到美洲的，后来成为新泽西州议会的代表。威瑟斯庞也是《独立宣言》的签字者之一，他曾在其著作里以及在新泽西大学（现普林斯顿大学）教学的过程中努力论证美国独立的正当性。然而以弗格森、威廉·罗伯逊、约翰·霍姆、布莱尔等为代表的苏格兰思想家们激烈反对美国独立运动，并认为这是对英帝国的一种叛乱行为。弗格森在写给苏格兰律师和政治家威廉·普尔特尼的信中，将美洲的革命描述为"一场可怕的危机"，并宣称孟德斯鸠和其他人没有恰当地考虑到"民众对自由的危险"。显然，在美国革命问题上，弗格森与威瑟斯庞是完全对立的，尽管他们同年（1723）出生，且都出生在苏格兰，都在爱丁堡大学学习或工作过，而且后者还在其道德哲学课堂上引用过前者的著作。这里，必须承认的是威瑟斯庞的立场与他移民美国、就职于新泽西大学，并在美国扎根的事实不无关系。

需要强调的是，在这一问题上，弗格森的亲英立场是非常明显的，主要表现在他不仅撰写了一篇短论反对支持美国独立的理查德·普莱斯（Richard Price）以及在和平委员会的经历。最初，弗格森对英国在美国危机中的政策持批评态度，对殖民地表示同情，因为他们在保护自己的权利和安全。1776年2月，普莱斯在其著作中阐述美国革命是公民自由的体现，是公民自由应有之义的观点。对此，弗格森随即撰写了短论并提交英国政府。在短论中，弗格森严厉批评了普莱斯关于自由的观点，他认为，公民自由是捍卫自身的一种权利，是出于本性而为，而不是任意妄为。弗格森抵制亲美洲共和主义的部分原因是他目睹过大规模民主政体走向军政府的命运。然而，更根本的是，他担心"自由狂热者"的意识形态会诱使人民推翻他认为对现代自由至关重要的地位和权力的不平等，这说明他对革命的理解不仅是为了反对议会的权威，更根本的是反对现代国家社会角色的合理划分。弗格森致力于在英国混合君主制中培养古典共和主义的公民精神，以及对现代自由的理解有着强烈的新古典主义底蕴。普莱斯所引发的辩论，可以部分地理解为对代议制政权中普通民众权力的分歧。虽然普莱斯正在推动加强普通民众对政府的权力，但弗格森反驳说，他渴望建立一个自由的商业国家，而这个国家的公民美德主要存在于富裕的精英阶层之中。① 总的来说，对于美国革命，弗格森主要有两种忧虑：一是他担心随着战争的升级，大规模的民主将最终导致军政府的出现；二是弗格森看到了在美国革命中公民不断高涨的政治热忱将给英国政治带来威胁，美国的独立将给大英帝国的殖民体系打开一个缺口。后者显然是弗格森更为关心的问题，他指出，美洲对英国"权利的侵占"将会使英国回到一个世纪之前的状态。因此，弗格森认为，美国的独立运动不是其发展的必要阶段，而是其回归英国可以避免的一个事件，英帝国必须维持包括其在美洲的殖民地。

相对于弗格森在美国革命中表现出的一贯反对态度，他对法国革命的态度则显得更加微妙。在革命之初，他对法国革命抱以很大的期望，他期待一个新的法兰西共和国将促进欧洲和亚洲的和平、促进公民自由平等的实现。但是，在他目睹了法国革命所带来的社会后果以及给英国带来的潜在威胁后，开始不能完全欢迎一个新的共和国在法国的发展，指出法国军事实力的增强不仅对英国而且对整个世界构成威胁。在法国大革命中，弗格森还看到了公民意识的觉醒和高涨及其激进的民主所带来的危害。《道德与政治科学原理》正是在这种背景下重新改写了《道德哲学原理》的结果，他在《道德与政治科学原理》中反对无差别地享有权利，承认建立在出身和财产之上的等级差别，同时主张把大众排除在政治和选举之外。② 从弗格森对美国革命、法国革命的态度我们可以

---

① Yiftah Elazar, "Adam Ferguson on Modern Liberty and the Absurdity of Democracy," *History of Political Thought*, Vol. XXXV, No. 4, 2014.

② Yasuo Amoh, "Ferguson's Views on the American and French Revolutions", in Eugene Heath and Vincenzo Merolle, ed., *Adam Ferguson: History, Progress and Humannature*, Pickering & Chatto (Publishers) Ltd., 2008, pp. 73–86.

清晰地看到他在政治上鲜明的亲英立场。这种立场甚至使他对于帝国的态度前后矛盾，比如说，他一贯把军政府（军事帝国主义）视为危害公民自由和导致美德堕落、国家腐化的最大原因；但是，当美洲要脱离英联邦独立时，为了维护英帝国的根本利益，他强烈反对美洲通过激烈变革来解决问题，而主张通过温和的政治变革来处理美洲问题。

第二节　弗格森思想与马克思主义的理论关联

弗格森的思想在很多方面与马克思极为相近，以至于有学者宣称在他这里发现了马克思主义和唯物主义的前身，甚至把弗格森称为"马克思之前的马克思主义者"。正如学者指出的那样，"阅读近代以来的著作，我们首先在弗格森那里看到了对市民社会的揭露和批评，在某种意义上，弗格森开辟了批判资本主义的先河"。[①] 弗格森关于劳动分工、异化和社会原子化等思想为马克思所借鉴。马克思在研读弗格森的《文明社会史论》时，把他与斯密做了对比，并且指出斯密在分工的问题上仿效了弗格森。马克思高度赞扬弗格森为批判资本主义作出了奠基性工作。同时，弗格森关于市民社会、社会分工的洞见对于正处于市民社会/市场社会的兴起和构建过程中的当今中国来说依然具有现实价值和启示意义。

一　对市民社会/文明社会的洞见

通过对"市民社会"概念的爬梳，我们不难发现，18世纪的斯密、弗格森等苏格兰思想家的相关论述是马克思市民社会理论形成的重要思想渊源，其中弗格森的《文明社会史论》影响尤为深远。从某种意义上说，"弗格森已经意识到经济基础和上层建筑的关系，市民是承载这种关系的主体"。[②] 可以说，正是在继承、改造斯密、弗格森，及黑格尔"市民社会"观念的基础上，马克思发现了生产力和生产关系的矛盾运

[①] 张康之、张乾友：《在市民社会中阅读道德——从弗格森、亚当·斯密到黑格尔》，《学习与探索》2009年第5期。

[②] 臧峰宇：《苏格兰启蒙运动与青年马克思的市民社会理论》，《天津社会科学》2014年第2期。

动及其表现形式并逐步确立其唯物史观的。[1]

在《文明社会史论》中,弗格森探讨了社会秩序如何在"商业社会"中出现,并讨论了市民社会下的商业精神和公共美德之间的关系。这一讨论的实质是评估市场与社会之间关系的问题,即评估经济在市民社会中的地位以及市民社会与市场之间的关系。弗格森思想中存在着公民人文主义和商业人文主义的张力。对弗格森来说,市民社会的概念是指政治和法律安排(正规政府、法治)以及社会经济结构。尽管弗格森没有明确指出市民社会和国家之间的区别,但在他那里,市民社会是一个有别于国家的社会领域,它有自己的形式和动力。对于弗格森以及休谟和斯密来说,市民社会的历史涉及财富的创造和传播、个人独立以及艺术、科学和礼仪的完善。

在市民社会中,经济关系是抵御国家侵犯的堡垒,但反过来又导致市民社会内部的原子化。如果是市场保护市民社会不受国家的干预,那么又有什么能保护市民社会不受市场的影响呢?换言之,在市民社会中存在着一种悖论:市场是市民社会赖以生存的最合适的经济形式,但是市场可能对市民社会的纽带构成危险。一旦我们认识到,经济有自己的动态和自治的法律是市民社会概念的一个先决条件,即市民社会是国家(直接)控制之外的一个领域,并且(潜在地)是一种反对国家的力量,政治经济的重要性就变得显而易见。经济是自我调节的,这表明了某些领域能够而且应当在政治结构之外进行自我协调和保持团结的可能性。当前理论界关注的是市民社会的交往方面,认为这一领域依赖于市场的存在,因为私人财产的存在和"自我调节"的市场充当了防止国家侵犯的堡垒,从而有助于维护市民社会的独立性。然而,市场关系也可能破坏社会纽带所必需的团结资源,并限制民间团体希望捍卫的自治权和多元主义。市民社会可以被重塑为一个简单的利益集团相互竞争的体系,市场关系的延伸可能破坏和摧毁的是依赖于市民社会的某些道德资源。[2]

---

[1] 梅艳玲:《从弗格森的文明社会概念到马克思的市民社会概念——基于〈文明社会史论〉的弗格森和马克思比较研究》,《南京政治学院学报》2012年第5期。

[2] John Varty, "Civic or Commercial? Adam Ferguson's Concept of Civil Society," *Democratization*, Vol. 4, No. 1, 1997, pp. 29–48.

弗格森解决这一问题的办法不是要求对市场进行制度上的约束，而是呼吁关注大众的道德情感和公共精神。弗格森将民主理解为一种政府形式，在这种形式下，主权属于全体人民，所有公民都有资格担任公职，而公民美德是这种制度有效运行的先决条件。但是，他发现，在现代商业社会中实质性的民主是不可能维持的。因此，弗格森关注的是发展一种公民模式，这种模式将替代市场关系作为道德共同体和国家政治的基础，而不是简单地还原为个人或部门利益。弗格森批判功利主义理论，坚持公共领域的重要性，他认为，人的幸福在于把自己的社会倾向作为行动的主导源泉。

尽管通常认为 18 世纪是进步和乐观的时代，但当时许多思想家忧虑地看到了文明国家的衰落，这种忧虑集中体现在对公民美德堕落的关注上，这也成了 18 世纪政治哲学、伦理学面临的最紧迫的问题之一。像苏格兰启蒙运动中的许多同时代的人一样，弗格森和斯密对商业主义的发展、政治变革以及随之而来的社会进步，产生了浓厚的兴趣，他们的思考可以说是两种典型的早期社会学。尽管他们都在商业主义中发现了潜在的腐化问题，但他们对于病因的诊断以及给出的方案却大不相同。总的来说，斯密的观念显得更为现代，虽然他也注意到商业精神的诸多弊病，但他似乎更加相信商业化是自然的、不可避免的且基本上是积极的，甚至认为享乐主义、私有化、政治冷漠等不是腐化之所在；腐化是对自由制度和自治行为的侵犯，腐化阻碍了"自然"进步的进程，因此他主张通过法律的手段来规范社会。而弗格森的观念则更为古典，他对商业社会的进步一直保持一种警惕，认为腐化是由进步引起的公民美德和政治参与热情的下降。尽管他对于商业社会的进步表示欢迎，但对于公民美德的堕落和社会亲密感的疏离表示担忧，尤其是对于文明社会以牺牲爱国情感、军事美德、公民活力等为代价表示震惊。因此，弗格森倾向于通过回归传统以解决现代性问题，即主张从古典资源中汲取灵感，通过实施民兵制度、改革政治机构等措施，以重建民族身份、社会纽带和公民道德。[1]

---

[1] Lisa Hill, "Ideas of Corruption in the Eighteenth Century: the Competing Conceptions of Adam Ferguson and Adam Smith", In *Corruption: expanding the focus*, edited by Manuhuia Barcham, Barry Hindess and Peter Larmour, The Australian National University Press, 2012, pp. 98, 110.

二 对商业社会劳动分工的批判

劳动分工及其社会效应和经济效应长期以来一直是经济学和社会学思想史上的一个重要主题。虽然弗格森和斯密不是最早讨论社会分工影响的人，但显然他们在社会学和经济学方面的影响是具有开创性意义的。特别是弗格森关于分工的相关论述在很大程度上启发了马克思的分工思想。正如罗纳德·哈姆威指出的那样，"弗格森的许多分析构成了后来马克思讨论分工问题的基础，事实上，马克思也明确承认弗格森是自己思想的一个来源。"[1]马克思通过对分工思想的梳理，指出了弗格森分工观念对同时代、后世的影响。值得一提的是，马克思在讨论分工问题时将弗格森与斯密进行了对比，并认为在该问题上后者仿效了前者，前者是后者的"老师"。[2]马克思指出，正是弗格森第一次对分工问题进行深入的社会学分析，并且与斯密相比更早把分工与人的发展联系起来，而且相比于斯密片面地看到分工对经济增长促进作用不同的是，弗格森论证了分工的双重作用，即分工一方面推动了经济发展和社会的进步，另一方面也导致了人的片面化、原子式的发展。

马克思高度赞赏弗格森对分工的洞见，并吸纳为其批判资本主义的重要理论资源。马克思辩证地看待分工在历史上的作用。一方面，"分工是迄今为止历史的主要力量之一"[3]，分工超越了人类劳动最初的狭隘性，推进社会生产力的发展，是一种扩大的生产力，是社会财富增长的重要途径。显然，分工不仅有利于提高劳动技能和劳动经验，更能将有限的个体力量整合成为类整体的力量，即"劳动者在有计划地同别人共同工作中，摆脱了他的个人局限，并发挥出他的种属能力"。[4]另一方面，马克思认识到，"分工提高劳动的生产力，增加社会的财富，促使社会精美完善，同时却使工人陷于贫困直到变成机器"。[5]分工促进了资

---

[1] Ronald Hamowy, "Adam Smith, Adam Ferguson, and the Division of Labour," *Economica*, New Series, Vol. 35, No. 139 (Aug., 1968), p. 258.
[2] 《马克思恩格斯全集》第47卷，人民出版社1979年版，第312页。
[3] 马克思、恩格斯:《德意志意识形态》，人民出版社2003年版，第43页。
[4] 《马克思恩格斯全集》（第23卷），人民出版社1972年版，第366页。
[5] 马克思:《1844年经济学哲学手稿》，人民出版社2000年版，第13页。

本家主义生产关系的形成，造成了新的社会不平等，导致人的片面、畸形发展，随着分工的不断精细化、专业化，每个人不得不被固定在某一种分工上。尤其是在资本主义社会出现了劳动异化现象，工人为了谋生而不得不终身从事一种固定性、片面性的劳动，工人的生产活动和社会活动丧失了自主性，从而工人完全丧失了自我，成了从属于机器的局部的人、碎片化的人。在这种情况下，作为人类特有活动的分工不再是人的本质力量的体现，而是某种和他们相分离、相对立的物的形式和异化的力量。马克思、恩格斯指出，分工造成的"社会活动的这种固定化，我们本身的产物聚合为一种统治我们、不受我们控制、使我们的愿望不能实现并使我们的打算落空的物质力量"。①

弗格森对商业社会批判的核心体现在他对"艺术与职业分离"或劳动分工的社会和政治后果的描述上。同斯密一样，弗格森也将分工视为商业社会的生产原则，而且现代商业的发展催生了艺术和职业的分离，这在很大程度增加了财富和精致。然而，弗格森更多地担忧商业社会对民族精神的侵蚀，市场精神会导致人性的分离，将个人从整体中割裂开来，使其成为"一个个孤立的人""碎片化的人"。弗格森指出，"虽然专业分工似乎可以提高技术，并且实际上随着商业发展，专业分工也会使产品更加完美。但是，归根到底，就其最终影响而言，它会在某种程度上破坏社会纽带"，②并且使个人过分关注私人领域而远离公共领域。换言之，虽然社会分工带来了生产力的发展，技艺的进步；但它同时也导致了产业的分离、城乡的对立，尤其是个人利益和公共利益的断裂。正如马克思、恩格斯指出的那样，"随着分工的发展也产生了单个人的利益或单个家庭的利益与所有互相交往的个人的共同利益之间的矛盾"。③ 可见，弗格森看到社会分工积极作用的同时，也看到了社会分工有可能造成社会的片面发展和人的异化，④ 从而导致民族走向衰亡。弗

---

① 马克思、恩格斯：《德意志意识形态》，人民出版社2003年版，第85页。
② 亚当·弗格森：《文明社会史论》，林本椿、王绍祥译，浙江大学出版社2010年版，第244页。
③ 《马克思恩格斯选集》第1卷，人民出版社1995年版，第84页。
④ 于海先生曾指出，"在马克思之前，弗格森可能算是对分工造成人的片面发展和非人化后果进行批判的最早的一批思想家中的一个"。于海：《西方社会思想史》，复旦大学出版社1993年版，第138页。

格森对现代商业社会分工的这些描述超越了同时代人的洞察力,使得马克思认为他是第一个指出并论证分工负作用的思想家,并指出"弗格森与斯密的不同之处在于他更尖锐、更明确地揭示了分工的消极方面"。①弗格森对商业社会分工的批判主要体现为以下几个方面。

其一,专业化导致了人性的肢解,私人领域与公共领域分裂。弗格森在现代欧洲国家的发展过程中发现了一种现象,即战士与政治家的角色分离。这样一来,共同体的成员没有了对国家、团体的依恋感、归属感,甚至丧失了与共同体的任何情感联系,即与共同体之间没有任何公共事务的联系,连接它们的仅仅是一桩桩"交易"。弗格森说,"造就公民的艺术和造就政治家的艺术区别开来,将制定政策和进行战争的艺术区别开来,无异于试图分解人类性格"。②换言之,从某种意义上讲,分工的每一次发展都是对人的进一步分割,使之碎片化而成为"单向度的人"。在谈到政治家时,弗格森多次强调,必须避免军事能力和政治家风度的过度分离。因为不懂战争的政治家就像一个没有政治才能的罗马战士被认为是一个单纯的战士和恶霸,他唯一的行动形式就是暴力或武力。在这里,弗格森并不是单纯地批判现代文明国家的人们转向物质的、享乐主义的价值观;更重要的是,他批评了现代科技为了研究自然而放弃了对人性的研究,而政治经济学则从一个狭隘的角度研究人性,以至于遮蔽了人的道德行为能力和公民人格发展能力。

其二,尤其是帝国的扩张和劳动分工导致了官僚主义的顽疾,官僚主义限制了人们参与公民事务的积极性,而新的商业伦理则冲刷掉了一切公共情感(communal sentiments)。显然,一个国家的军事扩张必然会带来许多毫无必要的浪费,因为有许多人无法去从事创造财富的工作,因为"在国内外维持大部队,这意味着有许多张毫无必要的、吃白饭的嘴张开着在浪费公众的积累,有许多人手却没法去从事创造利润的艺术。不成功的雄心伟业意味着许许多多赌注付之东流,因此导致的损失是和投入使用的资本成正比的"。③但是,弗格森更为担忧的是:腐化了

---

① 《马克思恩格斯全集》第47卷,人民出版社1979年版,第314页。
② 亚当·弗格森:《文明社会史论》,林本椿、王绍祥译,浙江大学出版社2010年版,第257页。
③ 同上书,第261页。

的国家把民众排除到国家政治生活之外，同时堕落了的民众也对政治表现出罕有的冷漠。弗格森认为，现代社会基本上建基于自利的基础上。在对待私利的问题上，弗格森虽与斯密有所不同，但他并不完全否认私利的存在，也看到了私利在指引社会生产力发展方面所起到的重要作用，比如认为私利对于人性中"激情"的释放具有正面意义，即市场经济是人类创造性的、永不停息的动力的宣泄途径。① 然而，弗格森对于人只追求私利而无视公益则持非常强烈的批判态度，他指出，只追求私利是人性堕落的天然途径。这种追求导致现代人放弃了对自利之外的其他人类品格的追求，这在某种程度上使人无异于动物。

其三，弗格森极力批判社会分工造成军队的职业化。② 由分工所导致的士兵的专业化，公民与士兵的分离，这种分离造成了"除了服兵役外，士兵没有其他任何顾忌"③ 的怪象。这样彼此分离导致了一种特殊的文明病，在这种病中，人们没有共同情感、没有公心。而在前现代社会中每个人都可以完整地代表政治体，因为他履行着经济生产者、公民和战士的各种职能，这种个人与社会整体的紧密联系是民族精神的有效载体。弗格森指出，军人和公民身份的分离必然会割断公民与国家之间的天然联系，因为在这种情况下，"公民拥有财产，但公民没有能力或无须财产；士兵的职责在于为他人捍卫他也渴望得到而且只有他才有能力获得并自我保护的东西。简而言之，一些人没有能力捍卫社会制度，但是，当社会制度得以保存时，他们却可受益；另一些人有捍卫社会制度的能力，却不能有私心或者不能获得私利"。④ 弗格森反对专业化的常规军取代民兵的做法，认为这无异于在开历史的倒车。弗格森认为，"如果捍卫和统治人民的大权掌握在少数以统治国家或指挥战争为职业的人（常规军或雇佣军——笔者注）手中，那么不论这些人是外国人还

---

① Lisa Hill, *The Passionate Society: The Social, Political and Moral Thought of Adam Ferguson*, Springer, 2006, p. 95.

② 在这一点上，斯密的观点与弗格森大相径庭。尽管斯密也看到了社会分工的精细化造成了工人身体、心理上的伤害等负面影响，但是在总体上他赞同军队的专业化、职业化，主张建立常规军制度，并认为对商业国家安全构成的威胁可以通过专业化的常规军制度得以解决。

③ 亚当·弗格森：《文明社会史论》，林本椿、王绍祥译，浙江大学出版社2010年版，第203页。

④ 同上书，第258页。

是本国人；不论这些人是否挥之即去，正如罗马兵团遵命退出大不列颠一样；不论他们会不会像迦太基军队一样叛变主子；或是由于命运的打击，被制服、被解散，在这种危急关头，一个怯懦而未经训练的民族的乌合之众只会惊慌失措，恐惧万分地面对内外敌人，正如他们面对瘟疫或地震一样。他们的人数只能大大地扩大征服者的胜利，丰富征服者的战利品"。[①] 反之，民兵的公民和士兵身份是统一的，他们与国家联系紧密，故而往往也就比较爱国、勇敢，能够为了国家和人民的安危视死如归，因而能够在捍卫国家的过程中起到不可替代的作用。弗格森钦佩斯密的《国富论》，称赞该书中所讨论的问题"独当一面"，但是明确表态在民兵问题上对斯密所持的反对态度。对弗格森来说，民兵制是在不损害生产力的情况下恢复公民美德的最佳机会，一个公民成为民兵是其养成坚韧、勇气、爱国、服从等军事美德的最佳手段。因此，当斯密等宣扬现代政治经济学的实用性、分工的效率以及常备军的好处时，弗格森极力主张在苏格兰建立民兵制度，以发扬军事美德、培养统一的公民个性，以及与18世纪体现的公民人文主义相关的其他价值观。相对于斯密的现代派立场，弗格森向往独立公民的古典理想，这种理想集中体现在他对爱国主义和公民美德的赞扬上。

弗格森也反对军队的职业化所造成的雇佣军制度。他认为，雇佣军是这样一个军人阶层："他们可以轻易地从一国军队转到另一国军队中服役。而且，他们在国内不受重视时，为了自己的缘故，他们会转行从事雄心勃勃的事业。或许，以往任何一个时代都没有比当时更为优秀的斗士了。但是，那些斗士并不附属于任何一个国家，而且每座城市的居民都自认为没有资格从军。可能军纪更加严明了，但是民族活力却已走向消亡。"[②] 可见，弗格森认为雇佣兵与国家之间更没有情感联系，他们只在意个人的报酬。而且，使用雇佣兵将耗费国家大量的财政支出。最可怕的是，使用雇佣兵是非常危险的，可能导致"军政府"的出现、国家的不稳定以致政权的颠覆。

弗格森对于现代市场社会的反思具有非常深远的意义，正如文森

[①] 亚当·弗格森：《文明社会史论》，林本椿、王绍祥译，浙江大学出版社2010年版，第254页。
[②] 同上书，第256—257页。

佐·梅罗莱（Vincenzo Merolle）所指出的那样，弗格森关于专业分工以及技艺进步产生的后果颇有见地的分析是与"劳动分工"理论密切相关的，而后者正是斯密《国富论》理论展开的基础，也是马克思主义的一个理论基础。①从马克思对弗格森分工思想的重视、借鉴和吸收来看，可以发现弗格森对马克思历史唯物主义思想的形成具有重要的贡献。

但需要强调的是，马克思对分工问题的洞见远远超越了弗格森。弗格森只在一个特定的背景下批评了资本主义的劳动分工，即战争艺术的专业化及其带来的公民和军人身份的分离。在其他场合，他把分工和制造艺术看作文明的关键，把分工描绘成"自然智慧"的产物，同时贬低工厂工人的劳动。此外，他还提出了职业分离对人性的必然影响，以论证社会和政治权力的不平等分配的合理性。②弗格森预见到商业社会不可避免的衰落、公民道德的堕落的迹象，就其关于专业化给工人带来的非人性化后果而言，的确预示了马克思对同一主题的相关论述，换言之，正是弗格森在一定程度上启发了马克思的相关思考。然而，在很大程度上，弗格森和斯密一样，都认为商业社会的进步是自然的、积极的，其带来的异化效应可以由一个"明智的"资产阶级国家从制度上加以解决，而不是要超越资本主义的体制，也不需要像马克思那样进行深刻的社会变革。他们都不认为市场社会的基本结构在本质上是令人反感的，也没有对工人受到的剥削提出任何实际的解决方案。尽管他们明显意识到现代商业社会的危机，但都认为劳动工人与资产阶级之间是共生的，而不是对立的；虽然都对由于专业化而加剧的从属和剥削关系表示遗憾，但都认为社会分工是商业生活的必要方面，是自发秩序法则的必然产物。③换言之，弗格森虽然指出了社会分工、专业化的弊端，但他从不主张采取激进的政治变革，更不建议采取革命的手段反抗资本主义制度，认为伴随商业社会而来的问题可以在现有的社会和政治安排下得

---

① Adam Ferguson, *The Manuscripts of Adam Ferguson*, ed., by Vincenzo Merolle, Pickering & Chatto, 2006, introductory essay p. xxxi.

② 参见 Yiftah Elazar, "Adam Ferguson on Modern Liberty and the Absurdity of Democracy," *History of Political Thought*, Vol. XXXV, No. 4, 2014。

③ Lisa Hill, "Adam Smith, Adam Ferguson and Karl Marx on the Division of Labour," *Journal of Classical Sociology*, Vol. 7, No. 3, 2007, pp. 339–366.

以解决。因此,弗格森虽然承认对工人的剥削将导致财富上的两极分化,但是他同意斯密的阶级差异和阶级不平等直接来自专业化的观点,并且不仅没有提出任何激进的反对阶级剥削的方案,反而支持等级划分制度,认为主从关系和等级差别是商业社会有效运行所必需的。丽莎·希尔指出,"尽管弗格森对工业化陷阱的诊断具有马克思主义特征,但他的主要关切不是工人所受的经济剥削,而是政治家中专业化对公民美德的影响"。[1] 总的来说,对于如何走出商业社会异化的困境,弗格森从政治和伦理的层面指出,治疗现代性病的关键在于重拾古典公民道德;马克思则把对分工的反思上升到对资本主义私有制的批判,指出走出异化的关键是推翻资本主义生产关系,消灭资本主义制度,以公有制取代私有制。因此,正如学者指出的那样,"伴随着市民社会'普遍性原则和特殊性原则'矛盾而来的并不是弗格森担忧和预言的文明的中断或崩溃,而是马克思经过科学严密的论证所得出的和历史必将证明的资本主义社会的必然灭亡"。[2]

三 社会发展渐进论的曲线进步观

与斯密、休谟对市民社会进步大力褒扬不同的是,弗格森在他的作品中多次提出对市民社会腐化问题的批判,反思商业精神的弊端,向往野蛮民族的公民道德。于是,有不少学者认为弗格森对于商业社会总体上是持否定态度,否定市民社会的进步意义。然而,更多的学者把他归为历史进步论者,因为弗格森虽然极力批判市民社会片面追求物质财富,以及由此而来的公民道德的堕落和国家腐化,但这并不足以说明他否定人类社会的进步,实际上,他只是反对盲目乐观的线性进步观而主张渐进的、曲线的进步观。因此,尽管弗格森多次表现出厚古薄今的论调,但总体上持的是与18世纪启蒙运动主流思想家一致的积极进步观,他并不认为市场经济的发展必然导致社会的堕落。换言之,市民社会的

---

[1] Lisa Hill, Adam Smith, *Adam Ferguson and the Division of Labour*, Refereed paper presented to the Australasian Political Studies Association Conference, University of Adelaide, 29 September – 1 October 2004.

[2] 梅艳玲:《从弗格森的文明社会概念到马克思的市民社会概念——基于〈文明社会史论〉的弗格森和马克思比较研究》,《南京政治学院学报》2012年第5期。

出现和发展本身是具有进步意义的,而腐化堕落是商业艺术和谋利艺术繁荣的代价。同时,弗格森坚信,市民社会不会永远堕落下去以至于毁灭,相反,他认为商业精神和公共精神不是绝对对立的,二者可以有机地结合起来、并行不悖。他说:"可能是出于这样一种观念,即人的美德是可靠的,一些关注公益事业的人们只想到人口的增长,财富的积累。另外一些人或许是担心腐化堕落,只想到如何保持民族美德。人类社会对这两者都负有重大责任。只是出于谬误,人们把这两者对立了起来。"① 因此,弗格森对市民社会批判的用意不是要否定它,而是希望在批判中寻找市民社会的出路。这更是一种警示,他旨在告诫人们,物质的进步必须以美德为指引,否则就会像罗马帝国一样,必然从辉煌走向湮灭。②

(一) 曲线进步观

在市民社会的起源、发展问题上,契约论者过分重视理性的作用,在弗格森看来,人类的生产、生活方式在人类历史发展过程中起重要作用,社会的发展是渐进的、无意识的"自然历史"的过程。人类理性的运用只能保证社会进步中物质财富的增长,而对于人类精神的持续进步则往往无能为力。而且,缺乏美德支撑的物质进步是危险的,最终将使社会走向堕落、毁灭。弗格森指出,人类注定是不断进步的,这种进步是自然的、内在的。自然赋予人类以区别于其他动物的辨别力、智力。人类社会自野蛮到未开化再到文明社会的发展是一个自然的、普遍的发展过程。这种发展的形式是人天生具有的,而通过人类的动机和激情推动的。弗格森认为,趋于进步、对完美的渴望是人类的本性,人类不仅倾向于改变,而且人之心灵有趋于伟大、走向上帝的倾向,这是一个循序渐进的过程。与其他动物相比,人也受本能控制,但不同之处在于他具有理性的品格,这是不允许他回到野蛮的自然状态的原因,人类正是在对自然赋予的理性的不断认识和运用的过程中推动了人类社会的进步。弗格森指出,社会进步是一个渐进的知识和思想不断增加的过程,

---

① 亚当·弗格森:《文明社会史论》,林本椿、王绍祥译,浙江大学出版社2010年版,第165页。
② 姚正平:《启蒙运动进步思潮框架内的异端——评弗格森曲线的历史进步观》,《西南大学学报》(社会科学版) 2014年第2期。

是技能、习惯、艺术、能力、道德洞察力不断得到增益的过程。就算人类的历史不断面临变迁和中断，但它总是能够回到进步的轨道上来。

弗格森认为，进步过程中的衰退并不是永恒的状态，也不是循环发生的，而应该把它视为发展的暂时间断。人作为类的发展将会被一些障碍、暂时的倒退不断地打断，但是发展总体向前的趋势是不变的。任何障碍、挫折都必须被视为人类道德与实践进步的辩证发展过程的必要事件。可以说，我们犯的错误越多，我们就向完美、正确更进一步。只有经过不断的试错，我们才能够作出正确的选择，真正实现道德的完善。人类是积极进取的动物，永不停息的激情使我们不断走向进步。同时，在行动过程中的失误、无知都是通向成功、智慧的必由之路。因此，不能将这一进步视为简单的线性过程，在这一过程中必然面对许多问题和冲突。可见，市民社会的历史不是和平的历史，而是必须进行斗争的漫长道路。正如弗格森所言："人类社会的进步将不断地靠近永恒的、无限的完美，但正如几何学家描述的曲线那样，虽然不断地靠近一条直线，却永远无法达到它。"[1]

马克思同样指出，人类社会的进步是一个自然的历史过程，社会进步不是线性的而是螺旋式上升的过程，是前进性和曲折性的统一。与弗格森从国家腐化、道德堕落的角度看待社会进步的曲折不同的是，马克思、恩格斯从人与自然、主体与客体之间的关系更为深刻地分析社会进步过程中存在的问题及其根源，"我们的一切发现和进步，似乎结果是使物质力量成为有智慧的生命，而人的生命则化为愚钝的物质力量"。[2]而且，马克思从社会的基本矛盾，即生产力和生产关系、经济基础与上层建筑的矛盾运动来分析社会变革、社会进步之动力。马克思指出，社会变革产生的根本动力是社会基本矛盾的运动，正是社会基本矛盾的运动导致新的生产关系取代旧的生产关系，新的上层建筑取代旧的上层建筑。同时，马克思强调，在阶级社会中阶级斗争是社会发展的直接动力。

因此，社会进步并不是一个简单的线性的发展过程，而是一个渐进

---

[1] Adam Ferguson, *Principles of Moral and Political Science*, New York: AMS Press, 1792, pp. 184–185.
[2] 《马克思恩格斯选集》（第1卷），人民出版社2012年版，第776页。

的、螺旋式上升的复杂过程。实际上,人类社会的发展和文明的进步都是在某种形式的对抗和牺牲中形成的。而且,对抗不仅存在于不同阶级之间,还广泛地存在于同一个阶级内部;不只是存在于社会生活的某个方面,而是存在于社会的经济、政治、文化等众多领域。正如马克思所言:"没有对抗,就没有进步,这是文明直到今天所遵循的规律。"正是对抗、冲突促进了经济的发展、社会的变革以及社会形态的更替。同时,马克思也看到了诸多方面的代价也是在对抗中产生的,对抗会导致双方或多方利益的消耗、社会风尚的败坏、公民道德的滑坡等,而且对抗带来的社会动乱也不利于社会的和谐发展。马克思、恩格斯说:"我们看到,机器具有减少人类劳动和使劳动更有成效的神奇力量,然而却引起了饥饿和过度的疲劳。财富的新源泉,由于某种奇怪的、不可思议的魔力而变成贫困的源泉。"① 然而,尽管社会发展的过程中会发生许多曲折,但总体上升的趋势是不可逆转的,正如资本主义的生产方式取代封建主义的生产方式一样,共产主义取代资本主义同样是不可避免的必然趋势。

(二) 社会冲突论

在很大程度上,弗格森在解释历史进程和确保社会秩序方面是依赖于对冲突的讨论,这也是他被誉为"社会学之父"的部分原因。弗格森指出社会冲突是社会变迁和社会进步的重要推动力量,某种形式的社会冲突是任何重大社会变革的先决条件,冲突也是文明保持蓬勃朝气、政治自由得以保存的重要原因。他说:"自由是由于多数人持续分歧和对抗而得以维护的,而不是靠他们支持公正政府的一致热情来维护的。"② 弗格森非常重视竞争和冲突对社会发展和社区维护的积极影响。在他看来,冲突产生了许多积极的、非预期的后果,冲突促进国家和社会的形成、对道德人格的发展起着关键作用、有助于维护稳定和社会凝聚力,以及维护权力的平衡和防止专制的侵犯等。弗格森从通过权力平衡维护自由的角度提出:"在每个国家中,国民的自由取决于国内各部分的均

---

① 《马克思恩格斯选集》(第1卷),人民出版社2012年版,第776页。
② 亚当·弗格森:《文明社会史论》,林本椿、王绍祥译,浙江大学出版社2010年版,第145页。

衡和协调一致。而在人类中，任何这种自由的存在都取决于各国间的均衡。"① 因此，冲突不能被视为破坏性或不可取的，而应被视为社会进步和走向文明的不可或缺的部分。

弗格森作为阶级冲突理论的重要先驱，论证了冲突在帮助形成和维护自由方面具有的特殊作用。他指出，有限宪政的出现是阶级冲突或派系冲突的结果，派系之间的冲突是为了努力抵御权力对个人财产和权利的侵犯，而个人财产和权利的保障又导致政府必须受到法律的约束，因此，规则和法律正是在这场保护个人自由不受统治者侵犯的斗争中产生的。在这个辩证的过程中，在"自由"宪法确立之后，它们必须继续得到维护，而这又是通过无意的冲突实现的。换言之，自由的宪法通过冲突得以维护、维持和塑造。由于对冲突的偏爱，弗格森强调好战性是人类能力和美德发展的积极性因素，是市民社会的关键基础。他指出，保卫祖国的正义战争不仅是不可避免的，甚至是可取的。对弗格森来说，战争为行使我们的积极力量提供了绝佳时机，战争有利于加强团结和社会纽带，战争将较小的社会群体形成更大的群体，而共同危险感将社区进一步团结起来，特别是在对抗外部共同敌人的过程中促进了忠诚、无私、慷慨的共同体的形成。换言之，战争并不总是恶意的；相反，它经常锻炼"人的最佳品质"。

弗格森欢迎政治中不可避免的派系之争，认为派系之争有利于自由政府的建立，特别反对休谟和斯密对政治安宁的渴望的信念，他认为政治上的平静具有潜在的危险性和破坏性，过度文明导致的惰性和过度共识带来的惯性可能会促使一个群体的解体。事实上，人们对一致性的赞扬是对自由的一种威胁，政治平静并不是稳定的标志，自由国家的动荡远比专制政府的表面平静要好得多；对于一个政治团体来说，遭受动乱远比剥夺其公民个人在公共事务中的积极作用要好得多。只要人民没有腐败，动乱最坏的情况下也是无害的，事实上它可能对维护自由宪法有所帮助。同样，弗格森认为，不同社区的竞争和自由人民的骚动是政治生活的原则。派系竞争是有益的，因为它有利于防止政治腐败和政治冷

---

① 亚当·弗格森：《文明社会史论》，林本椿、王绍祥译，浙江大学出版社 2010 年版，第 304 页。

漠。现代社会的政治妥协就是在相互竞争的派系之间形成的,这个不和谐的过程必然带来公正的法律,而公正的法律是社会各阶层共同参与和承诺的产物。以这种方式颁布的法规的运作方式与契约类似。弗格森为我们提供了一种作为"交往理论"变体的早期形式的冲突理论,在这种交往中,相互竞争的群体之间的妥协产生了新的社会规范。尽管派系分裂似乎危及社会的存在,但事实上,它能够增强社会有机体中的成员政治参与和活力,相反,任何剥夺特定群体最基本的权利和义务的企图,都只会煽动他们的分裂。因此,群体内部冲突和可控的群体之间的冲突都是有利于增强社会凝聚力的。弗格森认为,通常情况下社会亲密程度越高,群体内部的冲突就越激烈;冲突使群体能够在成员之间解除通常受到压制而可能具有破坏性的敌对行动,从而重建社会的团结和凝聚力。在弗格森看来,人类的喧嚣和好战能够被合理地控制在"文明社会"框架之内而不至于失控。只有当暴力行为得到规范、引导和控制时,国家才被恰当地描述为"文明的"或"文雅的"。弗格森强调,现代国家比野蛮国家更为优越,因为在后者中争吵不能得到很好地指引,往往以暴力的形式结束;现代国家也比学会约束商业前的政党政治的残暴性和破坏性优越。[①]

正如丽莎·希尔指出的那样,弗格森的方法与辩证(马克思)冲突理论有着很多共同点:一是都将社会变革视为一种进化,进而将社会进步视为螺旋式上升的发展过程;二是进化的辩证假定,即都指出一个给定的社会系统状态以所有先前的社会系统状态为先决条件;三是从根本上讲,二者都是一种均衡的模式。[②]

(三)人的社会性

弗格森对人的社会性研究影响了马克思。他说,"我们应从群体中去看人类,因为他们总是生活在群体中。个人的历史只不过是作为人类

[①] Lisa Hill, "Eighteenth-century Anticipations of the Sociology of Conflict: the case of Adam Ferguson," *Journal of the History of Ideas*, Vol. 62, No. 2, 2001, pp. 281-299.

[②] Lisa Hill, *The Passionate Society: The Social, Political and Moral Thought of Adam Ferguson*, Springer, 2006, p. 133.

所思所感的一个细枝末节而已"。① 弗格森承认，由于环境的不同、人类行动的一些偏差，有时甚至出现暂时的灾难，但历史总体上是向前发展的。弗格森反复强调，人类天生具有社会性，对他人具有义务；而且，通过反思，人类对自身的行为有自纠的能力。关于个人发展与社会进步的关系，弗格森指出，能力代代相传，而每一代新人都建立在前人所获得的知识水平基础上。但是，如果没有个人的发展，就无法实现社会的整体进步，因为物种只有在个人进步时才能发展。但是，一个人不可能永远独自生活，他所有的自然倾向只有在社会中才能得到发展。人是社会中的人，每个人都需要通过社会来实现自己的需求，但与此同时，个人也希望出人头地，并常常会受到荣誉、权力或财产的欲望的驱使。人们希冀和平相处，但又不得不以冲突的方式与他人竞争。

人们意识到自己在一个与他人共享的社会中活动，其认知过程涉及构建自己在与他人关系中的自我表征。苏格兰启蒙运动开始认识到社会纽带的重要性，即斯密所说的情操和弗格森所说的市民社会。到了18世纪，情感被限制在私人领域，如爱、关心、珍惜和同情，被普遍投射到公共空间和社会之中。这种社会纽带被描绘成由与家庭一样的认同和情感的团结组成的；激发我们把对身边人的情感投射到广义的另一种情感上。因此，人们的道德意识被认为是建立在社会纽带之上的，这一认识为自我成为一个社会实体和道德实体提供了第一次机会，也为自我反省引导我们走向社会和拯救、理智或自我控制提供了第一次机会。弗格森和其他苏格兰人一样，是一位具有强烈的社会结构意识的社会学家。弗格森的长老会身份并没有促使他私下思考命运，而是敦促他采取行动，他对斯多亚主义和公民人文主义的热爱加强了这一点，所有这些都在他对市民社会的描述中达到了高潮。这种对行动的承诺使他把注意力集中在当时在苏格兰出现的现代商业社会的阵痛上，并引起了他对刚刚开始的市场社会的负面影响的担忧，使他成为一个敏锐的社会分析学家和社会学的重要先驱。②

---

① 亚当·弗格森：《文明社会史论》，林本椿、王绍祥译，浙江大学出版社2010年版，第4页。
② John D. Brewer, "Putting Adam Ferguson in His Place," *The British Journal of Sociology*, Vol. 58, 2007, pp. 105–122.

本章小结

在《文明社会史论》中，弗格森以苏格兰融入英联邦并逐渐英国化的历史为背景，探索解决经济发展过程中所带来的公民道德丧失的"现代性"问题。当时，对于苏格兰未来道路的选择存在两种观点，"一是调整公民道德观念以适应交往伦理、商业和法律下的自由；二是从古典公民道德中挖掘出适应现代国家的新东西"，"休谟和斯密选择了前者，弗格森选择了后者"。[①] 从某种意义上说，弗格森就是"我们同时代的人"，18世纪中晚期苏格兰的社会与当前的市场经济社会有着惊人的相似之处，因为弗格森那里的"文明社会""市民社会""商业社会"实则暗含资本主义社会，或者说现代市场社会之意。弗格森预见了市民社会的发展导致人们日益追逐外在的物质生活，而忽略了人类自身的内在德性，并最终导致美德堕落、政治腐化和国家的衰落。而且更为重要的是，"弗格森不能接受这样一种观点，即在经济领域中很重要的劳动分工在涉及军事和政治事务方面必然是一件好事"。[②] 弗格森对分工可能对国内和国际和平、战争实践以及商业社会的军事结构产生的不良影响感到不安。与斯密和罗伯逊等同时代人一样，弗格森相信西欧历史揭示了人类从"野蛮"到"文明"的发展过程。然而，社会生活需要的是一种建设性而非破坏性的激情，以及对后者的严格约束；建设性激情是那些友善的、追求私人财富作为对公共利益最可靠的手段的激情。

弗格森思想与马克思主义的相契之处表现在以下几点。其一，弗格森深刻地洞悉市民社会中商业精神和公共道德的悖论。尽管他对于商业社会的进步表示欢迎，但对于公民美德的堕落和社会纽带的疏离表示担忧。其二，弗格森明确指出了过度的商业化和社会分工容易导致人的片面化发展。追求物质财富的欲望极易导向享乐主义和极端个人主义，过

---

① Adam Ferguson, *An Essay on the History of Civil Society*, ed., by Fania Oz-Salzberger, Cambridge University Press, 1995, p. xvi.

② Richard B. Sher, "Adam Ferguson, Adam Smith, and the problem of national defense," *The Journal of Modern History*, Vol. 61, No. 2, 1989, pp. 240–268.

度的商业化将导致公民道德的沦丧和政治奴役等问题。在弗格森看来，随着现代性而来的劳动分工的增加，既具有进步的潜力，也对社会稳定构成威胁。其三，在社会发展问题方面，弗格森总体上持的是历史进步论观点。但与主流的线性进步观不同的是，他主张社会发展是螺旋式上升的，即社会发展渐进论的观点。在他看来，社会的发展不是一帆风顺的，其间必然会遇到挫折、甚至是暂时的倒退，但人类社会总体向前发展的趋势是不会改变的。但需要指出的是，虽然弗格森发现了社会进步过程中存在不可避免的恶，指出在促进社会进步的同时消除社会弊病的必要性和紧迫性，而且在一定程度上弗格森肯定了社会进步是通过社会中敌对阶级的内在矛盾推动的，但在他的理论体系里，物质因素只是历史发展的次级推动力，更重要的是人性中的非理性因素。因此，弗格森的理论基调并不是唯物主义，而是斯多亚主义和西方基督教传统，由于其阶级局限性，他也不可能发现在市民社会中产生并承担解放自身和全人类的无产阶级。只有到了马克思和恩格斯，他们才提出了消灭私有制，为人的全面发展和全人类的解放开辟道路的思想。

结　　语

　　亚当·弗格森是18世纪苏格兰启蒙运动中的一位重要代表，他在许多方面作出了卓越的贡献，他的思想在西方有着深远的影响，其理论涉及的领域有伦理学、哲学、历史学、政治学、社会学等。伦理学是弗格森关注的一个重要领域，现代社会中文明的衰落和道德腐化问题则是弗格森伦理学关注的核心主题，其中许多思想以及他对许多问题的预见具有开创意义，尤其是他对现代商业社会劳动分工造成的人性异化、道德衰微的思考具有非常重要的现实意义。弗格森明确地指出了过度的商业化和社会分工容易导致人的片面化发展，以及对财富的过分关注容易导致情感的异化，将人引向单纯的物质享乐。更为严重的是，在过度商业化的过程中将造成公共精神缺失，即人们往往关注私人领域而远离公共领域。显然，弗格森所揭示的这些问题，也是我们在大力推进市场经济、构建和谐社会过程中应引起足够重视并要着力解决的现实问题。如今，我国市场经济不断深入，人们的物质生活水平不断提高。但单纯的经济发展必然带来许多自身无法克服的障碍，特别是公民道德的下滑、丧失。弗格森生活的时代处于资本主义市场经济的初期，我国当前处在传统计划经济向市场经济的转型时期，这种经济形式的相似性使得弗格森的伦理思想能够跨越时代和地域之限为我国当前的公民道德建设提供一些可资借鉴的思路。

　　在启蒙思想家中，弗格森具有独特的历史地位。弗格森是苏格兰启蒙思想家中一位特殊的代表，他的思想在许多方面与同时代思想家相比有其独特性。第一，与休谟、斯密等苏格兰启蒙主流对市场经济的高度赞扬不同的是，弗格森清醒地认识到了市场经济的负面效果，极力批判其现代性。[①] 弗格森指出，市民社会不能完全堕落为市场社会，因为市场自身蕴藏着腐化、堕落和专制的种子。而且，相对于同样重视情感因素的斯密、休谟等对自利、自爱的褒扬，弗格森尤为重视仁慈、利他的公民道德。[②] 弗格森反复强调，社会性是人的根本属性，任何人都是社会的一员，而且只有作为社会的一员个人才有存在的价值和意义；同时社会共同体也需要个人的关注，当个人的幸福与公共利益发生冲突时，个人必须舍弃私利以服从公益。他指出，认识到人是社会整体的一部分是所有美德的基础，也是获得个人幸福的根基。第二，关于社会发展问题。作为18世纪的启蒙思想家，同大部分学者一样，弗格森总体上持历史进步论观点。但是，与主流的线性进步观不同的是，弗格森主张社会发展是螺旋式上升的，即社会发展渐进论的观点。在弗格森看来，社会的发展不是一帆风顺的，其间必然会遇到一些挫折、失败甚至是暂时的倒退，但人类社会总体向前发展的趋势是不会改变的（这里的观点与马克思有相契之处）。第三，美德的复古情结。与斯密等苏格兰思想家一样，弗格森也看到了商业社会带来物质上的巨大进步，但是，与他们关注以建立在私利基础上的商业社会秩序（如对法律至上的强调）不同的是，弗格森更加强调复兴以政治参与为核心的古典主义公民道德的重要性，主张通过提倡公民自由，完善政治体制、军事制度、公民教育等来培养公民美德。换言之，以斯密、休谟为代表的苏格兰主流思想家强调宪政、法治在现代社会中的作用，提倡"法律之治"；弗格森重视个人的品格对于国民幸福、社会和谐

---

① 比如说，弗格森和斯密都认为现代化是经济和社会关系的结构性增长：艺术与职业的分离、劳动分工等。对弗格森来说，社会分工威胁着社会团体的一致性，瓦解了民族精神。然而，斯密用抽象的交换原则取代了人类作为社会整体的形象，在他看来，社会经济现代化带来的不是碎片化和原子化，而是结合成一个新的整体。

② 苏格兰启蒙思想家，如哈奇森、沙夫茨伯里、斯密、休谟、弗格森等，大多赞扬激情、仁慈等利他情感。但他们之间还是有区别的，如斯密、休谟，他们除了考察仁慈等利他情感外，更为重视人性中的自利的一面在现代社会中的作用。相反，弗格森则更为强调人性中仁慈的一面在引领人类走出现代性困境过程中的重要性，他尤其重视公民美德，但他并不完全否定人性自利的一面。

的重要意义,崇尚"美德之治"。①

由此可见,在苏格兰启蒙思想家中,弗格森的思想与主流思想家之间始终存在距离,以至于显得有些"另类"。或许有以下几个原因可以解释这种"另类"。

其一,对于弗格森而言,他的思想观点与出身背景和个人经历是紧密相关的②,这主要体现在他的高地背景、信仰长老教会、多年的从军经历等。弗格森是苏格兰启蒙思想家中唯一具有高地背景的,其他苏格兰启蒙思想家如斯密、休谟等都来自苏格兰低地,这点不同或许也是弗格森与苏格兰启蒙主流思想家保持一种隐约的、若即若离的距离的一个因素。苏格兰国内高地和低地的区分,在其早期的历史中仅具有地理上的意义。然而,随着苏格兰历史的发展,尤其是与英格兰合并以后,这种区分逐渐具有了经济、政治、文化甚至宗教上的意义。对于弗格森来说,他不仅出生在地靠高地的地区,还能说一种低地人视为外语的盖尔语。弗格森于1723年出生在靠近高地的珀斯郡(Perthshire)的一个教区,该教区属于长老会教派,他父亲是那里的牧师,这对他的宗教倾向产生了很大的影响。弗格森追随父亲进入苏格兰长老会,他首先在圣安德鲁大学和爱丁堡大学接受教育。后来担任苏格兰高地"黑色守望"军团的副牧师和牧师。1757年,弗格森接替大卫·休谟成为爱丁堡律师图书馆的首席图书管理员。1759年,爱丁堡大学聘任他为自然哲学教授,1764年聘任他为气动学和道德哲学教授。弗格森在这所大学教授道德哲学直到1785年。接下来的30年里处于半退休状态,因为他仍然代表苏格兰知识界写作和继续他的各种社会活动。这种出身背景和经历使得弗格森与高地之间始终保持着一种情感上的联系,在某种意义上说,他对

---

① 值得注意的是,实际上关于法律和美德的问题是商业社会形成过程中必然引发的一个争论,由此产生了两种话语,一种主要谈论法律和权利,另一种主要谈论美德和腐化。但两者从来都不是完全对立的,在苏格兰启蒙运动的研究中,大多数思想家表现出了双重倾向,其差异主要体现在更加强调了其中的一个方面。Christopher J. Berry, *The Idea of Commercial Society in the Scottish Enlightenment*, Edinburgh University Press, 2013, p. 27.

② 也有学者质疑这一点,如 John D. Brewer 指出弗格森的思想与其出身背景,尤其是高地背景与其思想立场并无必然联系。见 John D. Brewer, Putting Adam Ferguson in His Place, *The British Journal of Socillogy*, Vol. 58, No. 1, 2007, pp. 105 – 122.

古典美德的推崇可以视为对商业化过程中逝去的高地古典美德的一种缅怀。而且，同其他苏格兰学者不同的是，弗格森作为"黑色守望"军团随军牧师的长期军旅生活使他坚持把勇敢、尚武精神作为公民美德的基石，并极力主张在苏格兰召集自己的民兵或志愿兵。

其二，弗格森看到了人性的多样性，更重视人性仁慈的一面。弗格森认为人性是复杂的、多样性的，即人不仅具有利己性，也有利他性；不仅具有理性，而且还有出于本能的激情。弗格森同意沙夫茨伯里、哈奇森、卢梭等人的观点，即人有动物性和社会性双重属性。但是，弗格森并不赞同沙夫茨伯里等人的道德感理论。弗格森也承认私利、自我持存的重要性，也不否认自利欲望的存在，但他认为自利只是人类欲望中的一种，而且在层次上讲，比起其他社会性的动机来说，处于次要的地位。他指出，虽然自利在商业发展过程中有其正面意义，但是真正的快乐是仁爱的结果，真正的快乐在于对他人的积极的服务之中。

其三，弗格森伦理探索的主要目的在于：试图将古典公民美德与现代商业精神有机结合起来，以应对现代性的困境，这或许是最重要的一个原因。弗格森一方面欣喜地看到伴随着社会发展，财富不断得到增长、公民自由不断得到提升；另一方面他对于商业文明、市场社会的发展给道德品质、人们献身公共事业的热情带来的负面影响保持着警惕和担忧。因此，弗格森主张把技术、物质的领域与道德、心理的领域分开来，并指出二者可以平衡发展，而不是在冲突中两败俱伤。公共性和商业、财富和美德、公民热忱和个人自由可以平衡发展，而不是彼此冲突。

现代社会中文明的衰落和政治腐化问题是弗格森关注的一个主题，而且弗格森对于现代性问题始终保持着一种严厉批判的态度。但是，从上文我们可以发现弗格森的理论立场远非如此清晰、一以贯之的，或者说他在许多问题上保持着一种理论张力或"骑墙"态度。首先，弗格森崇尚共和但惧怕革命。从弗格森对政体制度的论述中，我们可以得出他最向往的政体是共和政体。而且，很多时候一种共和政体的建立往往需要经历一场革命。但是，对于美国独立、爱尔兰独立以及法国大革命，弗格森总体上又是持反对态度的。尤其是，法国革命对弗格森震动更大，在不到 15 年的时间里，拿破仑的政变使得共和走到了独裁。因此，法国革命在某种意义上结束了包括弗格森在内的许多人将罗马视为典范的热忱，而转向了希腊模式。在弗格森看来，古典英雄主义还激励着人们，但是对其简单地模仿代价是巨大的，似乎独裁主义下的政治宁静可以成为有活力的、好争论的自由主义的一种更好的替代方案（这显然又与他反对政治沉闷不相一致）。由于法国大革命的影响，他甚至重新改写《道德和政治科学原理》《罗马共和国发展和终结的历史》，重新思考他长期坚持的共和政体、公民热情、社会冲突等。其次，弗格森提倡民兵制，但他的民兵制只是常规军制度的补充。换言之，对于民兵制问题，他并没有主张以民兵制彻底替代常规军制度，他的民兵制也只是常规军制度的补充。同时，他一方面提出民兵制、肯定战争的正面价值；另一方面又反对帝制、担忧军政府的出现。弗格森把军政府的威胁视为现代社会一个重要的政治困境。再次，弗格森尽管大力提倡公民自由，主张积极参与公共事务的重要性，反对政治冷漠，但他并没有提出要适时扩大公民权利。虽然弗格森提出了不管出身、等级如何，共同体的每个成员在其国家的法律中都享有积极的参与权（在他早期的著作中甚至认为公民和下等阶层该给予充分的权利），但是这并不意味着每个人拥有无差别的权利。他认为，在一定的意义上，社会不平等也是保持社会活力、和谐的一部分，某种形式的等级制度对于人和社会本身来说是自然的，也是非常必要的。[①] 因此，在公民自由方面，弗格森反对无差别的享有权利，他承认建立在出身和财产之上的等级差别。同时，弗格森反对大众介入政治事务的那种激进主义，这在他后期著作中表现得尤为突出。

弗格森的思想似乎非常混乱，甚至是自相矛盾的，然而我们不能简单地看待这个问题。弗格森的贡献主要在于对现代性的察觉，以及对于如何解决这些问题的探索。诚然，弗格森曾被公视为 18 世纪关于现代性悖论的最微妙的评论家之一。正如一位学者所言，弗格森指出了现代文明的悖论，即"现代文明通过培养以自我为中心的追求利益和享乐的同

[①] Adam Ferguson, *An Essay on the History of Civil Society*, ed., by Fania Oz-Salzberger, Cambridge University Press, 1995, pp. 63—64.

时也激发公众对公共事务的奉献精神"。① 他对于腐化的态度反映了他的斯多亚主义与现代发展主义的平衡，古典共和主义与商业主义（准确地说是"有限制商业主义"）的结合；或者说，弗格森试图将古典共和主义的美德与基于"经济私利"至上的新兴自由主义的动力结合起来。因此，弗格森理论上的"两可"主要原因在于以下两点：一方面在于他对人性复杂性的判断，即人不仅具有理性，而且还有出于本能的激情。他认为，因为人性是一个复杂的东西，故不能简单地理解之。另一方面是他身上浪漫的理想主义与实用的现实主义之间的张力与平衡。在弗格森的理论体系里，公共性和商业、财富和美德、公民热忱与个人自由，可以平衡发展，而不是彼此冲突。这一点显然与弗格森的理论来源的多元性密切相关。有学者认为弗格森思想的"两可"在于他理论来源的庞杂性，以及其理论的非系统性。而且他同时信奉古典的和现代的价值。前者包括斯多亚、罗马、基督教思想家，如亚里士多德、塔西佗、奥勒留、爱比克泰德、修昔底德、西塞罗等；后者包括孟德斯鸠、卢梭、哈奇森、沙夫茨伯里、亚当·斯密、大卫·休谟、格劳修斯、牛顿、培根、波里比阿等。可以说，弗格森的很多思想在斯密的进步主义、现代主义、自由主义、放任主义与卢梭的浪漫主义、平等主义、统制主义之间徘徊，这或许可以说是一种斯多亚主义与伊壁鸠鲁主义的斗争。

但总的说来，弗格森的思想很大程度上是具有一致性的，实际上，他还是一个灵活的思想家，能够依照实际情况运用理论、完善理论。"弗格森尽管对原始美德和古典美德进行了理想化，但他还是一贯主张现代人的自由，并通过宪政，公民竞争和政治不平等确定了这种自由的理想形式。"② 换言之，弗格森试图综合以美德为特征的古典主义与现代私利主义。具体体现为：既欣然接受法制，又对社会发展的副作用表示遗憾；既批判任何形式的激进改革，又欢迎早期的法国革命；既坚持仁慈、社会性是最好的美德，又充分肯定军事勇气、甚至是侵略、暴力；既以抽象的、宗教意义上的斯多亚主义者自居，又在政治上忠实于英

---

① Yiftah Elazar, "Adam Ferguson on Modern Liberty and the Absurdity of Democracy," *History of political thought*, Vol. XXXV, No. 4, 2014.

② Ibid. .

国,同时在文化上、情感上忠于苏格兰。可以说,弗格森的理论立场既是宗教的,又是世俗的;既持续关注古典的风尚,又一定程度地承认现代性的合理性。弗格森对经济增长中固有的矛盾和悖论极为敏感,有时这种敏感性是通过公民人文主义或古典共和主义传统的话语来表达的。弗格森强调的公共美德是将私人性与公共性结合在一起的公民个性,以及基于土地所有权的经济独立性,而不是公然地与商业财富积累相关的纯粹的利己态度和活动。正如弗格森在1802年写给约翰·麦克弗森的一封信中所说,"人就像行星,必须有两种力量使其进入轨道并正常运行,一种抛射的力量激励其为了某种个人利益而行动,另一种汇聚中心的力量阻止他们飞离"。[1] 弗格森也从来没有否认商业社会的积极作用,他所担忧的是以牺牲美德为代价的商业发展会带来腐化和政治奴役。因此,"与其说弗格森在批判现代商业文明本身,不如说他是在批判一种片面的、非自然的商业发展模式"。[2] 而且,弗格森的"复古"从根本上讲是扎基于、服务于现代社会的,换言之,弗格森是"把对古代社会的研究作为定义现代社会价值或提升现代人行为准则的一个手段"。[3] 可以说,现代化与道德、财富与美德之间的张力,构成了苏格兰启蒙运动思想中的重要主题。因此,正视公民道德与商业精神的冲突,并寻求二者的兼容、共生,这或许是弗格森一生孜孜以求的事业。[4] 正如丽莎·希尔所言:"弗格森是一位实际的思想家,他不是为了抽象理念的教化,而是为了最大限度地实现人类幸福寻找出路。"[5]

总之,对于"现代性",弗格森提出现代社会必须复兴公民美德才有出路。我们必须对腐化、堕落保持清醒,进而发现救治发展过程中出

---

[1] Adam Ferguson, *The Correspondence of Adam Ferguson*, ed., by Vincenzo Merolle, Pickering & Chatto, 1995, p. 483.

[2] 项松林:《卢梭、弗格森社会思想之比较研究》,《理论探索》2014年第3期。

[3] David Allan, *Ferguson and Scottish History: Past and Present in An Essay on the History of Civil Society*, in Eugene Heath and Vincenzo Merolle, ed., *Adam Ferguson: History, Progress and Humannature*, Pickering & Chatto (Publishers) Ltd., 2008, p. 29.

[4] Lisa Hill, *The Passionate Society: The Social, Political and Moral Thought of Adam Ferguson*, Springer, 2006, pp. 21, 95, 236.

[5] Ibid..

现的"现代性"病的良方，以实现美德、人性的复归，以保障社会进步的和谐进行。需要强调的是，弗格森并不认为现代市场社会中的人是无可救药或者说唯有通过上帝才能获得救赎的。在他那里，拥有自由意志和道德天性的人能够通过自身努力走出腐化、走向幸福。换言之，仁慈的天赋和人类的自由意志一起解释了为什么人类的历史时而缓慢、渐进向前发展，时而倒退，为什么有些国家发展、有些国家衰落，但在总体上历史是向前发展的。弗格森充满乐观地预言："真正坚毅、诚实、有能力的人在每一个舞台上都能适得其所。在每一种环境中，他们都能获得自己天性中最大的快乐。他们是上帝为人类谋福利的合适工具。或者，如果我们必须换一种说法的话，在他们注定要生存下去的同时，他们表明了他们创造的国家同样注定要生存下去、繁荣下去。"[1] 正如罗伊·索伦森指出的那样："他坚持不懈地汲取和传播知识，不屈不挠地实践公共美德和家庭美德，永怀对上帝的虔诚和对人类的仁慈，用雄辩和激情讲述道德戒律，为年轻人的道德行为树立标尺。在他的作品中，经典的优雅、推理的力量和清晰的细节赢得了所处时代的喝彩，并将长期值得后人的感激和钦佩。"[2]

---

[1] 亚当·弗格森：《文明社会史论》，林本椿、王绍祥译，浙江大学出版社2010年版，第312页。
[2] Roy Sorensen, "Fame as the Forgotten Philosopher: Meditations on the Headstone of Adam Ferguson," *Philosophy*, Vol. 77, No. 299, 2002, pp. 109–114.

附　　录

一　弗格森的生平、著述[*]

1723 年	6 月 20 日，出生于珀斯郡（Perthshire）的洛吉赖特（Logierait）
1738—1742 年	就学于圣安德鲁斯（St Andrews），获艺术学士学位
1742 年	5 月，赴爱丁堡学习神学，其间被米尔顿勋爵（Lord Milton）聘为私人助理
1745 年	供职高地第 43 军团（后改名为"黑色守望军团"）并任随军助理牧师。5 月，参加丰特努瓦战役（Battle of Fontenoy）。7 月，被正式任命为苏格兰教会的牧师
1746 年	4 月，被任命为"黑色守望军团"的首席牧师。6 月，参加布列塔尼战斗（Attempt on Port Brittany）6 月，用盖尔语撰写一篇反映其宗教及政治观点的小册子
1747 年	参加卑尔根奥松姆（Bergen-op-Zoom）战役
1747	军旅生涯，其间两次寄居爱尔兰
1754 年	辞掉军队和牧师职务
1754—1756 年	在格罗宁根和莱比锡任苏格兰的一名法律学生（Mr Gordon）的私人教师
1756 年	出版了论述建立民兵组织必要性的小册子（*Reflections Previous to the Establishment of a Militia*）。同年，加入了"择优学会"
1757 年	在休谟的推荐下成为爱丁堡大学法律图书馆的馆长。发表了阐述戏剧在道德教育中作用的论文（*The morality of stage-play sseriously cosidered*）
1757—1759 年	被布特伯爵（Earl of Bbute）聘为其孩子的家庭教师

---

[*] 这部分主要参考了《文明社会史论》（*An Essay on the History of Civil Society*）英文版中的前言、弗格森生平年鉴（*Chronology of Ferguson's Life*）；《弗格森哲学作品选编》（*Adam Ferguson Selected Philosophy Writings*）的前言；《弗格森简传》（*Biographical Sketch of Adam Ferguson*）等。

1759 年	7 月，获得爱丁堡大学的自然哲学教授席位
1759 年	开始写作《论文雅》(Essay on Refinement)，后遗失原稿
1762 年	发起成立旨在建立苏格兰民兵组织的"拨火棍俱乐部"(Poker Club)
1764 年	被选为爱丁堡大学的精神哲学与道德哲学教授
1766 年	与布莱克（Joseph Black）的外甥女凯瑟琳·伯纳特（Katharine Burnet）结婚。10 月，获爱丁堡大学法学博士学位
1767 年	发表成名作《文明社会史论》(An Essay on the History of Civil Society)，该书后再版 6 次，为德、俄、法等国家翻译
1769 年	出版了供爱丁堡大学生使用的教材《道德哲学原理》(Institutes of Moral Philosophy)，之后再版了 2 次，并为多个欧洲国家翻译
1774—1775 年	担任切斯特菲尔德勋爵（Earl of Chesterfield）的私人家庭教师。游历了法国、瑞典，在费尔奈（Ferney）拜访了伏尔泰
1776 年	发表小册子批判普莱斯（Price）支持美国革命的观点
1778 年	随卡莱尔委员会（Carlisle Commission）赴美国谈判，并任公务秘书，但美国国会拒绝接见。同年年底回到英国
1780 年	因患中风险些瘫痪。处在全面的康复之中，并成了素食主义者
1781 年	与佩斯（Thomas Percy）论战，主张《欧希安》诗集的真实性
1782 年	成为"苏格兰皇家学会"（The Royal Society of Scotland）的创始会员
1783 年	出版《罗马共和国发展与终结的历史》(The History of the Progress and Termination of the Roman Republic)，后被法、德、意等欧洲国家翻译
1785 年	从教职上退休，名义上任数学教授，其道德哲学教授席位为其学生斯图尔特（Dugald Stewart）继任
1789 年	法国大革命爆发
1792 年	出版《道德与政治科学原理》(Principles of Moral and Political Science)
1793 年	再次游历欧洲大陆。9 月，在德国被选为"普鲁士皇家科学与艺术学院"的外国院士
1794 年	5 月，回到英国
1799 年	第二个儿子约瑟夫（Joseph）去世
1814 或 1815 年	大儿子亚当（Adam）作为法国的俘虏被释放回国
1816 年	2 月 22 日，在圣安德鲁斯去世，享年 93 岁

二 苏格兰启蒙相关事件年表*

1681 年	斯蒂尔子爵（Viscount Stair）：《苏格兰法律机构》（修订版，1691 年） 查理二世特许皇家内科医学院
1684—1758 年	诗人艾伦·拉姆齐（Allan Ramsay）
1685—1689 年	詹姆斯二世（在苏格兰称为詹姆斯七世）在位
1687 年	艾萨克·牛顿爵士（Isaac Newton）：《自然哲学的数学原理》
1689 年	威廉和玛丽（William and Mary）登基
1689 年	律师协会图书馆开放
1690 年	约翰·洛克（John Locke）：《人类理解论》
1694—1746 年	弗朗西斯·哈奇森（Francis Hutcheson）
1695—1768 年	约翰·埃斯金（John Erskine of Carnock）
1696—1782 年	亨利·霍姆（Henry Home），于 1752 年升任为凯姆斯勋爵（Lord Kames）
1698—1746 年	科林·麦克劳林（Colin MacLaurin）
1698—1748 年	乔治·特恩布尔（George Turnbull）
1702—1714 年	安妮女王在位
1704 年	约翰·洛克逝世 牛顿：《光学》
1707 年	英格兰与苏格兰签订联盟条约
1710—1796 年	托马斯·里德（Thomas Reid）
1710 年	贝克莱（Berkeley）：《人类知识原理》 哈奇森入学格拉斯哥大学
1710—1790 年	威廉·柯伦（William Cullen）
1711—1776 年	大卫·休谟（David Hume）
1711 年	沙夫茨伯里（Shaftesbury）：《人、风俗、意见与时代之特征》 约瑟夫·爱迪生（Joseph Addison）和理查德·斯蒂尔（Richard Steel）：《旁观者》杂志（创刊）

---

* 本部分译自《苏格兰启蒙剑桥指南》。Alexander Broadie, *Cambridge Companion to The Scottish Enlightenment*, ed., Cambridge University Press, 2003, pp. XII - XVI.

1713—1784 年	画家艾伦·拉姆齐（Allan Ramsay）
1713—1780 年	詹姆斯·斯图尔特爵士（James Steuart）
1714—1727 年	乔治一世（George Ⅰ）在位
1714 年	伯纳德·曼德维尔（Bernard Mandeville）：《蜜蜂的寓言》
1715 年	詹姆斯党人起义
1718 年	卡迈克尔（Carmichael）评论普芬道夫（Pufendorf）的《人类和公民的自然法义务》
1718—1800 年	休·布莱尔（Hugh Blair）
1719—1796 年	乔治·坎贝尔（George Campbell）
1721—1793 年	威廉·罗伯逊（William Robertson）
1721—1771 年	多比亚斯·斯摩莱特（Tobias Smollett）
1722 年	里德进入阿伯丁的马里斯克学院
1723—1790 年	亚当·斯密（Adam Smith）
1723—1816 年	亚当·弗格森（Adam Ferguson）
1723 年	休谟进入爱丁堡大学
1725 年	哈奇森：《美和德性观念来源的探究》 麦克劳林当选爱丁堡大学数学教授
1725—1726 年	奇森：《笑的反思》《〈蜜蜂的寓言〉之评论》
1726—1797 年	詹姆斯·赫顿（James Hutton）
1728 年	哈奇森：《论激情的本性与表现》《对道德感官的阐明》
1729 年	格拉斯哥道德哲学教授卡迈克尔逝世 哈奇森被聘为格拉斯哥教授，1730 年成为格拉斯哥道德哲学教授
1728—1799 年	约瑟夫·布莱克（Joseph Black）
1735—1801 年	约翰·米勒（John Millar）
1736—1819 年	詹姆斯·瓦特（James Watt）
1736/8—1796 年	詹姆斯·麦克弗森（James Macpherson）
1737 年	爱丁堡哲学学会成立
1739—1740 年	休谟：《人性论》
1739—1805 年	约翰·罗宾逊（John Robison）
1740 年	乔治·特恩布尔（George Turnbull）：《古画论》《道德与基督教哲学原理》

1740—1795 年	威廉·斯梅利（William Smellie）
1740—1795 年	詹姆斯·鲍斯韦尔（James Boswell）
1743—1786 年	吉尔伯特·斯图尔特（Gilbert Stuart）
1745—1746 年	查尔斯·爱德华·斯图尔特（Charles Edward Stuart）领导下的詹姆斯党人的起义
1747 年	威廉·卡伦（William Cullen）被聘为格拉斯哥化学教授
1748 年	休谟：《关于人类理解的哲学论文》（后命名为《人类理解研究》） 科林·麦克劳林：《艾萨克·牛顿爵士的哲学发现分析》 里德：《数量论》（在伦敦皇家学会上的哲学汇报） 孟德斯鸠：《论法的精神》
1749 年	布丰（comte de Buffon）：《自然史》第一卷
1750—1774 年	罗伯特·弗格森（Robert Fergusson）
1751 年	亚当·斯密（Adam Smith）被聘为格拉斯哥大学逻辑学与修辞学教授，并于1752 年成为格拉斯哥大学道德哲学教授 里德被聘为阿伯丁大学国王学院院长 休谟：《道德原则研究》
1752—1757 年	休谟任爱丁堡律师协会图书馆管理员
1752 年	格拉斯哥文学协会建立
1753—1828 年	杜格尔德·斯图尔特（Dugald Stewart）
1754—1762 年	休谟：《英格兰史》
1754—1835 年	约翰·辛克莱爵士（Sir John Sinclair）
1754 年	"择优学会"建立
1755 年	哈奇森：《道德哲学体系》
1757 年	休谟：《宗教的自然史》
1758 年	阿伯丁哲学协会、"博学俱乐部"建立
1759	亚当·斯密：《道德情操论》 威廉·罗伯逊：《苏格兰史》
1759—1796 年	罗伯特·彭斯（Robert Burns）
1761 年	约翰·米勒被聘为格拉斯哥民法教授 卢梭：《社会契约论》
1762 年	乔治·坎贝尔：《论奇迹》 休·布莱尔被聘为爱丁堡大学第一位修辞学和纯文学教授

1764 年	托马斯·里德:《按常识原则探究人类心灵》 里德被聘为格拉斯哥道德哲学教授 亚当·弗格森被聘为爱丁堡大学气体力学与道德哲学教授
1767 年	亚当·弗格森:《文明社会史论》 詹姆斯·斯图亚特爵士的《政治经济原理》
1768—1771 年	威廉·斯梅利主编:《大不列颠百科全书》第一版
1771 年	约翰·米勒:《阶级区分的起源》(1779 年重印,进行了较大修订)
1771—1832 年	沃尔特·斯科特爵士(Walter Scott)
1773 年	约翰·埃斯金:《苏格兰法律机构》
1774 年	凯姆斯勋爵:《人类历史概览》
1776 年	亚当·斯密:《国富论》 乔治·坎贝尔:《修辞哲学》 美国独立宣言
1779 年	休谟:《自然宗教对话录》
1780 年	詹姆斯·邓肯:《论人类历史》
1781 年	康德:《纯粹理性批判》
1783 年	爱丁堡皇家协会成立
1785 年	里德:《论人的理智能力》 杜格尔德·斯图尔特被聘为爱丁堡大学道德哲学教授
1787 年	《罗伯特·彭斯全集》,基尔马诺克版
1788 年	里德:《论人类心灵的积极力量》 康德:《实践理性批判》
1789 年	法国大革命
1790 年	威廉·斯梅利:《自然历史哲学》第 1 卷,1799 年出版第 2 卷
1791—1799 年	约翰·辛克莱:《苏格兰统计报告》
1792 年	亚当·弗格森:《道德和政治科学原理》
1795 年	詹姆斯·赫顿:《地球学说:证据和说明》 亚当·斯密:《哲学论文集》

参考文献

一 英文部分

Adam Ferguson, *Adam Ferguson: Selected Philosophical Writings*, ed., by Eugene Heath, Imprint Academic, 2007.

Adam Ferguson, *Analysis of Pneumatics and Moral Philosophy*, Edinburgh: 1766.

Adam Ferguson, *An Essay on the History of Civil Society*, ed., by Fania Oz-Salzberger, Cambridge University Press, 1995.

Adam Ferguson, *Eassays on the Intellectual Powers, Moral, Sentiment, Happiness and National Felicity*, Paris: Parsons and Galignani, 1809.

Adam Ferguson, *Institutes of Moral Philosophy*, Edinburgh: 1773.

Adam Ferguson, *Principles of Moral and Political Science*, New York: AMS Press, 1792.

Adam Ferguson, *Reflections Previous to the Establishment of a Militia*, London: printed for R. and J. Dodsley in Pall-mall, 1756.

Adam Ferguson, *Remarks on a Pamphlet Lately Published by Dr. Price*, London: 1776.

Adam Ferguson, *The Correspondence of Adam Ferguson*, ed., by Vincenzo Merolle, Pickering & Chatto, 1995.

Adam Ferguson, *The History of the Progress and Termination of the Roman Republic*, Michigan: Michigan Library University Press, 2005.

Adam Ferguson, *The Manuscripts of Adam Ferguson*, ed., by Vincenzo Merolle, Pickering & Chatto, 2006.

Adam Smith, "Adam Ferguson, and the Division of Labour, Economica," *New Series*, Vol. 35, No. 139, 1968, pp. 249 – 259.

Alan G. Smish, *The Political Philosophy of Adam Ferguson*, New Haven: 1980.

Alecander Broadie, *The Scottish Enlightenment: the Historical Age of the Historical Nation*, Edinburgh: Birlinn, 2001.

Alexander Broadie, *A History of Scottish Philosophy*, Edinburgh University Press, 2009.

Alexander Broadie, *Cambridge Companion to The Scottish Enlightenment*, ed., Cambridge University Press, 2003.

Alexander Broadie, *The Scottish Enlightenment: an Anthology*, ed., Edinburgh: Canongate Press, 1997.

Anthony Brewer, "Adam Ferguson, Adam Smith, and the Concept of economic Growth," *History of Political Economy*, 1999, Vol. 31, No. 2, pp. 237 – 254.

Berry Christopher, *Social theory of the Scottish Enlightenment*, Edinburgh: Edinburgh University Press, 1997.

Berry Christopher, *The idea of Commercial Society in the Scottish Enlightenment*, Edinburgh University Press, 2013.

Boris DeWiel, "A Conceptual History of Civil Society: From Greek Beginnings to the end of Marx," *Past Imperfect*, Vol. 6, 1997, pp. 3 – 42.

Cody Franchetti, "A Reconsideration of Werner Sombart's Luxury and Capitalism," *International Review of Social Sciences and Humanities*, Vol. 5, No. 2, 2013, pp. 135 – 139.

Craig Smith, "Adam Ferguson and Danger of Books," *the Journal of Scottish philosophy*, Vol. 4, No. 2, 2006, pp. 93 – 109.

D. Kettler, *The Social and Political Thought of Adam Ferguson*, Columbus: Ohio State University Press, 1965.

Eugene Heath and Vincenzo Merolle, ed., Adam Ferguson: History, Progress and Humannature, Pickering & Chatto (Publishers) Ltd., 2008.

Eugene Heath and Vincenzo Merolle, ed., Adam Ferguson: Philosophy, Politics and Siciety, Pickering & Chatto (Publishers) Ltd., 2009.

Eugene Heath, "In the Garden of God: Religion and Vigour in the Frame of Ferguson's Thought," *The Journal of Scottish philosophy*, Vol. 13, No. 1, 2015, 55 – 74.

F. A. Hayek, "Freedom, Reason, and Tradition," *Ethics*, Vol. 68, No. 4, 1958, pp. 229 – 245.

Gordon Graham, "Francis Hutcheson and Adam Ferguson on Sociability," *History of Philosophy Quarterly*, Vol. 31, No. 4, 2014, 317 – 329.

Ian Brown ed., *The Edinburgh History of Scottish Literature (volume 2): Enlightnment, Britain and Empire (1707 – 1918)*, Edinburgh University Press, 2007.

Jack A. Hill, *Adam Ferguson and Ethical Integrity*, Lexington Books, 2017.

Jack A. Hill, "Marx's Reading of Adanm Ferguson and the Idea of Progress," *The Journal of Scottish Philosophy*, Vol. 11, No. 2, 2013, 167 – 190.

James Buchan, *Crowded with Genius: The Scottish Enlightenment: Edinburgh's Moment of the Mind*, Harper Collins e-books, 2003.

James Schmidt ed., *What is Enlightenment*, University of California Press, 1996.

Jane Rendall, *The Origins of the Scottish Enlightenment*, New York: St. Martin's Press, 1978.

Jocelyn Viterna, "Emily Clough and Killian Clarke, Reclaiming the Third Sector from Civil Society: A New Agenda for Development Studies," *Sociology of Development*, Vol. 1, No. 1, 2015, pp. 173 – 207.

John D. Brewer, "Putting Adam Ferguson in His Place", *The British Journal of Sociology*, Vol. 58, 2007, pp. 105 – 122.

John Robertson, *the Case for the Enlightenment: Scotland and Naples* 1680 – 1760, Cambridge Press, 2005.

John Small, M. A., *Biographical Sketch of Adam Ferguson*, Edinburgh:

Neill and Company, 1864.

John Varty, "Civic or Commercial? Adam Ferguson's Concept of Civil Society," *Democratization*, Vol. 4, No. 1, 1997, 29 – 48.

Knud Haakonssen, *Natural Law and Moral Philosophy: From Grotius to the Scottish Enlightenment*, Cambridge University Press, 1996.

Leith Davis, Ian Duncan and Janet Sorensen ed., *Scotland and the Borders of Romanticism*, Cambridge University Press, 2004.

Lisa Hill, "Adam Ferguson and the Paradox of Progress and Decline," *History of political thought*, Vol. XVIII, No. 4, 1997, pp. 677 – 706.

Lisa Hill, "Eighteenth-century Anticipations of the Sociology of Conflict: the Case of Adam Ferguson," *Journal of the history of ideas*, Vol. 62, No. 2, 2001, pp. 281 – 299.

Lisa Hill, Ideas of corruption in the eighteenth century: the competing conceptions of Adam Ferguson and Adam Smith, In *Corruption: Expanding the Focus*, edited by Manuhuia Barcham, Barry Hindess and Peter Larmour, The Australian National University Press, 2012.

Lisa Hill, *The Passionate Society: The Social, Political and Moral Thought of Adam Ferguson*, Springer, 2006.

Maxine Berg, In pursuit of luxury: global history and British consumer goods in the eighteenth century, *Past and Present*. 182 (Feb., 2004), pp. 85 – 142.

M. J. D. Roberts, "The Concept of Luxury in British Political Economy: Adam Smith to Alfred Marshall," *History of the Human Sciences*, Vol. 11, No. 1 (1998), pp. 23 – 47.

Neil Davison, *Origins of Scottish Nationhood*, London: Pluto Press, 2000.

Peter Hanns Reil, *Encyclopedia of the Enlightenment*, revised edition, Facts on file, Inc., 2004.

Richard B. Sher, "Adam Ferguson, Adam Smith, and the Problem of National Defense," *The Journal of Modern History*, Vol. 61, No. 2, 1989, pp. 240 – 268.

Richard B. Sher, *The Enlightenment and the Book: Scottish Authors and Their Publishers in Eighteenth Century Britain, Ireland and America*, The University of Chicago Press, 2006.

Ronald Hammowy, *The Scottish Enlightenment and the Theory of Spontaneous Order*, Southern Illinois University Press, 1987.

Ross E. Martinie Eiler, "Luxury, Capitalism, and the Quaker Reformation, 1737 – 1798," *Quaker History*, Vol. 97, No. 1, 2008, pp. 11 – 31.

Roy Sorensen, "Fame as the Forgotten Philosopher: Meditations on the Headstone of Adam Ferguson", *Philosophy*, Vol. 77, No. 299, 2002, pp. 109 – 114.

Ryu Susato, "Hume's Nuanced Defense of Luxury," *Hume Studies*, Volume 32, No. 1, 2006, pp. 167 – 186.

Tanvir Anjum, "Historical Trajectory of the Development of the Concept of Civil Society in Europe: From Aristotle to Gramsci," *Journal of Political Sudies*, Vol. 1, Issue 2, pp. 147 – 160.

W. C. Lehmann, *Adam Ferguson and the Beginnings of Modern Socillogy*, Columbia University Press, 1930.

Yiftah Elazar, "Adam Ferguson on modern liberty and the absurdity of democracy", *History of Political Thought*, Vol. XXXV, No. 4, 2014.

二 中文部分

埃利·哈列维:《哲学激进主义的兴起:从苏格兰启蒙运动到功利主义》,曹海军等译,吉林人民出版社 2006 年版。

毕建宏:《苏格兰启蒙运动中的商业秩序与公民美德》,北京大学硕士学位论文,2006 年。

陈楚佳:《论道德法则》,《郑州大学学报》1985 年第 2 期。

陈晓曦:《道德意识结构与情感秩序:哈奇森的道德哲学研究》,复旦大学博士学位论文,2012 年。

陈晓曦:《理性、情感与道德区分——兼论苏格兰启蒙运动中情感主义学派的论证及意义》,《湖南社会科学》2011 年第 5 期。

陈泽环:《道德结构与伦理学》,上海人民出版社2009年版。
程炼:《伦理学导论》,北京大学出版社2008年版。
大卫·休谟:《道德原理研究》,曾晓平译,商务印书馆2001年版。
大卫·休谟:《人类理解研究》,关文运译,商务印书馆1987年版。
大卫·休谟:《人性论》,关文运译,商务印书馆1997年版。
大卫·休谟:《休谟政治论文选》,张若衡译,商务印书馆2010年版。
单提平:《分工、民主与人的全面发展——论马克思对弗格森〈市民社会史〉的解读主旨》,《现代哲学》2010年第6期。
樊小贤:《论自由意志的伦理意义》,《社会科学战线》2009年第7期。
弗朗西斯·哈奇森:《道德哲学体系》,江畅、舒红跃、宋伟译,浙江大学出版社2010年版。
弗朗西斯·哈奇森:《论激情和感情的本性与表现以及对道德感官的阐明》,戴茂堂、李家莲、赵红梅译,浙江大学出版社2009年版。
弗朗西斯·哈奇森:《论美与德性观念的根源》,高乐田、黄文红、杨海军译,浙江大学出版社2009年版。
弗朗西斯·哈奇森:《逻辑学、形而上学和人类的社会本性》,强以华译,浙江大学出版社2010年版。
傅永军:《启蒙、批判诠释与宗教伦理》,山东大学出版社2009年版。
高国希:《道德哲学》,复旦大学出版社2005年版。
高力克:《求索现代性》,浙江大学出版社1999年版。
格特鲁德·希梅尔法布:《现代性之路:英法美启蒙运动之比较》,齐安儒译,复旦大学出版社2011年版。
龚群:《现代伦理学》,中国人民大学出版社2010年版。
哈耶克:《自由秩序原理》,邓正来译,生活·读书·新知三联书店1997年版。
何怀宏:《伦理学是什么》,北京大学出版社2002年版。
霍布斯:《利维坦》,黎思复、黎廷弼译,商务印书馆1985年版。
霍布斯:《论公民》,冯克利译,贵州人民出版社2002年版。
卡尔·贝克尔:《启蒙时代哲学家的天城》,何兆武译,江苏教育出版社2005年版。

克里斯托弗·J. 贝瑞：《苏格兰启蒙运动的社会理论》，马庆译，浙江大学出版社 2013 年版。

赖尔、威尔逊：《启蒙运动百科全书》，刘北成、王皖强编译，上海人民出版社 2004 年版。

赖辉亮：《关于自由意志的争论》，《中国青年政治学院学报》2008 年第 1 期。

李宏图、克里斯托弗·贝瑞：《理解苏格兰启蒙运动——李宏图与克里斯托弗·贝瑞教授访谈录》，《学海》2014 年第 1 期。

李宏图：《18 世纪苏格兰启蒙运动的"商业社会"理论——以亚当·斯密为中心的考察》，《世界历史》2017 年第 4 期。

李虹、项松林：《道德的民主化启蒙——以苏格兰启蒙运动为中心的考察》，《学术月刊》2012 年第 5 期。

李家莲：《哈奇森论道德的情感之源》，《伦理学研究》2010 年第 11 期。

李建华：《道德情感论：当代中国道德建设的一种视角》，北京大学出版社 2011 年版。

李雪丽：《苏格兰启蒙运动概论》，《湘潭大学学报》2005 年第 5 期。

李泽厚：《伦理学纲要》，人民日报出版社 2010 年版。

理查德·谢尔：《启蒙与出版：苏格兰作家和 18 世纪英国、爱尔兰、美国的出版商》，复旦大学出版社 2012 年版。

廖申白：《伦理学概论》，北京师范大学出版社 2009 年版。

林毓生：《从苏格兰启蒙运动谈起》，《读书》1993 年第 1 期。

刘华：《文明的批判——亚当·弗格森及其〈文明社会史论〉》，《历史教学问题》2004 年第 5 期。

刘文波、邓建国：《从伦理学的视角看宗教的灵魂不朽观》，《伦理学研究》2004 年第 4 期。

刘悦：《亚当·弗格森历史观研究》，河北大学硕士学位论文，2017 年。

卢风：《启蒙之后：近代以来西方人价值追求的得与失》，湖南大学出版社 2003 年版。

卢梭：《论人间不平等的起源与基础》，李常山译，商务印书馆 1962 年版。

卢梭：《社会契约论》，何兆武译，商务印书馆1963年版。

罗国杰：《伦理学》，人民出版社1989年版。

罗卫东、陈正国：《启蒙及其限制》，浙江大学出版社2013年版。

罗卫东：《情感、秩序、美德：亚当·斯密的伦理学世界》，中国人民大学出版社2006年版。

马基雅维利：《君主论》，潘汉典译，商务印书馆1985年版。

麦金太尔：《伦理学简史》，龚群译，商务印书馆2003年版。

麦金泰尔：《追寻美德》，宋继杰译，译林出版社2003年版。

曼德维尔：《蜜蜂的寓言：私人的恶德，公众的利益》，肖聿译，中国社会科学出版社2002年版。

梅艳玲：《从弗格森的文明社会概念到马克思的市民社会概念——基于〈文明社会史论〉的弗格森和马克思比较研究》，《南京政治学院学报》2012年第5期。

孟德斯鸠：《论法的精神》，张雁深译，商务印书馆1959年版。

孟建伟、郝苑：《苏格兰启蒙运动与科学》，《自然辩证法通讯》2012年第1期。

潘坤：《苏格兰启蒙运动的现代性追溯》，《浙江社会科学》2017年第3期。

庞金友、何家丞：《弗格森自由观念的逻辑谱系与现代意蕴》，《云南大学学报》（社会科学版）2018年第4期。

庞学铨、陈村富：《文明和谐与创新》，浙江大学出版社2009年版。

秋风：《利己主义的魅惑》，《文化纵横》2010年第1期。

秋风：《现代化外衣下的蒙昧主义》，《理论参考》2007年第7期。

任裕海：《苏格兰启蒙思想与美国宪政生成关系简论》，《学海》2012年第3期。

宋全成、张志平、傅永军：《现代性的踪迹：启蒙时期的社会政治哲学》，泰山出版社1998年版。

宋希仁：《西方伦理思想史》，中国人民大学出版社2010年版。

孙于惠：《麦迪逊宪政思想与苏格兰启蒙思想》，浙江大学硕士学位论文，2011年。

唐凯麟：《西方伦理学名著提要》，江西人民出版社 2000 年版。
托马斯·里德：《按常识原理探究人类心灵》，李涤非译，浙江大学出版社 2009 年版。
托马斯·里德：《论人的理智能力》，李涤非译，浙江大学出版社 2010 年版。
万俊人：《现代西方伦理学史》，中国人民大学出版社 2011 年版。
汪丁丁：《市场经济与道德基础》，上海人民出版社 2007 年版。
王超：《论哈奇森的道德感理论》，《山东理工大学学报》2010 年第 6 期。
王超：《奢侈概念的现代性诠释——苏格兰启蒙时代的奢侈思想研究》，《山东理工大学学报》2012 年第 6 期。
王超：《苏格兰启蒙运动始于"道德感"理论的确立》，《中国社会科学报》，2010 年 12 月 14 日第 6 版。
王超：《苏格兰启蒙运动与现代性关系初探》，《求是学刊》2010 年第 4 期。
王超：《苏格兰启蒙政治思想研究——以政治正当性为中心的考察》，山东大学博士学位论文，2011 年。
王超：《现代政治的人性预设——以苏格兰启蒙政治思想为中心的探讨》，《伦理与文明》2015 年第 3 辑。
王海明：《伦理学原理》，北京大学出版社 2009 年版。
王泽应：《伦理学》，北京师范大学出版社 2012 年版。
韦森：《经济增长必然导致腐败吗？》，《中国新闻周刊》2007 年 4 月 30 日。
韦森：《市场经济的伦理维度与道德基础》，《开放时代》2002 年第 12 期。
维尔纳·桑巴特：《奢侈与资本主义》，王燕平、侯小河译，上海人民出版社 2000 年版。
伍志燕：《道德评价及其合理性》，《理论学刊》2011 年第 12 期。
西季威克：《沙夫茨伯里的伦理思想》，薛燕译，《哲学译丛》1986 年第 5 期。

项松林:《卢梭、弗格森社会思想之比较研究》,《理论探索》2014年第3期。

项松林:《启蒙理想与现代性——以苏格兰启蒙运动为中心的考察》,《贵州社会科学》2013年第4期。

项松林:《生活史视野下的苏格兰启蒙运动》,《中南大学学报》(社会科学版)2010年第4期。

项松林:《市民社会的德性之维:以苏格兰启蒙运动为中心的考察》,《伦理学研究》2010年第5期。

项松林:《市民社会的思想先驱:弗格森的启蒙思想探究》,《湖南师范大学社会科学学报》2013年第4期。

项松林:《苏格兰启蒙思想家的社会哲学探究》,《西南交通大学学报》(社会科学版)2012年第4期。

项松林:《苏格兰启蒙思想家的市民社会理论研究》,浙江大学博士学位论文,2009年。

项松林:《苏格兰启蒙学者的政治思想探究》,《武汉科技大学学报》(社科版)2012年第2期。

项松林:《苏格兰启蒙运动的历史、思想及其现实意义探析》,《浙江社会科学》2009年第11期。

项松林:《苏格兰启蒙运动的思想主题:市民社会的启蒙》,《同济大学学报》(社会科学版)2011年第2期。

徐鹤森:《试论苏格兰启蒙运动》,《杭州师范学院学报》(社会科学版)2005年第6期。

雅克·蒂洛、基思·克拉斯曼:《伦理学与生活》,程立显、刘建译,世界图书出版公司2004年版。

亚当·弗格森:《道德哲学原理》,孙飞宇、田耕译,上海世纪出版集团2005年版。

亚当·弗格森:《文明社会史论》,林本椿、王绍祥译,浙江大学出版社2010年版。

亚当·斯密:《道德情操论》,蒋自强等译,商务印书馆1997年版。

亚当·斯密:《国民财富的性质和原因的研究》(上卷),商务印书馆

1972 年版。

亚当·斯密：《国民财富的性质和原因的研究》（下卷），商务印书馆 1974 年版。

亚历山大·布迪：《苏格兰启蒙运动》（剑桥指南），贾宁译，浙江大学出版社 2010 年版。

杨军：《犹太教上帝与人的自由意志》，《天中学刊》1998 年第 3 期。

姚正平：《弗格森与〈罗马共和国兴衰史〉》，《南方论丛》2013 年第 3 期。

姚正平：《论弗格森的史学》，淮北师范大学硕士学位论文，2011 年。

姚正平：《启蒙运动进步思潮框架内的异端——评弗格森曲线的历史进步观》，《西南大学学报》（社会科学版）2014 年第 2 期。

姚正平：《亚当·弗格森〈罗马共和国发展和衰亡史〉中道德评判新论》，《温州大学学报》（社会科学版）2012 年第 1 期。

于海：《西方社会思想史》，复旦大学出版社 1993 年版。

余仕麟：《国民幸福与政府职责》，《道德与文明》2012 年第 6 期。

臧峰宇：《马克思与苏格兰启蒙运动中的斯密和弗格森》，《哲学动态》2015 年第 10 期。

臧峰宇：《苏格兰启蒙运动与青年马克思的市民社会理论》，《天津社会科学》2014 年第 2 期。

翟宇：《哈耶克与弗格森：政治思想的传承与断裂》，《晋阳学刊》2013 年第 3 期。

翟宇：《论苏格兰启蒙思想家弗格森的政治思想》，吉林大学硕士学位论文，2007 年。

翟宇：《社会契约论与自然法传统中的弗格森》，《江汉论坛》2012 年第 8 期。

张国清：《情感生活研究》，浙江教育出版社 2003 年版。

张康之、张乾友：《在市民社会中阅读道德——从弗格森、亚当·斯密到黑格尔》，《学习与探索》2009 年第 5 期。

张乃和主编：《现代公民社会的起源》，黑龙江人民出版社 2007 年版。

张钦：《休谟伦理思想研究》，湖南师范大学博士论文，2005 年。

张雯:《马克思社会进步观研究》,华中师范大学博士学位论文,2017年。
张正萍:《论亚当·弗格森的"公民社会"思想》,北京师范大学硕士学位论文,2005年。
赵立平:《近代早期英格兰苏格兰联合问题研究》,东北师范大学博士论文,2003年。
周保巍:《奢侈与文明——休谟对商业社会"合法性"的辩护》,《史林》2006年第2期。
周保巍:《苏格兰启蒙运动中的"道德原则"与"社会变迁"——以"勤勉"观念为个案的考察》,《浙江学刊》2008年第3期。
周保巍:《"自由主义"的自由与"共和主义"的自由——苏格兰启蒙运动中的观念冲突》,《华东师范大学学报》(哲学社会科学版)2006年第1期。
周保巍:《走向"文明"——苏格兰启蒙运动中的"历史叙事"与"民族认同"》,《浙江学刊》2007年第3期。
周晓亮:《休谟及其人性哲学》,社会科学文献出版社1996年版。